U0088661

臺灣歷史與文化 研究輯刊

初 編

第 5 冊

清代臺灣軍工戰船廠與軍工匠

李 其 霖 著

花木蘭文化出版社

國家圖書館出版品預行編目資料

清代臺灣軍工戰船廠與軍工匠／李其霖 著 — 初版 — 新北市：
花木蘭文化出版社，2013〔民 102〕
目 4+190 面；19×26 公分
（臺灣歷史與文化研究輯刊 初編：第 5 冊）
ISBN：978-986-322-258-3（精裝）
1. 軍事史　2. 造船廠
733.08　　　　　　　　　　　　　　　　102002942

ISBN-978-986-322-258-3

9 789863 222583

臺灣歷史與文化研究輯刊
初　編　第　五　冊　　　　　ISBN：978-986-322-258-3

清代臺灣軍工戰船廠與軍工匠

作　　者　李其霖
總 編 輯　杜潔祥
出　　版　花木蘭文化出版社
發 行 所　花木蘭文化出版社
發 行 人　高小娟
聯絡地址　235 新北市中和區中安街七二號十三樓
　　　　　電話：02-2923-1455／傳眞：02-2923-1452
網　　址　http://www.huamulan.tw 信箱 sut81518@gmail.com
印　　刷　普羅文化出版廣告事業
初　　版　2013 年 3 月
定　　價　初編　30 冊（精裝）新台幣 60,000 元
版權所有·請勿翻印

清代臺灣軍工戰船廠與軍工匠

李其霖　著

作者簡介

李其霖高雄市人

出生於「林子邊」中芸小漁村。

畢業於淡江大學和暨南國際大學歷史系。

曾任東海大學通識中心兼任講師，淡江大學歷史系兼任助理教授。

中央研究院人文社會科學研究中心海洋史研究專題中心博士培育計畫。

臺灣師範大學環境教育研究所博士後研究人員。

目前任職於中央研究院歷史語言研究所博士後研究人員。

主要的研究為海洋史、清代臺灣史、清史。

已發表有關清代軍工戰船廠、水師、戰船等相關論文十餘篇。

提　要

　　臺灣四面環海，戰船除了聯絡臺、閩兩地之外，亦是防衛海疆的最重要武器。康熙年間臺灣開始修造戰船，但數量不多。乃至雍正三年（1725）於臺灣設置軍工戰船廠之後，臺灣才修造較多之戰船，期間亦曾為福建四座戰船廠之最。

　　清代於福建省設置福州、泉州、漳州、臺灣四座戰船廠。臺灣因地理位置特殊，木料取得不易等因素，故在修造戰船的規章與他處不同。因此，修造戰船的軍工匠人員的組成，即有其特殊性。然而，軍工匠組成複雜，所衍生出來的問題亦較多，在管理上有其困難性，故要如期將戰船興建完成，則力有不逮。

　　臺灣一共有兩座軍工戰船廠，分別由臺灣道及臺灣知府管理修造。砍伐木料的山區則設置有許多軍工寮做為軍工匠短暫棲身處，艋舺及枋寮各設有軍工料館做為裁減木料的集散地區船隻組裝工作則在臺灣府臺江岸邊的軍工廠進行。這三處場所因工作性能不同，故有不同的軍工匠。

　　本文分別討論臺灣軍工戰船廠的興建始末、軍工匠的組成份子，以及與軍工匠相關問題運用的史料分成中央及地方兩個部份，中央的資料以官書、奏摺、檔案為主。地方則有地方志淡新檔案及岸裡大社文書，時人的筆記文集等。再配合今人著作，業將軍工戰船廠及軍工匠問題進行論述。

目

次

緒　論

一、研究動機與目的

　　臺灣四面環海，在飛行器還未發明之前，臺灣與中國內地或者是其他地方往來，皆需依靠唯一的交通工具「船」。在臺灣未被清代納入版圖之前，臺灣沿海四周一直都是海寇的活動地區，因此在臺灣的海面上並不平靜。清代將臺灣納入版圖後鑑於海上未靖，及水師運送以鎮壓臺灣之變亂的需要，因此修造大量的戰船來增加海上防衛暨運兵之能力，是有其急迫性的。因此有關臺灣戰船這方面的議題值得關切。爾後，在一次偶然的機會，在赤崁樓看到了軍工廠石碑，啓發了對清代戰船方面議題好奇。回學校請教周宗賢教授後，才知道整個軍工廠石碑的來龍去脈，並在老師的鼓勵之下找尋有關這方面的史料。故針對此一議題，爬梳相關資料，試圖將有關戰船廠之論述重建起來。

　　赤崁樓的這兩塊軍工廠石碑或許看起來並不起眼，但它的背後卻記載著許許多多與臺灣開發有關的問題。如軍工戰船廠的設置，採辦軍料所引起的漢「番」問題、漢人的侵墾「番地」問題等，都值得深入去探討。軍工戰船廠雖然以建造水師戰船爲主，但它的整個制度，採辦軍料的措施，都與臺灣內山的開發有很大的關聯。

　　清代統治臺灣之初，臺灣的開發以西部沿海平原爲主，臺灣的內部山區，因地處「生番」〔註1〕界，所以朝廷即設置土牛溝、碑石來防止百姓入山開墾，避免與「生番」發生衝突。但軍工匠因製造戰船的需要，必須前往內山砍木

〔註1〕　本文因爲配合時代背景的用詞用語，所以在文中有延用「生番」及「熟番」等「番」字眼，但在本文使用時會加上「」，以視對原住民同胞的尊重，在此沒有任何輕視之意，特此聲明。

造船，所以清廷即准許軍工匠可進入界外砍木造船，為此，清代臺灣內山的禁止進入令即因此而洞開。

軍工匠在內山採辦軍工木料的期間，引起了相當多的問題，其中包括了侵墾問題、與「生番」的衝突問題、壓榨護衛工匠問題等等，這些都是軍工匠入山砍木所引起的種種事端，因此有必要來加以探究。另外，軍工匠製造戰船時的軍工戰船廠，也是當時臺灣最大的軍工製造系統，其興起、沒落以及地點的探索等問題，都具有歷史的研究價值。因此，筆者即以軍工戰船廠與軍工匠為研究論題，進行本文之研究。

二、問題探討

（一）在軍工戰船廠方面

最主要是正確的探索出，清代在臺灣與福建所建立的軍工戰船廠制度、數量、地點、責任歸屬以及臺灣軍工戰船廠設置的經過，以及沒落的原因。但探討的重點、方向最主要還是以臺灣的軍工戰船廠做主題，福建軍工戰船廠方面則只做一基本的介紹及探索，其中針對福州、泉州、漳州三座軍工戰船廠做了實地的田野調查，以期能正確的了解這三座軍工戰船廠的設置地點。然而研究福建省軍工戰船廠方面的資料甚少，史料保留也不多，所以想要研究此一方面問題，有其困難所在，故本文只能做一簡單的初探。在臺灣軍工戰船廠方面，本文針對臺灣軍工道廠及軍工府廠的設置做一詳盡敘述，以釐清兩者之間的關係，並對軍工府廠的設置地點位置有新的看法論述。並也深入探討臺灣軍工戰船廠沒落的原因，以及軍工戰船廠設置後所帶來的軍工匠侵墾等問題。

（二）在軍工匠制度及問題方面

首先探討軍工制度的設置、軍工制度的管理機智、軍工匠的組成人員，以及軍工匠與軍工匠守護神之關係。探討以上四點是因為，整個清代軍工制度並沒有被完整的紀錄。不管是官方資料，或者是民間的研究，都沒有詳細的記載軍工制度的源流，所以有必要收集資料，來詮釋臺灣的軍工匠制度。本文試圖將軍工匠的侵墾所引起的漢「番」衝突，以及軍工寮及軍工料館的設置等研究成果，做一統合，並期待能找到更多的史料，能讓整個歷史事件更清楚的呈現出來。另外在軍工匠的信仰問題方面，也是不能忽視的重要議題。因為民間信仰深入眾人之心，軍工匠也必須憑藉著信仰來凝聚他們的向

心力，淨化他們的心靈，故在軍工匠的信仰議題方面一併探討。

三、研究範圍與研究方法

（一）研究範圍

　　本篇論文的研究範圍，是以研究清代臺灣之軍工戰船制度與軍工匠等相關問題為主，其中包括了福州、漳州、泉州及臺灣軍工戰船廠的探勘，以及軍工戰船制度的探討。另外對軍工匠制度的設置，軍工匠的開墾與侵墾所引發的問題，以及軍工料館的功能、軍工木料的搬運、軍工匠的守護神等，都是本論文研究之範圍。

　　在軍工戰船廠的研究方面，是以研究清代前、中期的福建、臺灣軍工戰船廠為主，研究時間從順治八年（1651）至同治五年（1866）。以此時鼎為起始乃是因為順治八年（1651）清廷開始注意到船政問題，並於此年制定戰船制度，規定於沿江沿海各省，循明代舊制，設提督、總兵、副將、遊擊以下各武員，如陸營之制；各省設造船廠，定水師船修造年限，三年小修，五年大修，十年拆造。〔註2〕這是軍工戰船廠未設置前官方最早之戰船規例。而斷限至同治五年（1866）的原因是因為，清廷於此年設置了福州船政局，福州船政局因而取代了軍工戰船廠，所以整個軍工戰船廠的製船業務到了此時，可謂是完全結束，因此在這時間斷限內之軍工戰船問題，都是本論文所要研究的範圍。

（二）研究方法

　　主要是以史料的搜集和整理為主。運用的史料如奏摺、官書、檔案、碑碣、契據、文集和筆記等第一手史料。另外再參考地方志書、資料集、筆記和當代的一些重要的相關著作，及今人前輩所著之論述，做一詳實的考據及比較，以期在這之中能發現到新的歷史事實，或者是新的論點。

　　本文所研究的軍工戰船廠之設置地點，因鮮少有人去探勘，因此有實際探索的必要，所以在軍工戰船廠的設置地點方面進行了田野調查。軍工戰船廠的地點探勘，是前往臺南及福建省之福州、泉州、廈門以及漳州等地。調查的內容則包含了探訪當時軍工戰船廠之設置地點，及在當地收集有關軍工

〔註2〕趙爾巽，《清史稿》，卷一百三十五，〈志110・兵6・水師〉，（臺北：臺灣商務印書館，1965），頁3981。

戰船廠的相關史料,並拜訪當地與軍工戰船廠研究有關的專家學者,及撰寫當地地方志的耆老,請教他們有關軍工戰船廠的問題。在田野調查之後,將訪查所得內容與史料相互對照及分析,以補文獻上之不足。

四、前人研究成果與史料探討

(一)軍工戰船廠方面

在軍工戰船廠的研究方面,臺灣地區的研究主要有伊能嘉矩、國分直一、黃衡五等三位。伊能嘉矩在其所著的《臺灣文化志》(上卷)第二篇第二章第三節的〈水師戰船〉〔註3〕中,已概略性的將臺灣軍工戰船廠的興建,採辦木料的情況做一簡單的敘述。但在這篇文章中並無詳細的探討軍工戰船廠的整個設置流程,只有描述軍工戰船廠的概況。

國分直一的研究最主要是探勘軍工道廠〔註4〕的位置,是屬於古蹟調查方面。其與臺南當地文史工作者,石暘睢、陳宗保及陳金雞等人,於昭和十八年(1943),一同到臺南市的福住町二丁目〔註5〕去探勘清代的臺灣軍工道廠。並將整個探勘資料整理成〈軍功廠の遺跡について〉一文在《臺灣建築會誌》中發表。他們當時探勘的時候還可以清楚的看到整個軍工道廠的遺跡,包括城牆、哨樓、軍工廠石碑以及入廠口塽龜橋〔註6〕。此篇〈軍功廠の遺跡について〉也是到目前為止最早對軍工戰船廠研究的論述,但此篇文章只對當時的遺址做一探勘性的記錄工作,並沒有深入的對此議題加以探討,所以在制度方面的研究較為缺乏。雖然如此,但這次的探勘卻明確的指出當時的軍工道廠地點,也為軍工道廠留下最重要的歷史見證。

〔註3〕 伊能嘉矩,《臺灣文化志》中譯本(上卷)(臺中:臺灣文獻委員會,1991),頁264~267。

〔註4〕 清代在臺灣一共設置有兩座軍工戰船廠,一為軍工道廠,另一為軍工府廠。國分直一等人所探勘的軍工戰船廠,是於雍正三年(1725)所設置的軍工道廠,這也是署臺灣道蔣元樞所重建的軍工戰船廠。

〔註5〕 福住町二丁目的位置,大約橫跨現今臺南市金安里、忠信里之一部。見許淑娟,《臺灣地名辭書》(臺北:臺灣省文獻委員會,1999),卷二十一、〈臺南市〉,頁191~202。

〔註6〕 塽龜橋即是通稱的寅舍橋,因其為圓拱猶如佝僂病者的彎背,俗稱塽龜橋。此橋為施世榜所建,世人為感念其德行,因此取其小名「寅舍」作為橋名。見許淑娟,《臺灣地名辭書》(臺北:臺灣省文獻委員會,1999),卷二十一、〈臺南市〉,頁262。

　　黃衡五則在《臺南文化》中所發表〈臺灣軍工道廠與軍工府廠（上）〉〔註7〕以及〈臺灣軍工道廠與軍工府廠（下）〉〔註8〕兩篇有關於臺灣軍工戰船廠的文章。黃衡五在這兩篇論文中，對軍工戰船廠設置地點的推斷、軍工戰船廠的責任歸屬以及興衰情形，也做了局部性的探討與看法。〔註9〕本論文即以此兩篇論文為重要的參考資料，並找尋更多有關軍工戰船廠方面的史料，在相互印證之下，以期能將整個軍工戰船廠的設置及沒落原因重新做一清楚的撰述。

　　在福建軍工戰船廠的研究方面，據筆者訪查結果，並沒有學者發表過與軍工戰船廠有相關的文章，所以在這方面並沒有專書或研究成果可供參考。但福建省師範大學趙建群教授，曾發表〈清代前中期福建造船業概述〉，〔註10〕其內容有略述到當時的福州軍工戰船廠。但此篇論文的重點是著重在研究民間的造船業，所以在官方的軍工戰船廠問題上，並沒有太多的論述。據趙建群教授敘述：他也曾經試圖要找尋當時的福州軍工戰船廠，研究有關這方面問題，但因為環境變遷過快及史料的缺乏，所以在福州軍工戰船廠位置的找尋上並沒有重大的發現。

　　泉州的軍工戰船廠，除了《廈門志》，〔註11〕有部分的敘述之外，就也沒有任何學者在此議題上有探討。《廈門志》對軍工戰船廠的記載非常的詳細，無論是軍工戰船廠的地點，或者是其設置的經過，都有詳細的敘述，因此在軍工戰船廠位置的訪查上也較容易進行。至於漳州的軍工戰船廠，不論是在地方志上，或者是其他的專書、期刊論文上，都沒有任何記載有關軍工戰船廠這方面的資料，所以在前人的研究方面是較為缺乏的。

〔註7〕　黃衡五，〈臺灣軍工道廠與府廠（上）〉《臺南文化》（臺南：臺南市文獻委員會，1956），第五期第二卷，頁10～18。

〔註8〕　黃衡五，〈臺灣軍工道廠與府廠（下）〉《臺南文化》（臺南：臺南市文獻委員會，1956），第五期第三卷，頁75～85。

〔註9〕　【按】：此兩篇文章為臺灣當地學者最早發表有關清代臺灣軍工戰船廠的文章，黃衡五在這兩篇文章中大致將清代臺灣的軍工戰船廠之設置情形做一概略性的敘述，但因當時所運用的史料尚不完全，因此，這兩篇文章對於軍工戰船廠的數量、責任歸屬等問題上，並沒有敘述完整。但這兩篇文章已經重視到臺灣軍工戰船廠這方面的問題，這對往後研究者已經有了承先啟後的作用。

〔註10〕　趙建群，〈清代前中期福建造船業概述〉《中國社會經濟史研究》（北京：中國社會經濟史研究編輯部，1993年第四期，1993），頁70～77。

〔註11〕　周凱，《廈門志》（臺北：臺灣省文獻委員會，1993），卷五，〈船政略〉，頁151～165。

（二）軍工匠問題方面

1、從史料上來看

以《岸裡大社文書》〔註12〕及《淡新檔案》〔註13〕之記載最多，而這兩種史料也是唯一留存下來，記載有關軍工匠的官方史料，其他的清代之檔案史料，除了《宮中檔》之各朝奏摺，對軍工匠採伐戰船木料所引發的漢「番」衝突問題有些許的記載外，其他的中央或是地方上的史料是鮮少有記錄軍工匠問題的，因此這幾種史料就成了研究軍工匠議題不可或缺的第一手史料。如今《岸裡大社文書》已經全部出版完成，《淡新檔案》的整理已完成，這對軍工匠問題方面的研究也就更為方便了。

2、從學者的研究方面來看

張菼所發表的〈林泳春事變〉〔註14〕中，有概略性的談到軍工戰船廠、軍工料館以及軍工匠的伐木問題，但其內容最主要是敘述軍工匠首林泳春的反叛事件，對軍工戰船廠以及軍工匠的制度方面探討較少。雖然此篇文章沒有直接談到軍工戰船廠與軍工匠的制度源流，但在臺灣的軍工問題方面已有進一步的研究，這對於往後研究有關軍工問題方面的學者能有較多的啟示作用。

姚鶴年在《臺灣林業》，第十五卷第八期；及《重修臺灣省通志》，卷四〈經濟志‧林業篇〉中〔註15〕，對於軍工料匠及軍工料館的腦業問題有做淺顯的探討，並對臺灣樟腦的發展情況也做一概略性的敘述，其內容最主要著重在軍工匠採辦木料的糾紛方面。

陳秋坤所著之《清代臺灣土著地權》〔註16〕一書中，對軍工匠的入山侵墾，與生「番」所發生之衝突，以及軍工匠對「社番」的剝削，都做了極為詳細的論述，文中也引用許多的《岸裡大社文書》資料。《清代臺灣土著地權》

〔註12〕 《岸裡大社文書》（臺北：國立臺灣大學圖書館藏）。《岸裡大社文書》已由臺灣大學全部出版完成，一共有五冊。

〔註13〕 《淡新檔案》（臺北：國立臺灣大學圖書館藏）。《淡新檔案》尚有一部分未出版，但未出版之部分可參看微捲。

〔註14〕 張菼，《清代臺灣民變史研究》（臺北：臺灣銀行經濟研究室，1970），頁73～81。

〔註15〕 姚鶴年，〈臺灣之原始林業（三）〉《臺灣林業》，第十五卷第八期。及《重修臺灣省通志》，卷四，〈經濟志‧林業篇〉（臺中：臺灣省文獻委員會，1992），頁32～67。

〔註16〕 陳秋坤，《清代臺灣土著地權：官僚‧漢佃與岸裏社人的土地變遷1700～1895》（臺北：中央研究院近代史研究所，1994）。

一書對於岸裡社的地權及當地的「番」事問題，做了最完整的論述，這對於往後欲研究有關岸裡社的問題，是一本必須具備的參考書。

　　程士毅所發表的《北路理番分府的成立與岸裡社的衰微》〔註17〕論文中，對軍工匠與「社番」的衝突問題，軍工寮的設立與東勢地方的開發，都有詳盡的探討，文中並大量的引用《岸裡大社文書》及《淡新檔案》等第一手地方史料，也對整個東勢地方的軍工匠問題做了完整的討論，這是研究有關軍工匠與「社番」問題不可或缺的參考書目。

　　陳國棟老師發表兩篇與軍工匠有關的論述，分別為〈清代臺灣的林野與伐木問題〉與〈「軍工匠首」與清領時期臺灣的伐木問題〉，已收錄《臺灣的山海經驗》。〔註18〕這兩篇文章，很詳細的探討相關的軍工匠問題，並附錄三份與軍工匠相關的文件，在資料的找尋方面，花費不少功夫。該文內容探討了一些有關軍工匠首侵墾林木的問題，及軍工匠的伐木問題，其中最重要的是將當時的伐木地點及伐木規模，做了相當詳盡的敘述，並整理出當時軍工匠可能的伐木地點，也就是軍工匠可能的活動範圍。這對研究軍工匠問題方面又邁進了一大步，這也是國內學者對於清代軍工伐木的探討，最深入的論文。對整個清代軍工匠的研究，有著承先啟後的作用，這也是往後研究者，不可不參考的重要著作。所以在這議題上，除非能發現更多的史料，以及做更詳細的田野調查，否則想要在此一問題有所突破甚為困難。

　　施添福所著之〈清代臺灣岸裡地域的族群轉換〉〔註19〕，文中對於岸裡社族群的轉變、「社番」的經濟問題、勞役問題，都有深入的分析及探討，其文中的一些表格，更整理自《岸裡大社文書》，而此書的研究重點是著重在「社番」的經濟問題方面，並對軍工匠人砍伐木料所引發的「社番」經濟困境，做了詳盡的概述，這也讓世人瞭解到「社番」生活的困難。

　　潘大和所著之，《臺灣開拓史上的功臣——平埔巴宰族滄桑史》〔註20〕，以及潘義雄所著之，《誰是真正開墾臺中盆地的功德主》〔註21〕兩書中，皆探

〔註17〕程士毅，〈北路理番分府的成立與岸裡社的衰微〉（新竹：清華大學歷史研究所碩士論文，1994）。
〔註18〕陳國棟，《臺灣的山海經驗》（臺北：遠流出版社，2005），頁 281～356。
〔註19〕施添福，〈清代臺灣岸裡地域的族群轉換〉《平埔研究論文集》（臺北：中央研究院臺灣史研究所籌備處，1995），頁 301～332。
〔註20〕潘大和，《臺灣開拓史上的功臣——平埔巴宰族滄桑史》（臺北：南天書局，1998）。
〔註21〕潘義雄，《誰是真正開墾臺中盆地的功德主》（臺中：臺灣巴宰族群協會出版）。

討了軍工匠入山採辦木料對「社番」的影響,(如「社番」的被欺壓、被剝削等相關問題)。並對軍工護衛問題有更深入的看法及見解,這對研究軍工護衛問題有很大的幫助。

溫振華老師所著之《大茅埔開發史》〔註22〕以及〈清代東勢角仙師廟的建立及其發展〉〔註23〕等兩篇文章中,對於臺中東勢角一帶的軍工匠入山採料問題,東勢角的開墾問題,軍工匠後人的訪查工作,以及因軍工匠的採料所建立設置的仙師廟皆有深入的研究。在文中,溫教授大量的引用了《岸裡大社文書》中的資料,來解釋當時軍工伐木與開墾的爭議,並配合當地軍工匠後人邱國源所保留的契字等第一手史料,來闡述整個大茅埔地區的開墾。其中在木料的採辦上與開墾等議題都與軍工匠有直接性的關係,所以此書已對東勢角一帶的軍工匠採辦木料問題,以及軍工匠的侵墾所引發的問題,先師廟的設置情況都已經有相當程度的探索,這對研究軍工匠的採料問題與侵墾問題方面可說是做了相當詳細的探討。

以上眾多的著作,是依據著作時間先後分別敘述。這些前輩的研究成果,對於軍工匠在大臺中地區的活動,都已經有相當程度的探討,這些都是軍工戰船廠方面與軍工匠問題方面的重要著作。本論文即以這些資料為參考書目,再應用故宮博物院所典藏之檔案、奏摺、官書等,相互的對照及考據,將軍工戰船廠與軍工匠等相關的議題,做一統整性的處理,以期將整個軍工戰船廠及軍工匠的問題做更多的詮釋。

五、章節架構

茲將本文章節內容分述成八個部分:

第一部分「緒論」,旨將研究目的、研究方法,前人研究之回顧,以及本論文研究的範圍,和所要探討的問題意識重點及方向,做一全面性的敘述。

第二部分「福建軍工戰船廠概況」,是將清代福建軍工戰船的制度概況,做一完整的敘述及探討。其中研究的重點包括:探索當時的福建軍工戰船廠地點,福建與臺灣的軍工戰船廠之關係,以及軍工戰船廠制度的設置、責任分配情況。並將整個軍工戰船制度的實施經過,做一通盤性的敘述,使軍工戰船廠的制度能更清楚的呈現。

〔註22〕溫振華,《大茅埔開發史》(臺中:臺中縣立文化中心,1999)。

〔註23〕〈清代東勢角仙師廟的建立及其發展〉收錄於《中縣開拓史研討會論文集》中。

　　第三部分「臺灣軍工戰船廠的興建」：內容為探討臺灣軍工戰船廠的設置經過、戰船廠地點的探索、修造戰船的責任歸屬。此部分重點最主要是將整個臺灣軍工戰船廠的建置過程，做一通盤性的探究，並針對較有爭議的軍工府廠之設置地點，做了較完整的分析，以重新釐定軍工道廠與軍工府廠之關係。

　　第四部分「軍工戰船廠的沒落」：軍工戰船廠的重要性雖然不容小覷，但隨著各種對於繼續製造戰船不利的問題緊接而來，使得戰船的製造難以再持續進行。本部分內容將針對戰船廠沒落的原因進行探討，以了解戰船廠無法再繼續運作的來龍去脈。

　　第五部分「軍工匠的設置」：在第一節中探討軍工制度的源流與建立，內容是將軍工匠制度的源流、設置及規章等制度做一完整的敘述。第二節是針對軍工匠的組成分子之來源、規章做一說明。並將軍工匠的管理階層，以及其組成的結構逐一敘述。第三節則是說明軍工匠各個組成分子的職權，以及他們所負責的工作。

　　第六部分「採辦軍料與社番關係」：第一節主要論述軍工匠角色的轉變，闡述軍工問題的利益糾葛，以及侵墾所引發的漢「番」衝突。第二節是敘述軍工匠的一些伐木問題，其中包括了軍工伐木地點的探索，軍工伐木的規模。第三節研究的重點則包含了軍工伐木後的搬運木料問題，以及軍工料館的設置問題、軍工料館的功能。文中將軍工木料的搬運路線，搬運器具和軍工料館設置所代表的意義，做一剖析。

　　第七部分「軍工匠的信仰」旨在對軍工匠人的信仰中心神址之種類，以及信仰廟宇的分佈情形進行討論。以期了解這些神祇和廟宇，與軍工匠人的關係和互動情形為何。

　　第八部分「結論」：為綜合說明各章所研究之成果，以及在本文研究中所遇到的狀況、困難，最後將本文中未能解決的問題，做一全面性的討論。

第一章　福建軍工戰船廠概況

前　言

　　陸師重馬力，水師重舟力，海上戰陣之時欲爭上風，則全靠水師良舟。良舟的製造地點即爲軍工戰船廠，[註1] 清代的軍工戰船廠主要是製造水師戰船。而水師戰船的興建對沿海各省來說是一項重要的施政。福建巡撫毛文銓（生卒年不詳，活躍於康熙晚期雍正初年）在奏摺中就提到，承辦戰船是屬火急之務，各項幫貼刻不能緩。[註2] 由此顯見，其重要性不可小覷。

　　女眞於未入關前之建州衛 [註3] 時本不善造船，太祖時最初所用的是獨木船，是於天命元年（1615）七月初九日，命每一名牛彔 [註4] 各派三人，共計

〔註1〕 軍工戰船廠亦稱軍廠、軍工廠、戰船廠、船廠。
〔註2〕 《雍正硃批奏摺選輯》（臺北：臺灣省文獻委員會，1997），頁6。
〔註3〕 明初在建州設衛，係因其原有種別，以稱其衛，非因設衛而後始有別。明成祖永樂年間以降，先後設置建州衛、建州左衛與建州右衛。有關建州衛的設置情況見莊吉發著，《清史論集》（五）〈建州三衛的設置及其與朝鮮的關係〉（臺北：文史哲出版社，1990），頁1～28。
〔註4〕 牛彔，清八旗組織中最基層的編制單位，明神宗萬曆二十九年（1601）努爾哈齊定三百人爲一牛彔，每牛彔設一額眞，作爲基本的戶籍和軍事、狩獵及生產編制單位。天命五年（1620）努爾哈齊採用明代官制，改牛彔額眞爲備御。天聰八年（1634）皇太極又將八旗官名俱改爲滿語，改備御爲牛彔章京。順治十七年（1660）定漢名爲佐領。見鄂爾泰，《八旗通志》卷之一（臺北：學生書局，1968），頁149。戴逸羅明主編，《中國歷史大辭典》清史卷（上海：辭書出版社，1992），頁74。

六百人，前往兀爾簡河（Ulgiyan）源的窩集，砍伐樹木造船，始能造獨木船二百艘。〔註5〕順治、康熙初年，因海上未靖，清廷在福建的統治地位尚不平穩，因而水師俱向民間征調趕繪船、艍船等來充做戰船。〔註6〕順治七年（1650）陳錦在〈密陳進勦機宜疏〉中奏道：「我之戰艦未備，水師不多；故逐養癰至今，莫可收拾耳」。〔註7〕由此可見，清廷入關之始，尚未具備足夠的製造戰船技術來建造戰船，因此無法與擁有強大水師的鄭氏勢力相抗衡。翌年，始於沿江沿海各省，循明代舊制，設提督、總兵、副將、遊擊以下各武員，如陸營之制。各省設造船廠，定水師船修造年限，三年小修，五年大修，十年拆造。〔註8〕順治九年（1652）重新規定以順治三年所定之舊例，以「收漁艇之稅，以修戰艦」。〔註9〕康熙十三年（1674）議准，各省戰船定限三年一小修，五年一大修。〔註10〕康熙十七年（1678）諭各省戰船或修或造，俱差各部賢能司官二員前往督理，將實用錢糧著爲定例。〔註11〕

康熙十八年（1679）清廷雖有製造戰船的能力，但如欲與鄭經所轄之水師作戰，猶需荷蘭船隻相助，才能提高勝算。如奉命大將軍康親王傑書（1645～1697）所稱：「戰艦水師未備，荷蘭國舟師又不能預定來會時日；海賊見據海澄、廈門之固，勢難急圖」。〔註12〕遂因水師戰船尚未建軍完備，又無法適時得到荷蘭支援，因此尚無能力在此刻收復廈門等沿海諸島。於是，福建巡撫吳興祚（1631～1697）提請修理戰船，上遣吏部郎中薩耳圖等往閩督修。至是，吳興祚又疏稱：「戰艦二百五十艘，見在修理，若待竣工齊發，恐誤風汛之期。請以修繕已畢者，同新造鳥船配兵先發，餘俟薩耳圖等督趣告竣」。〔註13〕福建水師提督萬正色（？～1691）亦奏：「新船雖竣，舊船尚在督修，

〔註5〕《清太祖朝老滿文原檔》（臺北：中華書局，1970），頁67。

〔註6〕駐閩海軍軍事編纂室，《福建海防史》（福建：廈門大學出版社，1990），頁174。

〔註7〕《清奏疏選彙》（臺北：臺灣銀行經濟研究室，1968），頁1，欽差總督浙江福建等處地方軍務兼理糧餉，兵部右侍郎兼都察院右副都御史陳錦奏摺。

〔註8〕趙爾巽，《清史稿》（臺北：臺灣商務印書館，1965）卷一百三十五，〈志一百十‧兵六‧水師〉，頁3981。

〔註9〕《清代臺灣檔案史料全編》（北京：學苑出版社，1999），順治九年十月，兵部左侍郎兼都察院右副都御史周國佐奏摺，頁30。

〔註10〕伊桑阿，《大清會典‧康熙朝》（臺北：文海出版社，1993），卷二百九，頁13901。

〔註11〕伊桑阿，《大清會典‧康熙朝》，卷二百九，頁13902。

〔註12〕《清實錄‧聖祖仁皇帝實錄》（北京：中華書局，1986），卷七十九，康熙十八年二月甲戌，頁1010－1。

〔註13〕《清實錄‧聖祖仁皇帝實錄》，卷八十六，康熙十八年十一月壬子，頁1094－2。

且檄調諸路兵及礮手，猶未悉至。臣即以新船配官兵，先赴定海訓練，俟舟師輳集，定期水陸夾攻」。〔註14〕由此可見，清廷此刻雖已積極籌建戰船，但諸如人員的訓練等相關事宜未趨成熟，故此刻尚無法舉兵與鄭氏一戰。

康熙二十一年（1682），福建水師在施琅的經營之下，已有精兵二萬餘，戰船三百艘，〔註15〕準備渡海與鄭氏決戰。此戰結果清廷取得勝利，但戰船制度遲至康熙二十九年方有明確規定，「各省海汛戰哨船隻，自新造之年為始，歷三年准其小修，小修後三年大修，大修後三年如船隻尚堪修理應用，仍令大修，或不堪修理，該督撫等題明拆造」。〔註16〕雖然此時已將新造與修造戰船的時間制度化了，但戰船製造地點未有明白規定。再者，於戰船的修護經費方面，亦經常延遲撥給，乃至戰船修造無法如期完成。康熙三十九年（1700）福建浙江總督郭世隆（1645～1716）上奏摺具提：「海船應修理，請速給物料價值，以便即行鳩工」。〔註17〕正呼應戰船的修造制度尚位健全，故常有各種延誤情況發生。

雍正初年，閩省官員認為應將修造戰船的地點予以確立，遂聯名上奏，認為戰船的修造對閩省來講是重要的施政，有必要將船政重新調整。閩浙總督覺羅滿保（1673～1725）、福建巡撫黃國材（？～1731）及毛文銓都認為：「公用中如承造戰船、辦解銅觔，俱屬火急之務，各項幫貼刻不能緩。」〔註18〕雍正皇帝也了解船政問題在沿海各省誠屬緊要，遂開始檢討船政問題。雍正三年（1725），兩江總督查弼納（？～1731）提議，設立戰船總廠於通達江湖百貨聚集之所，鳩工辦料，較為省便；歲派道員監督，再派副將或參將一員同監視焉。〔註19〕此項建議也獲得採納，因而開始在各省設置軍工戰船廠來製造水師戰船。旋即，覆准福建省福州、漳州二府各設一軍工戰船廠，福州廠委糧驛道、興泉二道輪年監修；漳州廠委汀漳龍道監修，其兩廠監督，副、參將遴委之營弁均報部；臺灣、澎湖水師等營戰船於臺灣設廠，

〔註14〕《清實錄・聖祖仁皇帝實錄》，卷八十七，康熙十八年十二月己巳，頁1100－1。

〔註15〕《清實錄・聖祖仁皇帝實錄》，卷一百五，康熙二十一年十月己卯，頁64－2。

〔註16〕伊桑阿，《大清會典・康熙朝》，卷二百九，頁13902～13903。

〔註17〕《清實錄・聖祖仁皇帝實錄》，卷一百九十八，康熙三十九年四月丙寅，頁15－2。

〔註18〕《雍正硃批奏摺選輯》（臺北：臺灣銀行經濟研究室，1972），福建巡撫毛文銓奏摺，頁6。

〔註19〕李元春，《臺灣志略》（臺北：臺灣銀行經濟研究室，1958），頁64。

文官委臺灣道，武官委臺協副將會同監督修造。〔註 20〕至此福建軍工戰船
廠建置完成，並開始興建戰船。

第一節　福建軍工戰船廠概述

福建在清代以前，海運即非常興盛，在宋代時期坊間就傳有「海舟以福
建爲上」之說。〔註 21〕宋代在漳州、泉州、福州、興化并稱爲福建四大造船
基地，已能建造一丈以上的航海大船。〔註 22〕明太祖洪武五年（1372），詔浙
江、福建瀕海九衛，造海船六百六十艘，以備倭寇，〔註 23〕二十三年（1390）
詔濱海衛所每百戶置船三艘巡邏盜賊。〔註 24〕明代末期，福建之造船，大者，
廣可三丈五六尺，長十餘丈，小者，廣二丈，長約七八丈。〔註 25〕清代的水
師戰船定制爲每船十一丈九尺，寬二丈三尺五寸至二丈九尺六寸不等。〔註 26〕
如表 1－1 所示：

表 1－1　宋、明、清三代製造海船長度規格表

長　度　＼　朝　代	宋代、元代	明　代	清　代
可造船之長度	1 丈	10 丈	11 丈 9 尺
折合現代度量衡〔註 27〕（公尺）	34.72	31.10	34.88

資料來源：依據吳承洛（吳洛）《中國度量衡史》整理而得。〔註 28〕

說明：本表格明代船隻大小不包括鄭和下西洋時期。

〔註 20〕托津，《欽定大清會典事例・嘉慶朝》（臺北：文海出版社，1991），頁 6566
　　　　～6567。

〔註 21〕徐夢莘，《三朝北盟會編》（臺北：臺灣商務印書館，1983），卷一百七十六，
　　　　頁 16b。收於《景印四庫全書》，第 350～352 冊。

〔註 22〕漳州市交通局編，《漳州交通志》（北京：東方出版社，1993），頁 241。

〔註 23〕《明太祖實錄》（臺北：中央研究院歷史語言研究所，1966），卷七十五，洪
　　　　武五年八月甲申，頁 1390。

〔註 24〕陳壽祺，《同治福建通志》（臺北：華文書局，1968），頁 1686。

〔註 25〕張燮，《東西洋考》（臺北：臺灣商務印書館，1965），卷九，〈舟師考〉，頁 117。

〔註 26〕劉錦藻撰，《清朝續文獻通考》（浙江：古籍出版社，2000），頁 9773。

〔註 27〕【按】宋代度量衡一尺爲 34.72 公分；明代爲 31.1 公分；清代爲 32 公分。

〔註 28〕各代度量衡換算，參閱吳承洛（吳洛）《中國度量衡史》（江蘇：上海書局，
　　　　1987），頁 64～66。

　　由表 1－1 得知，宋代可造三十四公尺長之船隻，明代期間如扣除鄭和（1371～1433）下西洋（1405～1433）船隻，其大部分船隻與宋代相當，清代時期亦與明代相去不遠，顯見數百年來的船隻長度改變不大。然而清代的戰船長度各時期長短不一，如清代初期船隻較長，清代中期船隻較小，清代晚期船隻又增長。〔註 29〕

　　福建省未設置軍工戰船廠之前，負責修造戰船的單位頗為雜亂，未成定制，道、府、州、縣等官都有修造戰船的權責。康熙十七年（1678），各省戰船修造差選各部賢能司官二人督理。〔註 30〕康熙二十八年（1689），閩省戰船歸道、廳董修。〔註 31〕康熙三十四年（1695）又改歸內地州、縣督造。〔註 32〕康熙三十九年（1700），戰船停其交與州、縣官修理，該督撫遴委道、府等官，於各將軍、提、鎮附近地方監修。〔註 33〕可見，雍正朝以前戰船修造官不斷的更替，使得戰船在修造的管理及監督上出現了很大的問題，如此難免影響到戰船製造的品質。綜合觀之，康熙朝的戰船修造單位一般是以道為主，州、縣為輔。此道主要是由鹽法道、興泉道、汀漳道及臺灣道等沿海各道負責。然而，雖有修造單位，但卻無固定修造場所。迨至雍正三年（1725）及雍正七年（1729）軍工戰船廠的地點正式擇定後，福建省才有固定製造戰船的軍工戰船廠，及負責修造戰船的官員得以確立。

　　清代在福建省一共設有四座軍工戰船廠，如圖 1－1，分別為福州廠、漳州廠、臺灣廠及泉州廠。〔註 34〕福廠、漳廠及臺廠是在雍正三年（1725）設立，閩浙總督覺羅滿保上奏朝廷的提本中，建議在福州、漳州及臺灣設置軍工戰船廠，並派大員督造，奏摺中載：

> 福、浙二省設廠之處，福省自南澳起北至烽火鎮下門，延袤二千餘
> 里，地方遼闊，已蒙聖鑒，不便設立一廠；今福州府、漳州府二處
> 地方俱通海口，百貨雲集，應於此二處設立一廠，將海壇鎮標二營
> 等營戰船歸於福州廠，委糧驛、興泉二道輪年監督修造，將水師提

〔註 29〕李其霖，〈清代臺灣的戰船〉收於劉石吉、王儀君、林慶勳，《海洋文化論集》（高雄：國立中山大學人文社會科學中心，2010 年 5 月），頁 275～316。
〔註 30〕允祿，《大清會典‧雍正朝》（臺北：文海出版社，1994），頁 13901～13902。
〔註 31〕允祿，《大清會典‧雍正朝》，頁 13902。
〔註 32〕黃叔璥，《臺海使槎錄》（臺北：臺灣銀行經濟研究室，1957），頁 36。
〔註 33〕允祿，《大清會典‧雍正朝》，頁 13906。
〔註 34〕福州廠簡稱福廠、漳州廠簡稱漳廠、臺灣廠簡稱臺廠、泉州廠簡稱泉廠或廈廠。

標等營戰船歸於漳州廠，委汀漳道監督修造。其兩廠監督之副、參
將，每年酌量挑選派委報部，所有臺灣水師等營戰船，遠隔重洋，
應於臺灣府設廠，文員委臺廈道、武員委臺協副將會同監督修造
等…。〔註35〕

奏摺之建議被採納，此後福建省設置軍工戰船廠的規劃，即按照此份奏摺內
容實施，此即是福建省設立軍工戰船廠的濫觴。另外，同時期的廣東官員亦
向朝廷提出製造戰船責任分屬之建議，故雍正議定戰船廠修造制度。雍正皇
帝硃批給兩廣總督孔毓珣（1666～1730）、廣東巡撫年希堯（？～1730）、廣
東提督董象緯（生卒年不詳）的奏摺中載到：

沿海戰船欲改歸營員修造，使州縣無賠累之苦，而於軍政甚有裨益，
可會同速速確議具奏等因，欽此。查地方官承管修造戰船，營員多
方勒索，乃歷來積弊，戰船係營員駕配巡哨身命所關，歸令營員修
造，自必益加堅固，惟是各船題定修造工料，從前因時估計略足數，
今承平日久人民繁庶造作，眾多物料日貴，先前定價實屬不敷，武
職止可責其出力不能墊補，應將戰船改歸武職修造，不敷銀兩仍令
文員幫補。〔註36〕

從硃批中，已明確的將承修官及督造官之權限予以介定，俾使戰船製造得以
分工，達其所需。浙、閩、粵三省的軍工戰船廠亦於此時間同時設置啓用。

　　福建省之軍工戰船廠雖然是以修造福建省的戰船為主，但福建省在清代
是屬於閩浙總督所管轄的省份，總督所轄之另一浙江省，雖然在雍正三年
（1725），也配置寧波及溫州二座軍工戰船廠，〔註37〕但由於福建省蘊藏較多
的木料，再者，福建省的軍工匠對於戰船製造較為熟練，故浙江省亦適時請
託福建省的軍工戰船廠來建造戰船。如此一來，浙江省的官員在戰船的督造
上可以節省許多時間，也可以縮減製造戰船的成本。福州將軍署理閩浙總督
印務宜兆熊（？～1731）在奏摺中就提到：

雍正肆年二月十八日，准浙江撫臣李衛（？～1738），咨以欽差侍衛

〔註35〕中央研究院歷史語言研究所編，《明清史料》戊編第七本，（臺北：中央研究
院，1994），乾隆二年十月二十五日，閩浙總督郝玉麟題本，頁 614～615。
〔註36〕《宮中檔雍正朝奏摺》，第三輯（臺北：國立故宮博物院，1978），雍正二年
十月二十九日，兩廣總督孔毓珣等奏摺，頁 39。
〔註37〕崑崗，《欽定大清會典事例·光緒朝》（北京：中華書局，1991），卷九百三十
六，〈工部七十五·船政〉，頁 738。

蔡勇，在浙有船料多產閩省，浙省船隻歸併閩省成造可早完工，不
致往來監督有稽時日之語，以此委員齎價來閩就近聽候，侍衛蔡勇
指示成造等因，到臣，臣隨飭行署福建布政司事按察使丁士一（生
卒年不詳），委令董理船工，道府陶範等面詢，侍衛蔡勇在浙，果有
併閩製造頗易之語……。〔註38〕

然而，福建省雖然出產許多製造戰船的木料，但製造戰船所需的龍骨，浙江
省蘊藏量較豐，在各取所需之下，使得福建與浙江兩省的合作更加密切了。
雍正四年（1726）浙江巡撫李衛在奏摺中就載：「洋船所需大樟木作龍骨用
者，產於浙江地近海之溫州府境內，倘閩省修船少此一項，亦令委去之員代
為就近買運，由海發閩較浙省更近」。〔註39〕雍正皇帝在此奏摺的硃批中也
表示肯定，認為此種跨省合作製造戰船的立意甚佳，遂此，跨省製造戰船的
風氣也逐漸形成。

雖然浙江省與福建省是同屬閩浙總督治理，製造戰船時，福建省時常支援
浙江省亦屬自然，但實際上，盛京地區的戰船也都有委託福建省督造的情況，
而且已形成一項定例，福建巡撫雅德（瓜爾佳氏？～1801）在奏摺中就提到：

閩省照依上屆式樣作速成造，委員於甲辰年駕送金州水師營應用
等，因臣查金州戰船攸關巡防操演，必須慎選料物製造堅固以期適
用，隨飭司遵照去後，茲據署布政使譚尚忠詳稱，准鹽法道戚蓼生、
護興泉永道江琅、汀漳龍道姚棻等，選配料物於乾隆四十九年二月
出二日興工，按照新定成規核估，實需工料銀一千四百三十八兩五
錢……。〔註40〕

從李衛及雅德的奏摺中可看出，福建省因木料及工匠較為齊全，因此在製造
戰船的條件上要比其他各省方便及快速許多。但日久之後也因為大量砍伐木
材的結果，使得閩省木材嚴重缺乏，戰船不能如期興造，承辦官員也因而受
到處罰。為此，道光元年（1820）總督慶保（章佳氏1759～1833）具奏：「歷
年承辦戰船，江、浙等省屢次委員採買，伐木過多，出產缺乏，桅木一時難
得，各廠停工待料，不能如期興辦。每逢巡哨，以致雇用商船。奏請寬免歷

〔註38〕中央研究院歷史語言研究所編，《明清史料》戊編第七本，頁615。
〔註39〕《宮中檔雍正朝奏摺》，第五輯（臺北：國立故宮博物院，1978），雍正四年
　　　　三月初一日，浙江巡撫李衛奏摺，頁655。
〔註40〕《宮中檔乾隆朝奏摺》，第五十九輯（臺北：國立故宮博物院，1978），乾隆
　　　　四十九年三月十四日，福建巡撫雅德奏摺，頁509。

任遲延各員處分，仍勒令派丁來閩補造，禁止雇用商船」。〔註41〕福建省因爲長期具備地利與人利兩項製造戰船的條件，因此到了同治五年（1866），中國第一座現代化的軍工戰船廠，即在福建的馬尾地區孕育而生，並且開始建造新式的鐵甲戰艦，來取代舊式〔註42〕的軍工戰船廠。因爲新式船廠的設立，間接導致舊式軍工廠的沒落。

圖 1－1　福建省所屬軍工戰船廠位置圖

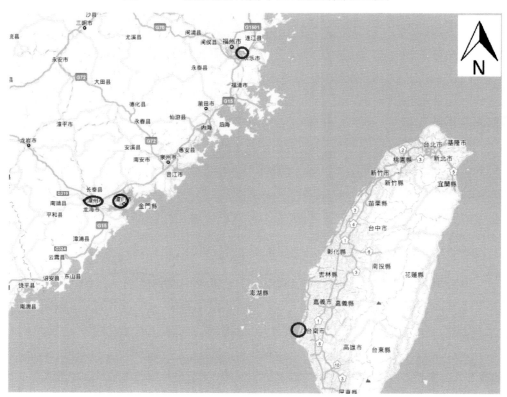

說明：紅色圈點處爲戰船廠設置地點，底圖使用 Google map

第二節　福州軍工戰船廠

福州軍工戰船廠設置於雍正三年（1725），與漳廠及臺廠同時設置，其地

〔註41〕周凱，《廈門志》（臺北：臺灣省文獻委員會，1993），頁 156。
〔註42〕舊式軍工戰船廠指造船材料以木料爲主；新式軍工戰船廠則是以鐵等金屬爲主的材料所興建的軍工戰船廠。其分界時間則爲同治五年（1866）。

點是設置於福州府內，並且由當時的糧驛道及興泉永道輪流修造。〔註 43〕福州之名稱自晉朝（266～420）始稱之。〔註 44〕其為福建省的省會，也是閩浙總督、福建巡撫之駐地，又是水陸交通要道，軍工木料的主要產地。另外，福州是淡水港，又是避風港，三寒不凍，四季通航，戰國時，吳王夫差已派人在今長樂海邊造船。〔註 45〕到了明代的福州造船業，有官營、民營、官召商營三種形式。廠家分佈在南台、河口、洪塘以及連江、長樂、福清等地。官營造船業工廠規模最大，其主體部分是明政府的戰船建造業。戰船工廠設在福州府城東南河口。〔註 46〕因此福州在累積那麼多豐富的資源之下，使得造船業更加發達。福州軍工戰船廠設立後，清政府最初是委託糧驛道及興泉永道來輪修。這也是福建省唯一同時委由兩位道台來負責的軍工戰船廠。但至雍正七年（1729）泉州廠設立後，福廠就專委鹽法道〔註 47〕來督造，興泉永道就專修泉州府所轄各營的戰船。

　　福州於順治十五年（1658），造置戰船五，以防守分巡澳。〔註 48〕所以福州在未設置軍工戰船廠之前，早在順治年間就已經在福州府製造水師戰船了，但此時尚無固定、且規模大的軍工廠。雍正三年（1725）福州設置軍工戰船廠，但此軍工戰船廠位於福州府的那個地方，一直無法從史料中來查尋，所以就無法直接的指出其軍工戰船廠的廠址。另外，研究清代中期福建省軍工戰船廠的學者也非常少，因此在專書及期刊、論文方面的資料也鮮有記載。所以有關福州軍工戰船廠的史料及軍工戰船廠的遺址找尋方面，可說是一項重要的考驗。從各種史料，及實地訪查來判斷，仍無法確實的指出福州軍工戰船廠的設置地點。

　　筆者曾三次前往福州探尋軍工戰船廠地點，但皆無法得悉有關軍工戰船

〔註 43〕托津，《欽定大清會典事例·嘉慶朝》（臺北：文海出版社，1991），頁 6567。

〔註 44〕徐景熹修，魯曾煜等纂，《乾隆福州府志》，共 77 卷，（臺北，成文出版社，1962），卷二，頁 39。

〔註 45〕陳道章，《馬尾史話》（福建：馬尾區文化局，1991），頁 93。

〔註 46〕趙建群，〈明代福州造船業考略〉，收於中國社會科學院歷史研究所編，《中國史研究》（北京：中國社會科學出版社，1987 年，第三期），頁 148。

〔註 47〕福建鹽法道舊稱鹽驛道，雍正十三年改之。崑岡，《欽定大清會典事例·光緒朝》，戶部，卷二百二十六，〈戶部七十五·鹽法六·福建〉，頁 653–2。雍正十二年以前福州軍工戰船廠歸糧驛道督造，雍正十三年鹽法道新設，戰船督造即改由鹽法道督造。

〔註 48〕徐景熹修，魯曾煜等纂，《乾隆福州府志》，卷十三，頁 315。

廠這方面的訊息，不管是從臺灣既有的史料及著作來找尋，或者是從福建當地的各縣地方志，或是檔案中來查閱，都查無任何記錄當時軍工戰船廠的事項。另外根據福建師範大學趙建群教授〔註 49〕在此一領域多年的研究，也是無法探尋出清代的福州軍工戰船廠地點。遺憾之餘，祇能期待往後有志者如果能發現更多的史料，或者做更長期的田野調查，也許可以找到一些蛛絲馬跡；筆者因礙於時間及經費的關係，無法長期在福州進行田野調查，因此無法在有限的時間內，探索到福州的戰船製造地點，實為可惜。

雖然無法從史料中直接正確的判斷出軍工戰船廠地點，但筆者從相關的史料推斷，可將福州軍工戰船廠的設置地點加以縮小範圍，如此可讓以後有志研究者加以參考。這可從修造戰船的地方官來說起，清代政府規定福州軍工戰船廠是歸福建糧驛道來修造，因此福州軍工戰船廠的設置位置，應該是在鹽法道的道台府衙附近。此論點是由廈廠及臺廠所設置的地點來推斷，因廈廠及臺廠的軍工戰船廠地點皆位於道衙旁。〔註 50〕然而再從福建省輿圖上〔註 51〕及史料上來看，不論是糧驛道或是鹽法道的道台府衙，都設在福州府所轄的閩縣內，也就是福州的省城裏。所以從這點可以判斷，福州的軍工戰船廠設置地點應該在福州省城閩縣內。而且福州的軍工戰船廠一定比其他三廠要大許多，因為福廠是木料的主要集散地，也是當時製造戰船額數最多的船廠（133 隻），並且連臺灣廠及浙江省和盛京地區所需的一些修造木料，也都要在福州購置後，再運往該地製造，再者，盛京地區所需的船隻甚至直接在福廠製造。因此福廠需要有較大的船塢和寬廣的地方來堆積木料，顯見其規模應該在其他三廠之上。

筆者根據上述論點，至福州進行田野調查工作，但也沒能發現船廠地點；另外，福建師範大學教授趙建群，之前對福州船廠這方面也做了訪查，也都沒有發現軍工戰船廠的遺址所在，因此在田野調查方面一無所獲。另一方面，從史料上來看，《福州府志》各個版本、《福建通志》、《閩縣縣志》、《長樂縣志》、《閩清縣志》及《閩侯縣志》等當地的地方志，以及《福建鹽法志》〔註 52〕等史料上來找尋，都無福州軍工廠的任何記載，這也可看出福建各地於清代所撰

〔註 49〕 趙建群，〈清代前中期福建造船業概述〉，《中國社會經濟史研究》（北京：中國經濟社會史研究編輯部，1993），第四期。

〔註 50〕 廈廠及臺廠的軍工戰船廠皆設置於道衙旁，及水陸發達之地，參見《福建全省地輿圖說》。

〔註 51〕 傅以禮，《福建全省地輿圖說》，清光緒二十一年（乙未）石印本。

〔註 52〕 《福建鹽法志》（臺北：中央研究院歷史語言研究所藏，清道光間刊本 16 冊）。

寫的方志，其內容的詳細度，是不如當時的臺灣方志的。所以在現有的官方資料方面，也是無法得知確切的軍工戰船廠地點，但由於史料不斷的被發掘，所以相信有志研究者，未來應該確認福州軍工戰船廠地點。

　　為了因應修造戰船的需求，清廷又於道光二十三年（1843）在福州設置一新的軍工戰船廠，其設置目的除了閩省製造戰船的速度過於緩慢，並且積弊太多，嚴重影響到海疆的巡防之外，鴉片戰爭期間水師戰船損失過多，需要盡速補齊。因此，為了要加速戰船的製造，以及杜絕營員的種種積弊，遂另設一軍工戰船廠，來建造水師戰船，如閩浙總督劉韻珂所奏：

> 向來各廠製造營船因限於例價，工料率多偷減，且須數月之久甫能造成一船，既無以應急，并不能收實用，是以專摺奏請在省城另設一廠委員專司監造，並請將工料各值悉照民價覈實給發，以杜沿緩苟簡之弊，一面即委文武幹員購料集匠晝夜併工製造，計自道光二十三年十月興工起，至二十五年正月止，陸續造成福建內地水師各營大、中、小號同安梭船四十五隻，十四槳快船三十隻，臺灣中、小二號同安梭船十五隻，浙江水師各營中、小兩號同安梭船三十隻…。〔註53〕

此軍工戰船廠的設置有別於之前的福州廠，這新建的軍工戰船廠不僅督造福建、臺灣兩地所需的戰船，並且更督造浙江省的水師戰船。此項戰船督造案，也得到臺灣道徐宗幹（1796～1866）〔註54〕的認同，其認為將臺地減去之三十一隻，分撥內地福、泉、漳三廠，以符舊例。各款料物，除樟料外，皆出自內地，較臺廠採辦為便。〔註55〕而此軍工戰船廠是專摺督造，其地點設置位於何處，共需製造多少戰船，也與福州戰船廠一樣，在史料上並沒有詳細的記載，遂無法得知此軍工戰船廠的地點及規模，只能從此奏摺中爬梳相關資料。但從這裡也可看出，雍正年間福建所設置的四座軍工戰船廠，已不再像之前製造那麼多的水師戰船了，而此刻福建省絕大部分的戰船已由此新建的戰船廠來興造。

　　此後，福州又於同治五年（1866）設置一軍工戰船廠，也就是所謂的福州船政局（馬尾船廠）。但基本上，前福州船廠及後福州船廠〔註56〕與福州船

〔註53〕《宮中檔道光朝奏摺》，第十四輯（臺北：國立故宮博物院，1996），道光二十五年五月十一日，閩浙總督劉韻珂奏摺，頁377。

〔註54〕徐宗幹，江蘇通州人，嘉慶二十五年進士，於道光二十八年四月任臺灣道。

〔註55〕徐宗幹，《斯未信齋文編》（臺北：臺灣銀行經濟研究室，1960），頁94。

〔註56〕筆者將雍正三年（1725）所興建的軍工戰船廠稱前福州船廠，道光二十三年

政局是否有關連，根據研究福州船政局學者之著作，及史料上的記錄〔註57〕。福州船政局與舊的兩座軍工戰船廠並無任何關連，有的只是在福州船政局設置後，福建就已改造新式戰艦，舊有的軍工廠勢將被淘汰。福州船政局開廠後，舊有的軍工廠即不再製造戰船，而以修護戰船為主。

第三節　漳州軍工戰船廠

　　漳州自宋代以來就是百貨集散之地，水陸發展非常的興盛，明朝政府曾經派員在漳州督造戰艦「福船」〔註58〕。顯見漳州在清代以前的造船業已有一定程度之發展。雍正三年（1725）清廷在漳州設廠製造戰船，由文職的汀漳龍道負責承修，再由武職的鎮、協副將負責監督。由於軍工廠的設置，提昇了漳州的造船技術，到了乾隆、嘉慶年間（1736～1820）漳州造船業甚為發達，所造的都是雙桅沿海木帆船和載重百噸以上的「大北船」。〔註59〕漳州地方能夠造此大船，與軍工戰船廠的設置，所帶動當地的造船業興盛，及軍工匠的技術巧練有很大的關係。

　　至於雍正三年（1725）所設的漳州軍工戰船廠，位於漳州的那個地方，也與福州廠一樣無法從史料中爬梳出來。筆者從現有的史料上，不論是檔案、奏摺、事例及各地方的方志來查看，都無法判斷出漳廠的地點所在。另筆者曾到中國福建省漳州市的方志編輯委員會來找尋資料，但據方志委員會在這方面的探究，也無法正確的指出軍工廠之所在地。另經方志委員會林副主任，及當地編輯地方志的耆老何萬年先生之指教，認為在當地的龍海市郊，也就是西溪〔註60〕（圖1－2）及北溪（圖1－3）的交匯處（圖1－4），曾經是清代製造戰船的地方。但是否即為雍正三年（1725）所設置的軍工戰船廠，則有待考證。

　　西溪與北溪的交匯處〔註61〕，現在為一渡船小碼頭（圖1－5），碼頭

（1843）所設置的船廠，則稱為後福州船廠。

〔註57〕福州船政局之史料及檔案，並無記載任何與福州軍工廠有關的事件。而福州船廠因地址是籌劃福州船政局之前才擇定，因此與舊的軍工戰船廠是無關連的。

〔註58〕漳州市交通局編，《漳州交通志》，頁241。

〔註59〕漳州市交通局編，《漳州交通志》，頁241。

〔註60〕西溪亦稱為南門溪，源接南靖大溪。

〔註61〕即龍海市榜山鎮吾圃村之所屬地。

後爲廣大的林野。與渡船頭最接近的村落吾圃村，距離大約 10 分鐘車程，而渡船頭旁沒有任何的建築物，附近人煙稀少，雜草叢生，也沒有發現有任何造船遺跡的跡象，因此筆者亦不能判斷此地，是否就是軍工廠的所在地。但如果是，這就與臺廠及廈廠之軍工廠位於城鎮中心，有很大的不同。筆者訪問龍海市榜山鎮長洲村孫太山先生，據其敘述〔註 62〕，西溪與北溪在清代時期有大量的船隻出入，及在此進行船隻修護，來往船隻絡繹不絕，〔註 63〕但從他懂事之後，並沒有看到此地有任何造船廠的遺跡。另外在史料方面，《漳州府志》、《龍溪縣志》、《海澄鎮志》等漳州地方志，及現今所編輯的《漳州地方志》也都沒有軍工戰船廠這方面的資料記載。所以漳州的軍工戰船廠位於何處，在現有的史料及田野調查報告上，都無任何和軍工廠有關的記載。

　　依據汀漳龍道道銜〔註 64〕位於漳州府所轄的龍溪縣〔註 65〕內來判斷，漳州的軍工戰船廠位於龍海市內，是合乎就近管理原則的。雖然西溪及北溪的交匯處，並不是城鎮中心，但其後有廣大的林野，加上水陸的發達，的確有符合設置戰船廠的條件。但由於筆者時間的限制，無法長期待在該地進行田野調查，及收集更多的資料，因此未能正確的指出漳州軍工戰船廠的位置，如有志研究者，願意多花一些時間來琢磨，或許就能判斷出當地是否爲軍工戰船廠的設置地。

　　雍正三年漳廠設置之初，其船工本委道員承辦，副將、參、遊監督修造。迨後各廠事務繁多，又復詳委廠員在廠辦理。例如桅杉巨木，購覓維艱，復經議准道員總其大綱，所屬府、州佐其眾務。凡有應需巨木，道辦四分，三府州勻辦六分運廠。〔註 66〕但各個船廠卻都沒依法辦理，因此到了乾隆六年（1741），即規定戰船桅木仍令各道採辦，除臺灣遠隔海洋仍循舊例外，其興泉永道承修之泉廠，令興、泉、永三府州協辦，汀漳龍道承修之漳廠，令汀、漳、龍三府州協辦，鹽法道承修之福廠，令延、建、紹三府協辦。〔註

〔註 62〕孫太山先生口述，李其霖報導。2001 年 7 月 31 日至龍海市榜山鎮之田野調查。
〔註 63〕船隻的出入及修護是回憶孫太山父親及祖父的説法。
〔註 64〕傅以禮，《福建全省地輿圖説》，清光緒二十一年（乙未）石印本。
〔註 65〕龍溪縣爲現今之龍海市。
〔註 66〕《福建省例》（臺北：臺灣銀行經濟研究室，1964），頁 612。
〔註 67〕崑崗，《欽定大清會典事例·光緒朝》，卷九百三十六，〈工部七十五·船政〉，（北京：中華書局，1991），頁 743。

67）雖然朝廷已經有新的規定，但漳廠在木料的採購方面，還是使用自己的運作模式，所以在此情形之下，衍生出更多的問題。以至於在乾隆三十六年（1771）爆發出麻行戶柯西銘事件〔註 68〕。此事件引起清政府的關切，所以在此事件之後，清政府就規定，一切船廠軍工料物，均應官辦，不能委由民間採辦。

漳州軍工戰船廠的戰船製造，其所需之木料是委由民間採辦，於福建內地採買，但因福建內地木料逐漸減少，所以採買木料的成本自然增加許多，但朝廷配給之採料款項又無增加，而料價又日貴一日，〔註 69〕所以採辦木料人員個個苦不堪言。如此木料的缺乏及價錢昂貴之情形一直持續不斷，難以解決，導致戰船的修造往往不能在規定之期限內完成，以至於未修造之戰船越積越多。道光三年（1823）即規定：「閩省戰船駕廠，本應隨時修理，近緣木料短少，未能剋期興辦，以至歷年積壓，自係實在情形，著照所請，將福、漳、泉三廠應辦戰船，自道光二年（1822）正月爲始，按月修船一隻，遇閏月多修一隻，各廠道員先儘到廠最久之船，挨次修造，不得越次，以杜挑修取巧之弊」。〔註 70〕由此可知，在福建省生產的製造戰船木料在道光初年，就已經不敷使用了，因木料的缺乏，所以才使得應修而未修的戰船越積越多。爲了彌補造船木料之不足，並改造戰船樣式，乃以四川所產的柏木爲主要木料，但此柏木的結構卻不適合戰船使用。閩浙總督怡良（瓜爾佳氏？～1867）在奏摺中說道：

> 閩省例造師船向用松、杉、樟三種木植，何者應用何木俱有一定章程循照辦理，若改造新式製造則本地所產之木，丈尺圍圓均不合用，即不能不向四川咨取，柏木性堅而脆，非加厚用料，不足以檔巨砲轟擊，而木性既重，則喫水亦必有過深之處，閩省工匠向未用過此項木植，其性亦未能深悉，以成造器物，比較輕重之別迥異，此時既不能遵照廣東船式，則率行咨取到後仍歸無用。〔註71〕

〔註68〕 有關柯西銘事件，參見臺灣銀行經濟研究室編，《福建省例》，（南投：臺灣省文獻委員會，1997），頁 611～614。

〔註69〕 薛凝度修、吳文林撰，《雲霄廳志》，卷五，（臺北：成文出版社，1976），頁 207。

〔註70〕 崑崗，《欽定大清會典事例・光緒朝》，卷九百三十六，〈工部七十五・船政〉，頁 757。

〔註71〕 《宮中檔道光朝奏摺》，第十三、十四輯（臺北：國立故宮博物院，1996），道光二十三年四月二十一日，閩浙總督怡良奏摺，頁 619。

由怡良的奏摺可以知道，閩省的木料嚴重不足，再加上四川所產之柏木，亦不適合製造戰船，如此一來，愈使戰船的修造更顯困難。再加上採購木料的種種弊端，所以官員就將製造戰船視為畏途。

鴉片戰爭前由於魏源（1794～1856）與林則徐（1785～1850）的大力主張修造新式戰船，使得舊式戰船繼續修造與否，讓當時的清政府產生更多的矛盾，而遲遲無法做出決定，因此在傳統戰船的製造上略顯滯延。而此時在清廷的矛盾之下，有一些在籍官員，或地方士紳，已開始製造新式的戰船。如在籍刑部郎中潘仕成（1804～1873），〔註72〕新造戰船一隻，船身長十三丈三尺六寸，底骨長十丈零八尺，面寬二丈九尺四寸，高深二丈一尺五寸，底骨用洋梢木，圍大六尺，船底橫柴八十餘度，俱大六寸，厚六寸，兩邊拱腰共計三百三十餘度等……。〔註73〕清政府對於士紳如此做法也給予肯定，並且議敘。在道光朝之上諭檔中就載明：「各海疆省分紳士商民，果有捐資助餉修建城堡及募義勇、造船鑄砲，有益軍需者，其急公好義，即與出力將士無異。若仍照捐輸常例議敘，不足以示鼓勵。著核實保奏，候朕破格施恩」。〔註74〕如此一來，更加深戰船在改與不改間的抉擇。

道光二十五年（1845），署理福建巡撫徐繼畬（1795～1873）在當年的奏摺上，還有依定例將漳州應修之戰船，五百兩以上依例上奏外，〔註75〕往後的奏摺就已經沒有任何五百兩以上，應修理戰船的奏章了，這也顯示出戰船的修造，已經沒有像以前那樣重要了。到了咸豐元年（1851），福建巡撫徐繼畬還有奏請修造漳州廠戰船外，〔註76〕此後，就沒有任何有關奏請修造戰船的奏摺了。所以漳州的軍工戰船廠在咸豐朝以後，就少有新造的水師戰船了。

〔註72〕潘仕成為潘正威之子，潘正威為廣東十三行同孚行大掌櫃。
〔註73〕魏源，《海國圖志》（臺北：成文出版社，1970），卷五十三，〈仿造戰船議〉，頁3085。
〔註74〕姚瑩，《東溟奏稿》（臺北：臺灣銀行經濟研究室，1959），頁99；丁日健，《巡臺必告錄》（臺北：臺灣銀行經濟研究室，1959），頁191。
〔註75〕《宮中檔道光朝奏摺》，第十六輯（臺北：國立故宮博物院，1996），道光二十五年十二月二十八日，署理福建巡撫徐繼畬奏摺，頁619。【按】：清廷於嘉慶九年四月十一日奉准，修造戰船銀數三百兩以下者，照例咨部核辦，倘數逾五百兩以上者奏明辦理，見中央研究院歷史語言研究所編，《明清史料》戊編第八本，閩浙總督玉德等奏摺，頁764。
〔註76〕《清實錄·文宗顯皇帝實錄》，卷三十四，咸豐元年五月下戊申，頁477-1。

圖1－2 福建省漳州市之西溪

圖片來源：李其霖攝於 2001 年 7 月 31 日

圖1－3 福建省漳州市之北溪

圖片來源：李其霖攝於 2001 年 7 月 31 日

圖 1－4　福建省漳州市西溪與北溪交匯處

圖片來源：李其霖攝於 2001 年 7 月 31 日

圖 1－5　西溪與北溪交匯處之渡船頭

圖片來源：李其霖攝於 2001 年 7 月 31 日

圖1-6 漳州軍工戰船廠位置圖

說明：紅色圈點處為戰船廠設置地點，底圖使用 Google map

第四節　泉州軍工戰船廠

　　廈門自古就是水路要道，水上行舟到處可見。明代在海滄（今廈門市）即製造有冬船，亦稱海滄船。〔註77〕而水寨戰船，原出衛所，後廣募民艦。旋設舟師於五寨之外，分有十六澳，船不加多，力分勢寡。〔註78〕因此廈門的造船技術在清代以前，無論是官方或者是民間，都具一定水準。清軍入閩不久，曾在廈門設置軍工戰船廠，后廢。〔註79〕爾後，廈門屢為鄭氏與清廷所佔，故戰船廠的設置及運作，無論在鄭或清都難以持久。

〔註77〕黃鳴奮，《廈門海防文化》（廈門：鷺江出版社，1996），頁77。
〔註78〕周凱，《廈門志》（南投：臺灣省文獻委員會，1993），頁83。
〔註79〕趙建群，〈清代前中期福建造船業概述〉《中國社會經濟史研究》（北京：中國社會經濟史研究編輯部，1993），第四期，頁76。

泉州軍工廠的設置，比福廠、漳廠及臺廠晚了四年，於雍正七年（1729）設置。其設置之原因主要是福廠所聘請的軍工匠皆由泉州府調派而來，鑒於來往不便，因此閩浙總督高其倬（？～1738）奏准於泉州另闢一新廠，分金門、海壇二鎮戰船五十三隻，專委興泉永道承修。〔註80〕然而，早在泉廠未設置之前，泉州就有分修福廠戰船的情形，然因福廠所分修戰船過多，因此往往無法在規定期限內修造完成，福建巡撫劉世明（？～1735）在奏摺中說：

> 承造戰船與各案大小修理船隻，更為巡防海疆之第一要務，而承修各道員每多故意玩延殊干法紀，且動以津貼不敷借辭文飾，其實希冀陞遷便可卸責而去，斷難任令，伊等如是存心貽誤對封疆機務不淺，臣查興泉道張廷枚分修之船，除竣工交管營操防不算，尚有捌隻戰船，並未修理完工亦不上緊催督趕辦……。閩省戰船津貼較之浙江為數幾少一半，所以急公之心遂不能勝其懷利之念，惟欲舉援浙例不覺，出口便曰賠修……。〔註81〕

泉廠未設置之前，在當地負責承修之道員玩弄法紀時有所聞，因此往往不能如期將戰船修造完成，再者，製造戰船的軍工匠人時常往來福州、泉州之間，造成不便，遂有設新廠之建議。設置新廠之優點，除了可以由當地官員就近監督管理之外，也可免除軍工匠舟車勞累之苦。最後於此考量之下，決定新增設泉州軍工戰船廠。

在廈門廠還未設置之前，福廠承修戰船額數最多（如表1－2）。乃至泉廠設置後，就將福廠應修的戰船，分配一些給泉廠製造，如此一來福州廠的戰船興建額數減少許多，戰船製造所帶來之壓力減輕不少。（如表1－3）。

表1－2　雍正三年（1725）福建省所屬軍工戰船修造表

承造廠	修造戰船數（隻）	修造營弁戰船	督造單位
福州廠	133	海壇鎮	糧驛道、興泉永道
漳州廠	101	水師提標	汀漳龍道
臺灣廠	98	臺、澎水師協	臺灣道

資料來源：《廈門志》，卷五，〈船政略〉，頁153。

〔註80〕周凱，《廈門志》，頁153。

〔註81〕中國第一歷史檔案館編，《雍正朝漢文硃批奏摺》，第14輯，（北京：檔案出版社，1986），頁823～824。

表1-3 雍正七年（1729）福建省所屬軍工戰船修造表

承造廠	修造戰船數（隻）	修造營弁戰船	督造單位
福州廠	80	海壇鎮	糧驛道
漳州廠	101	水師提標	汀漳龍道
臺灣廠	98	臺、澎水師協	臺灣道
泉州廠	53	海壇鎮	興泉永道

資料來源：周凱，《廈門志》，卷五，〈船政略〉，頁153；托津，《欽定大清會典・
嘉慶朝》（臺北：文海出版社，1991），卷七百九，頁5a。

雍正七年（1729）泉廠設置後，初期分修督造福廠戰船53隻，爾後於乾
隆元年（1736），再將漳廠所修的水師提標中、右二營戰船26隻改歸泉廠，
因此泉廠額修戰船達79隻。〔註82〕漳廠應修戰船只剩73隻。臺灣廠雖由98
隻減為96隻，但已成為福建省興建戰船數量最多的船廠。（如表1-4）

表1-4 乾隆元年（1736）福建省戰船修造表

承造廠	修造戰船數（隻）	修造營弁戰船	督造單位
福州廠	76	海壇鎮	鹽法道
漳州廠	73	水師提標	汀漳龍道
臺灣廠	96	臺、澎水師協	臺灣道
泉州廠	79	金門鎮、海壇鎮	興泉永道

托津，《欽定大清會典・嘉慶朝》（臺北：文海出版社，1991），卷七百九，頁10b。

乾隆三十三年（1768）期間，因海疆承平許久，故有減少戰船製造數量
及將戰船長度酌量改小之建議。大學士傅恆（？～1770）在奏摺中提到：

> 各省沿海地方設有戰船，其船身過大者駕駛稍有不便，兼之海疆寧
> 謐已久，巡察無藉多船，即如定海一處設有戰船三十餘隻，未免過
> 多，其中原可分別裁汰，而戰船亦可酌量改小，使往來便利以資操
> 防，但各海口情形不同，所設船數多寡一時亦不能記憶俟，臣蘇昌
> 回任後詳悉確查，將閩浙兩省各口船隻，應裁應改若干，並有定在

〔註82〕崑崗，《欽定大清會典事例・光緒朝》，卷九百三十六，〈工部七十五・船政〉，
頁741。

難以減汰者據寔。〔註83〕

由此奏摺內容可知，閩省的戰船額數一直在變動，而且是逐年的遞減。雖然在量的方面減少，但為更符合巡洋會哨所需，亦適時修改戰船樣式。然而修造戰船的數目減少，但入廠修造者，又輒經年累月，不能上緊完工。且下惟有先就可用之船，亟飭修整完固，其在廠修造之船，一并勒限，嚴催迅速報竣，庶為有備，不至周章。〔註84〕如此做法不但可減少國庫開銷，也符合洋面巡防的需求。但到了同治朝的時候，福建省各戰船廠所轄的水師戰船又明顯的減少許多。（如表1－5）

表1－5 同治朝所載福建省戰船修造表　　戰船單位：（隻）

承造廠	修造戰船數	修造營弁戰船	督造單位
福州廠	46	督標、閩安協、福寧鎮左營、海壇鎮左營	鹽法道
漳州廠	52	水師提標、南澳鎮、金門鎮右營	汀漳龍道
臺灣廠	96	臺、澎水師協	臺灣道
泉州廠	48	水師提標、金門鎮左營、海壇鎮右營	興泉永道

資料來源：《同治福建通志》

表1－5內容摘錄自《同治福建通志》，此方志成書於同治十年（1871），但此時福州船政局已經成立，故其內容所載的修造戰船額數應是同治五年（1866）以前的資料，或許是更早。但由此資料可得知，福建省所轄的軍工戰船廠，除了臺灣廠的修造戰船額數無改變之外，其餘的船廠所修造的戰船數量已經減少許多。

泉廠於雍正七年設置於泉州何處，尚無直接的史料可證明，因此確切的造船地點亦無從得知。筆者從史料及田野方面著手，尚未能調查出其地點。後來泉廠移往廈門的原因是因為興泉永道衙早就於雍正五年（1727）移駐廈門。〔註85〕那此時道台又要時常趕赴泉州督造戰船，路途的遙遠使得在監督方面造成了極大的困擾。因此，閩浙總督郝玉麟（？～1745）在瞭解此一情況之後，遂奏請於興泉永道台所駐防的廈門地方建造新的軍工廠，所以泉廠

〔註83〕中國第一歷史檔案館編，《乾隆朝上諭檔》第五冊（北京：檔案出版社，1991），頁267。

〔註84〕中國第一歷史檔案館編，《乾隆朝上諭檔》第五冊，頁1228。

〔註85〕周凱，《廈門志》，卷二，〈分域略〉，頁46。

在此時就在廈門重設，也就是現在的廈廠。〔註86〕據《廈門志》的記載，廈門當地前後建有兩座軍工廠：「軍工戰船廠前在廈門水仙宮右至媽祖宮後止，泉州府承修時所設，後改歸汀漳道遂廢，居民私蓋屋寮，乾隆五年復設於媽祖宮之東南臨海，北臨港；東西四十丈、南北十五丈，蓋造官廳三間、護房六間、廠屋四間、廚房一間，左右前後圍以籬笆」。〔註87〕可見雍正七年（1729）所增設的軍工廠並不是後期的軍工廠，而是位於廈門水仙宮右至媽祖廟的軍工廠如圖1－8及圖1－9所示：

圖1－7 廈門軍工戰船廠位置圖

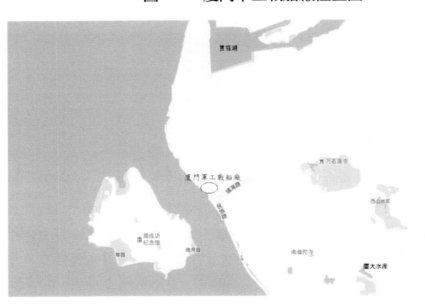

說明：紅色圈點處為戰船廠設置地點，底圖使用 Google map

〔註86〕周凱，《廈門志》，卷五，〈船政略〉，頁 153－154
〔註87〕周凱，《廈門志》，卷五，〈船政略〉，頁 154。

圖1−8　廈門軍工戰船廠地貌圖

圖片來源：李其霖攝於 2001 年 8 月 1 日

按：兩箭頭之間爲乾隆七年以前之廈門軍工戰船廠（此圖筆者在古浪嶼遙望拍攝）

　　這是廈門於乾隆五年之前所設之軍工廠。但現今遺址已難以尋覓，其位置約位於現在廈門市之思明南路，鎮海路及同文路之中（如圖1−7），雖然廈門軍工廠已難尋原來之貌，而水仙宮也拆除蓋大樓了，唯一還保留的只剩下媽祖宮，（如圖1−9）但媽祖宮也因爲時代之變遷，疏於維護，因此並未發現任何文物，甚爲可惜。現在媽祖宮只剩下居住於隔壁樓層的一些善男信女在打掃，本地人及外地人來此參拜的已不多見了。

　　廈門未設置戰船廠之前，廈門即有興建戰船，但此船廠並非正式船廠，其地點與乾隆五年（1740）設置之軍工廠，是相比鄰的，依照《廈門志》的記載，舊軍工廠的規模是比新軍工廠小的，這是因爲新軍工廠是有規格的，所以其佔地區域才會比舊軍工廠大的多。而舊時的造船廠應該只是小規模的修護廠，因爲這並不是體制內所設置的軍工廠，充其量只能說是戰船的修理廠，而不是製造廠。所以在文獻上也就沒有任何其規模的記載，但有了此修護廠的出現，也就證明了廈門地區有足夠的資源可設置軍工廠。而當時的廈門軍工戰船廠之木料推置處，現爲料船頭街，（如圖1−10），而軍工戰船廠的

廠道，（如圖 1－11），至今還是依然存在，似乎沒有任何的改變。

圖 1－9　廈門軍工戰船廠旁之媽祖廟

圖片來源：李其霖攝於 2001 年 8 月 1 日

圖 1－10　廈門軍工戰船廠之料船頭街

圖片來源：周莉莎攝於 2002 年 4 月 22 日

圖 1－11 廈門軍工戰船廠廠道圖

圖片來源：周莉莎攝於 2002 年 4 月 22 日

小 結

雍正三年（1725）清廷於福建地區設置四座軍工戰船廠，分別為福州廠、泉州廠、漳州廠和臺灣廠。福州廠原本修造戰船的數量最多，爾後分修一部分戰船予泉州廠。福建三廠分修戰船數量相當，臺灣卻成為製造戰船數量最多的船廠。

福州廠與漳州廠之規模多大，位於何處，依據目前所掌握資料，並無法正確指出其地點，雖做了推測，但是否為其地址，則有待確認。這部分更需有史料進行驗證，因為福州及漳州地區範圍遼闊，更經百年的環境變遷，在前人無留下資料的情況下難以查證，殊為可惜。

泉州的戰船廠地點位於何處，亦無資料可供佐證。然而，慶幸的是廈門軍工廠之地點得以在僅有的資料上確認。當地並保有部分廠道及地名，雖不能了解其規模，但已能得知其位置，這主要歸功於《廈門志》的詳細記載。

軍工戰船廠興建於當時的各個地區，皆可視為是當地的大型製造工廠，

然而各地方的史料記載及保存情況不同，故廈門及臺灣廠有較多的資料呈現。福州、泉州及漳州廠則無明確之紀錄，殊爲可惜。如有新的史料出現，或是當地有考古遺址被發現，方能解答戰船廠設置之情況。

第二章　臺灣軍工戰船廠的興建

前　言

　　康熙二十二年（1683）八月十三日，福建水師提督施琅（1621～1696）率福建水師攻佔臺灣鹿耳門。〔註1〕康熙二十三年（1684）正月，福建水師提督靖海將軍侯施琅疏請設臺灣鎮守官弁，〔註2〕旋即在臺灣設立一府三縣，由臺廈道兼管。並設置臺灣水師中營、水師左營、水師右營等三營駕水師戰船48隻、澎湖水師左營、右營等二營駕水師戰船32隻，〔註3〕臺灣水師與澎湖水師共有戰船80隻。這即是清代在臺灣水師戰船最早的編制。康熙三十三年（1694）臺灣與澎湖的五個水師營，所駕戰船已達90隻。〔註4〕雍正三年（1725）軍工戰船廠正式興建後，臺灣與澎湖配置的水師戰船額數又增加八隻，達98隻，〔註5〕但臺灣雖有眾多的戰船，但向來無大號戰船，緣臺廠軍料，購自內地，大料不能配運，〔註6〕所以臺灣的戰船型式比起大陸內地，都要來得小，這是礙於木料採辦的因素。

　　清廷為了因應戰船的需求量逐漸增加，因此旋認為在臺灣設立一軍工戰船廠確有其必要，況且臺灣遠隔重洋，與內地通省連絡只能依賴船隻，因此「船」即成為內地與臺灣連絡的唯一交通工具。另一方面，清廷收復臺灣之初，因戰船毀損嚴重，所以戰船的編制並不足額。在康熙一朝，臺灣尚未設

〔註1〕《清實錄‧聖祖仁皇帝實錄》（臺北：臺灣銀行經濟研究室，1963），卷一百一十，康熙二十二年八月戊辰，頁144－1。
〔註2〕《清實錄‧聖祖仁皇帝實錄》，卷一百十四，康熙二十三年正月丁亥，頁176～1。
〔註3〕蔣毓英，《臺灣府志》（臺北：臺灣省文獻委員會，1993），頁109～110。
〔註4〕高拱乾，《臺灣府志》（臺北：臺灣省文獻委員會，1993），頁72～75。
〔註5〕劉良璧，《重修福建臺灣府志》（臺北：臺灣省文獻委員會，1993），頁321～325。
〔註6〕陳培桂，《淡水廳志》（臺北：臺灣銀行經濟研究室，1963），頁400。

置軍工戰船廠之前，戰船的供應主要來自福建內地，臺灣只能製造少量的戰船，其製造則分由臺灣道、府及臺灣縣、鳳山縣及諸羅縣共同修造。到了雍正三年（1725），因戰船的需求增加，清政府不得不設置大型的軍工戰船廠來製造，遂於同年於福建省設立三座軍工戰船廠（福州軍工廠、漳州軍工廠及臺灣軍工廠），〔註7〕這即是清代在臺灣所設置的第一座軍工戰船廠。〔註8〕道光初年，因軍工道廠泥沙淤積逐漸嚴重，所以便無法製造足額的戰船，清廷遂又增設一軍工府廠，來分擔軍工道廠積壓未修之船，因此臺灣即設置有兩座軍工戰船廠，一為軍工道廠另一為軍工府廠。

　　臺灣之軍工戰船廠始設置於雍正三年（1725），至光緒二十一年（1895）臺灣割讓給日本為止，一共歷經了一百七十年。

第一節　軍工戰船廠的設置

　　臺灣未被清代納為版圖之前，荷蘭人、西班牙人及鄭成功曾經先後以強大的船隊來佔領統治臺灣，他們統治臺灣期間，並未在臺灣設廠造船，即便是鄭氏王朝亦是，主要是鄭氏得以控制廈門，可以在廈門造船，再者，鄭氏使用的船隻為福船，臺灣當時並沒有船廠，沒有造船設備，缺乏造船的技術人員，缺乏造船的若干重要材料，〔註9〕故不在臺灣造船。

　　康熙二十三年至雍正三年（1684～1725）之間，雖然清代在臺灣有水師戰船的編制，但並沒有設置固定的軍工造船廠來製造這些戰船。臺灣大部分的戰船皆由福建省內地各州、縣供應，臺灣本島只有修造少部分的戰船，如當時的巡臺御史黃叔璥〔註10〕在其所著的《臺海使槎錄》中即記載：

> 臺、澎各標營船，初俱分派通省內地廳員修造；康熙三十四年，改歸通省內地州縣。其尚可修者而不堪駕駛者，內地之員辦運工料赴臺興修。迨按糧議派，臺府三縣亦分修數船，此非偏庇臺屬，以內地各廠員多力分，工料俱便，不煩運載，可以剋期報竣。後定附近

〔註7〕托津，《欽定大清會典事例‧嘉慶朝》（臺北：文海出版社，1991），卷七百七，頁6567。

〔註8〕雍正三年所設置的軍工戰船廠，因屬臺灣道管轄，所以也通稱為軍工道廠。

〔註9〕方豪，〈由順治八年福建武闈試題論鄭氏抗清的主力〉，《方豪六十自定稿》（上冊）（臺北：著者自刊本，1969），頁671。

〔註10〕黃叔璥，順天大興人，康熙己丑進士，康熙六十一年任巡臺御史（摘自福建通志）。

道府監修。統計閩省船隻勻派通省道府，乃將臺、澎九十八船內派
臺灣道府各十八隻，餘俱派入內地。既而仍歸內地修造，惟未至爛
而不堪駕駛者留臺修補。至康熙四十四、五年間，仍俱改歸臺屬，
而派府船數倍於道：然令其與福府分修。〔註11〕

由此看來，臺灣當時所轄的水師戰船 98 隻，只有 36 隻是在臺灣境內製造。
其餘的 62 隻皆來自福建省各州、縣。這些在臺灣製造的戰船，是由臺灣道及
臺灣府負責監造，臺灣縣、諸羅縣及鳳山縣也一同參與修造戰船事宜。可見
在臺灣軍工戰船廠未設置之前，臺灣就已經有修造戰船的事實了。但此一時
期的戰船修造，仍未成為定例，那個縣分修幾隻，並無制度規範。

有清一代，在臺灣一共興建了兩座軍工戰船廠，分別為軍工道廠及軍工府
廠。其名稱的確認，可以從媽祖樓中保存的《重興天后宮碑記》（如圖 2－1）中
看出，其碑記中記載，軍工道廠捐大殿樑一枝，軍工府廠捐頭殿樑一枝。〔註12〕
從這裡可以知道這兩座軍工廠是以道廠及府廠來稱呼，這也是因為此兩廠是分
由臺灣道及臺灣知府督修兼管的緣故，因此才會有此命名。

圖 2－1　《重興天后宮碑記》〔註13〕

圖片來源：李其霖攝於 2001 年 9 月 7 日

〔註11〕黃叔璥，《臺海使槎錄》（臺北：臺灣省文獻委員會，1986），頁 36。
〔註12〕記載於臺南市西區忠孝街 118 號之媽祖樓牆面上之重新天后宮碑記。
〔註13〕說明：石碑現存於媽祖樓內殿左側之牆壁上，碑文右上角清楚的寫著軍工道
　　　　廠捐大殿樑一枝，以及軍工府廠捐頭殿樑一枝。

一、軍工道廠的設置

　　康熙、雍正年間因為沒有固定的軍工戰船廠，也沒有一套完備的修造軍工戰船制度，因此在修造戰船時，常會造成文官及武官間權責分配不清的情況，因此便造成戰船修造的諸多不便，如兩廣總督孔毓珣（1666～1730）的奏摺中就提到：

> 查額定修船工料原屬不敷，向來道、府承修每隻貼補數十金及一、二百金不等，武職止可責其承修，不能責其貼補，臣擬將領價修造歸之武職，仍令原應承修之道、府并督、撫量加幫貼，照依向日貼補銀兩交給武職湊用，庶武職可免貼補而戰船得堅固速竣之……。〔註14〕

因軍工戰船的修造無定制，所以有些修船經費必須由各州、縣負擔，遂也造成各州、縣的賠累，使得各州、縣都不願去承修這些戰船。因此，兩廣總督孔毓珣等人在奏摺中就具奏：

> 沿海戰船欲改歸營員修造，使州、縣無賠累之苦，而於軍政甚有裨益，可會同速速確議具奏等因，欽此。查地方官承管修造戰船營員多方勒索，乃歷來積弊，戰船係營員駕配巡哨身命所關，歸令營員修造，自必益加堅固，惟是各船題定修造工料，從前因時估計約畧足數，今承平日久，人民繁庶造作眾多，物料日貴，先前定價實屬不敷，武職止可責其出力，不能墊補，應將戰船改歸武職修造，不敷銀兩仍令文員幫補。〔註15〕

雖然孔毓珣等人建議戰船的督造改歸武職的營員負責，可以達到事半功倍的績效，但雍正皇帝顯然並不贊同此項建議，因此未能施行。隔年，雍正三年（1725），兩江總督查弼納題准設立總廠於通達江湖百貨聚集之所，因鳩工辦料，較為省便；每年派道員監督，再派副將或參將一員同監視焉。〔註16〕此項建議於同年覆准，並於福建省之福州、漳州與臺灣設置三座軍工戰船廠，來製造福建省所需的戰船，而臺灣水師營所需之戰船則由臺灣廠製造供應。臺灣軍工戰船廠，文官委臺灣道，武官委臺協副將，會同監督修造。〔註17〕

〔註14〕《宮中檔雍正朝奏摺》，第二輯（臺北：國立故宮博物院，1977），頁868，雍正二年七月初九日，兩廣總督孔毓珣、廣東提督董象緯奏摺，頁868。

〔註15〕《宮中檔雍正朝奏摺》，第三輯（臺北：國立故宮博物院，1978），雍正二年十月十二日，兩廣總督孔毓珣、廣東提督董象緯奏摺，頁394。

〔註16〕李元春，《臺灣志略》（臺北：臺灣銀行經濟研究室，1958），頁64。

〔註17〕崑岡，《欽定大清會典事例·光緒朝》（北京：中華書局，1991），卷九百三十

從此臺灣即設置了第一座軍工戰船廠，而此戰船廠委由臺灣道兼管，故亦稱為「軍工道廠」，同時此廠也是民間俗稱的「大廠」，〔註18〕及「北廠」。〔註19〕如在嘉慶十年（1805）的〈重修彌陀寺碑記〉〔註20〕中及嘉慶二十四年（1819）〈普濟殿重興碑記〉中及就有軍工大廠字樣。〔註21〕

臺灣的軍工戰船廠，雖然只負責修造臺灣與澎湖所需的水師戰船，但在修造的過程中，往往不能如期完成，而使得臺灣與澎湖所分配的戰船未達規制之額數。臺灣地區的戰船額數不足，遂使得臺、澎兩處的戰船分配呈現不均之勢，澎湖水師營分配的戰船，往往又比臺灣協水師營來得少，加上澎湖水師營戰船於洋面巡防次數較為頻繁，毀損嚴重，因此戰船的短缺，時常造成洋面上空虛，所以福建水師提督王郡（？～1756）疏稱：「臺、澎戰哨船分案估修，以免稽誤」。〔註22〕從此，臺協與澎協的水師戰船即分案估修。這是軍工戰船廠設置以來，首度的將臺灣與澎湖的水師分案修造，但修造的地方還是在臺灣軍工道廠。

雖然清廷在臺灣設置了軍工戰船廠來製造水師戰船，但因建造戰船的大部分木料，都必需從福州購入，或者是由軍工匠從臺灣內山砍木攜回。〔註23〕而由福州購入的木料，因遠隔重洋，時間不易掌握，所以木料的採購並不順暢，延誤情形非常之嚴重。另外，從臺灣北路由海運將木料運至軍工廠的路程也是充滿危機，因為海運可能遇到颱風，陸運亦可能遭遇到匪徒，恐怕舟行之苦，反甚於陸。〔註24〕這兩方面的木料載運困難，以致於戰船不能如期興造，這使得未興造的戰船之積壓情況越來越嚴重。另外，因軍工道廠的廠道泥沙淤積越來越嚴重，造成戰船無法順利駕駛到廠修護，而

六，〈工部七十五〉，船政，頁738。

〔註18〕范勝雄，〈府城西城故事〉《臺灣文獻》，第四十三卷第四期（臺北：臺灣文獻委員會，1992），頁164。

〔註19〕不著撰人，《安平縣雜記》（臺北：臺灣銀行經濟研究室，1959），頁82。內容所記載之軍工道廠稱之為「北廠」。

〔註20〕《臺灣南部碑文集成》（臺北：臺灣銀行經濟研究室，1966），臺南市東區彌陀寺三川門前左右壁，頁183。

〔註21〕《臺灣南部碑文集成》（臺北：臺灣銀行經濟研究室，1966），臺南市西區人和街普濟殿三川門左右壁，頁214。

〔註22〕《清實錄·高宗純皇帝實錄》，卷五十五，乾隆二年十月下庚戌，頁913－1。

〔註23〕臺灣製造戰船所需的部分木料，如樟樹等皆產於臺灣內山，因此必須要由軍工匠自內山伐木攜回。

〔註24〕陳淑均，《噶瑪蘭廳志》（臺北：臺灣省文獻委員會，1993），頁155。

新修的戰船也無法駛向洋面，如道光二十八年（1848）任臺灣道的徐宗幹就已說道，港道不能疏通，修船者得以卸責。而弁丁亦樂於折價虛報領收，便可搪塞；或購買以補其額，既補額亦為兵丁販運耳。〔註 25〕其實台江西北部沿岸，早在道光三年七月（1823）就已經開始陸化，如〈籌建鹿耳門砲臺〉中記載：「上年七月〔註 26〕風雨，海沙驟長，當時但覺軍工廠一帶沙淤，廠中戰艦不能出入；乃十月以後，北自嘉義之曾文、南至郡城之小北門外四十餘里，東自洲仔尾海岸、西至鹿耳門內十五、六里，瀰漫浩瀚之區，忽已水涸沙高，變為陸埔，漸有民人搭蓋草寮，居然魚市」。〔註 27〕因為當時發生一次空前的大風雨，注入台江潟湖的最大河流曾文溪，從西港南流貫入台江潟湖，先使台江潟湖的西北部全部陸化，並新露出的浮埔地，距原台江外圍的潮流口鹿耳門近在咫尺。如此厚積的泥沙，迫使新港溪下段南移，這讓整個河流大改道，原台江潟湖，水涸沙高，變成陸埔。〔註28〕由此可見廠道的淤塞在道光初年就已經開始，這讓戰船的製造無法順利進行，因此遂有興建另一軍工戰船廠之議。同治二年（1863）臺灣道丁日健欲新建戰船場與開港之議：

> 臺灣軍工廠前，舊有哨船港〔註29〕一道直達安平大港，以資哨船出入。旋因溪流沙土壅塞，安平大港變成荒埔。經孔前道詳明由道出示，召佃試墾，年收租息，以抵每年開挖廠港經費。某蒞任後，委員週歷履勘。廠中原開舊港，因溪流改道，緊接洲仔尾之溪，橫沖直貫，雖年年開挖，旋修旋淤，竟有一歲而開數次，徒滋糜費。一經淤塞，屆修之船即不能駕廠，因而停工，殊於船政軍工有礙。當即委員週歷海邊，逐一履勘。查有負郭之小西門〔註30〕外迤南地方

〔註 25〕　徐宗幹，《斯未信齋文編》（臺北：臺灣銀行經濟研究室，1960），頁 74。
〔註 26〕　指道光七年（1823）。
〔註 27〕　姚瑩，《東槎紀略》（臺北：臺灣省文獻委員會，1986），頁 31。
〔註 28〕　洪敏麟編著，《臺南市市區史蹟調查報告書》（臺中：臺灣省文獻委員會，1979），頁 37。
〔註 29〕　【按】：哨船港位於現今安民里里民活動中心前的臨安路二段 90 巷，是清代為了便於軍工道廠戰船進出，以人工疏濬的渠道。哨船港河道原本寬約二十餘丈，現為一排水溝。見許淑娟，《臺灣地名辭書》（臺北：臺灣省文獻委員會，1999），卷二十一、〈臺南市〉，頁 262。
〔註 30〕　【按】：小西門為臺灣府城的八個城門之一，遺址在現今西門、府前路口的南方約百公尺處，亦即在西門路一段 676 巷口的西門路馬路中。見許淑娟，《臺灣地名辭書》，卷二十一、〈臺南市〉，頁 136。

一段，地勢平坦堪以建設船廠。凡遇修造哨船完竣，引入海内，近接三郊所開之新打港，水勢既深，易於交營領駕；既免旋開旋塞之虞，又免營中藉口港道淤塞，難以駕廠。唯該處尚須開造船塢、挖深港道，不無費用；究係一勞永逸。除再委員勘估開挖船塢若干處、挖接港道若干丈、應建房屋若干間、實需工料價銀若干，另行繪圖估價詳辦外，合將移建臺廠、另開港道以備新舊哨船便於交營駕廠緣由，先行具文詳報察核！〔註31〕

此廠之所在地，即是道光五年由臺灣府負責建造戰船之處（軍工府廠）。爾後丁日健與臺協水師郭副將熟商後都認爲，以開港不過濟目前之急，移廠可以成久遠之利。既委員沿港溯流而下，至小西門迤南一帶平坦之處，堪以建廠。就廠前曠地兩旁開築船塢，中間開挖港道一百二十餘丈，以便哨船出入。港外緊連臺郡商賈郊行所開駁載貨物之新打港，由三鯤身出口，極爲方便。但一切修貯料件，仍在舊廠；祇於開工之時，運料前往運用。〔註32〕

　　雖欲開設新廠，但製造戰船大部分的木料還是貯放在舊廠，新廠只是負責建造戰船的任務。再者，朝廷認爲雖設新廠，但舊廠港道淤塞問題還必須疏通，並非將其廢棄不用。然而，同治朝以後，臺灣軍工戰船廠，幾無再新造新的戰船。

二、軍工府廠的設置

　　軍工府廠本不是清廷體制內的戰船廠，其興建的主要原因，則是因爲軍工道廠積壓太多的戰船未修，使得臺灣的沿海巡防出現了空虛，清廷在不得已的情況之下，才設置了另一軍工戰船廠，並委由臺灣知府來督造管理。所以此一新設的軍工戰船廠即稱爲「軍工府廠」，以此來區隔與軍工道廠之分別。

　　臺灣的軍工戰船廠爲福建省四座軍工戰船廠中，製造戰船最多的船廠，再者，臺灣孤立於外海，大部分的造船料物，都需至通省採辦，以至於船工往往不能如期興造。再加上軍工道廠因廠港淤塞持續不斷，使得戰船遲交問題更顯嚴重。〔註33〕此種情況累積至道光二年（1822）爲止，臺廠各前道即累積未修艍二十九隻，前道葉世倬未修艍六隻、張志緒未修艍十隻、糜奇瑜

〔註31〕丁日健，《治臺必告錄》（臺北：臺灣省文獻委員會，1997），頁297。
〔註32〕丁日健，《治臺必告錄》，頁298。
〔註33〕徐宗幹，《斯未信齋文編》（臺北：臺灣銀行經濟研究室，1960），頁92。

未修舡十三隻。〔註 34〕也就是說臺灣沿海所轄的戰船已有四分之一無法巡防
洋面，這對臺灣的海防來講是一項極大的隱憂。因此在道光五年（1825）閩
浙總督孫爾準即奏請在臺灣興建另一軍工戰船廠，來修造這些積壓未修之戰
船，其在奏摺中說道：

> 臺廠情形，較之福、泉、漳三廠不同。緣福廠承辦額船現照四十
> 六隻，泉廠現造四十八隻，漳廠現造五十二隻，臺廠現辦額船一
> 百零五隻，其數多至一倍有餘。各營在洋遭風擊碎及攻盜劫失之
> 船，均須隨時補造者，係在大小修及拆造額舡之外。而各項料件，
> 大半須由內地採購，分僱商舡裝運赴臺應用，重洋阻隔，來往守
> 候風信，動輒經時，每致停工待料。間遇風濤，難免漂失，復赴
> 內地購辦，不僅益致稽遲抑，且更多賠累。兼之臺廠地出狹隘，
> 多舡不能同時興工。另建一廠， 則一人耳目兼顧難周。此辦理不
> 能迅速實在情形也。查臺廠現有應行補造船二十八隻，經前督臣
> 趙慎畛於上年五月間，該廠船多期迫，趕辦不及，請先辦兩船，
> 俟完竣後兩辦兩船一項，接續詳辦，奏明蒙俞允在案。今若再將
> 各前任未修船二十九隻責令代修，實屬竭蹶不遑。且此二十九船
> 原係前任積壓，並非現任臺灣道任內到廠應修之船，責無旁貸者
> 可比。與其專責一人，徒致稽延，不若量分肩任，可期迅速。臣
> 與藩司惠顯再四籌商，應請將前項船二十九隻，責成臺灣府代為
> 承修。飭令另設一廠，所有雇募工匠、購運料物，均由府督飭妥
> 辦。其請領例價及船隻工竣報銷，亦用該府官銜印文，通詳辦理。
> 惟設廠開工，事屬創始，似應稍寬時日，俾得詳慎辦理。如蒙俞
> 允，請自奉到諭旨之日為始，予限四年，修造完竣。如有逾違，
> 即查取臺灣府職名參處。其臺廠額設船隻，仍歸臺灣道一人承辦，
> 以專責成。如此一分任間，則船工不致壓延，亦可無慮草率，於
> 海洋捕務，實有裨益。茲福建藩司惠顯詳請具奏前來，臣謹恭摺
> 具奏，伏乞皇上聖鑒，訓示遵行。謹奏。〔註 35〕

〔註 34〕中央研究院歷史語言研究所編，《明清史料》戊編第八本，閩浙總督趙慎畛奏
摺，頁 773。
〔註 35〕中央研究院歷史語言研究所編，《明清史料》戊編第八本，閩浙總督孫爾準奏
摺，頁 773～774。

閩浙總督孫爾準（1772～1832）認爲，臺廠現在修造戰船已達一百零五隻。
〔註36〕這比起福建省任何一個軍工戰船所修之戰船額數，都多出一倍有餘，
而臺灣又孤懸海外，採辦軍工木料實屬不易，因此累積未修理之戰船額數是
越來越嚴重，這對臺灣的海防來講是一項重大的挑戰，所以孫爾準即建議在
臺灣另建一新的軍工戰船廠，展期四年，來修造臺灣道廠積壓未修的二十九
隻戰船，並責令臺灣府知府來承辦，而原本臺灣道應修之戰船額數，還是由
臺灣軍工道廠來修造。也就是說，新建的軍工戰船廠只負責承造道廠積壓未
修之二十九隻戰船，而原本軍工道廠修造之戰船不能委由新廠製造。此項建
議於同年得到清廷的認同，並開始實行，道光皇帝的諭旨如下：

> 道光五年十二月十八日奉上諭：孫爾準奏請將積壓未修船隻責成
> 臺灣府承　辦一摺，閩省福、泉、漳三廠未修船隻，經各前道先後
> 遣丁到閩陸續修辦完竣，惟臺廠各前道未修船隻，業據各員先後
> 將津貼例價不敷銀兩，送閩交臺灣府存貯。但承辦戰船各項必須
> 官用印文，書役工匠必須官爲約束，方免偷減遲延諸弊。據該督
> 奏稱臺廠現辦船隻爲數較多，且各項料件俱由内地採運，守風動
> 輒經時，間遇漂失，復赴内地購辦，並致稽遲賠累，兼之廠地狹
> 隘，多船不能同時興工，自係實在情形。所有各前道未修船二十
> 九隻，責成臺灣府代爲承辦，准其另設一廠，凡雇募、購料及領
> 價、報銷，均由該府督飭妥辦，並予限四年修造完竣；如有遲延，
> 即查取該府職名參處。其臺廠額設船隻，仍歸臺灣道承辦，以專
> 責成。欽此。〔註37〕

道光皇帝的諭旨與當時總督孫爾準的建議完全相同，其議准將臺灣軍工道
廠積壓未修之二十九隻戰船，准設另一新廠，由臺灣知府承辦，爲期四年
督造完成。所以臺灣軍工府廠則於道光六年（1826）二月二十日設廠開始
建造戰船。〔註38〕

　　臺灣軍工府廠的設置是一權宜之計，也是一過渡性的政策，但軍工府
廠並沒有在道光十年（1830）就停止修造戰船。這是因爲道光七年（1827）

〔註36〕製造一百零五隻戰船，則是有清一代製造戰船額數最多之時。
〔註37〕中央研究院歷史語言研究所編，《明清史料》戊編第八本，閩浙總督孫爾準奏
　　　　摺，頁774。
〔註38〕中央研究院歷史語言研究所編，《明清史料》戊編第八本，閩浙總督孫爾準奏
　　　　摺，頁778。

在臺北發生匪徒械鬥事件，〔註39〕使得每年一次到噶瑪蘭採購軍工木料的行程受到遲滯，造成軍工府廠的戰船不能如期興工。所以兼署閩浙總督福建巡撫韓克均即建議，軍工府廠的戰船修造改由道光十年（1830）開始製造，一樣在四年內將戰船修造完成。〔註40〕此點建議也得到朝廷的認可。但在道光十三年（1833）又發生了張丙之亂，使得戰船的修造進度受到嚴重的拖累，致有積壓未辦造補船八隻，屆限修造船十七隻，都未能如期造竣〔註41〕。這使得軍工府廠所需督修之戰船，遲遲無法在期限內完成。道光十七年（1837）府廠之戰船才完全修竣。〔註42〕這與所預定修畢之時間足足延誤了七年。

軍工府廠成立的宗旨，雖然只是修造軍工道廠積壓未修之戰船，但是這些當初所派與的二十九隻戰船，於軍工府廠修造完成後，軍工府廠並沒有因此而停止修造戰船，而是繼續參與製造戰船的工作。這可從《淡新檔案》中看出軍工府廠在道光二十年（1840）還是繼續在採辦木料來興建戰船，如《淡新檔案》15201 號第 4 文之記載：「……桌道憲札飭該匠首補辦十八年分沉失及剔出朽壞不堪各料，又經諭飭補辦各在案，現在道廠、府廠尚撥舟彭船〔註43〕來淡裝載待用……」〔註44〕等語。另外從媽祖樓的石碑中也可看出軍工府廠並沒有被裁撤，而是繼續存在的事實，因為天后宮〔註45〕的重新修建是在道光辛丑年完工，也就是道光二十一年（1841）。因為從《重興天后宮碑記》中可看到軍工府廠捐獻大樑給天后宮。這顯示了軍工府廠還是繼續存在的事實。

由此可見，本應於道光十年（1830）就應該停止廠務工作的軍工府廠，卻還繼續進行修造戰船的工作，因此軍工府廠並未在規定期限內停工，而是與軍工道廠一同製造戰船，軍工府廠究竟在何時停止廠務，從現有的資料來看，並無法判斷，所以值得繼續探討。

〔註39〕 道光六年六月，臺灣匪徒李通等挾黃文潤搜贓之嫌，糾眾尋鬥，黃文潤集眾抵禦，格殺二人，匪徒遂造分類械鬥之謠，乘機焚搶，形成北臺灣的械鬥事件。詳見《清實錄・宣宗成皇帝實錄》，卷一百二，道光六年八月丙戌，頁 670－2。
〔註40〕 中央研究院歷史語言研究所編，《明清史料》戊編第八本，閩浙總督孫爾準奏摺，頁 778～779。
〔註41〕 姚瑩，《中復堂選集》（臺北：臺灣省文獻委員會，1986），頁 177。
〔註42〕 姚瑩，《中復堂選集》，頁 178。
〔註43〕 舟彭船為平底單桅，今多雙桅，可裝穀四、五百石至七、八百石。見陳淑均，《噶瑪蘭廳志》（臺北：臺灣省文獻委員會，1993），頁 216。
〔註44〕 《淡新檔案》（臺北：臺灣大學圖書館藏），15201～4 號文，（微卷）。
〔註45〕 天后宮亦稱為媽祖樓，或者亦稱天后宮媽祖樓。

第二節　軍工戰船廠的設置地點

　　依照史料所示，清代在臺灣先後設置有三座軍工戰船廠，一為雍正三年（1725）所設置的軍工道廠，〔註46〕二為道光五年（1825）設置的軍工府廠。〔註47〕三為同治二年新遷的軍工戰船廠，亦即是軍工府廠。據《安平縣雜記》所載：「造船匠：有南北二廠，北名軍工廠，官設，以造哨船，廠外有民廠，一名曰廠仔，在老古石〔註48〕地方；又有帆廠在其邊。南廠亦設以造船，亦是木匠類也」。〔註49〕軍工戰船廠專門製造戰船，因此其地點的設置不外乎是位於通達江湖百貨聚集之所，再者清代軍工戰船廠是由各道督修，所以軍工廠的設置地點也與道台府衙地點有很大的關連性。

一、軍工道廠的設置地點

　　臺灣軍工戰船廠還沒正式設置之前，就已有製造水師戰船的工作。但當時臺灣的戰船都在那裏修造呢？從史料上來看，並沒有任何的記錄，只能從黃叔璥（康熙四十八年進士）所著的《臺海使槎錄》中可看出一些端倪，其內容言：「水仔尾〔註50〕設有精架地〔註51〕，係修船之所。郡守召募精匠，結繩應工，不償工費。精架不限數目，各商船戶自備。愬藤及繩匠只用所豎精架，每一繩付貲值百錢」。〔註52〕由此內容可知，雍正三年（1725）以前的戰船製造地點，應該就是在現今臺南市的水仔尾，而水尾仔應該就是當時修造

〔註46〕崑崗，《欽定大清會典事例・光緒朝》，卷九百三十六，〈工部七十五・船政〉，頁738。

〔註47〕中央研究院歷史語言研究所編，《明清史料》戊編第八本，閩浙總督孫爾準奏摺，頁774。

〔註48〕老古石為現今臺南市東西向之信義街全段，介於忠孝街至文賢路間。自乾隆以降，由於緊臨新港墘港道，來往於府城、大陸間的郊商貨船，再將台所產之糖、鹽、龍眼乾等貨物運往大陸後，返航時為免船輕航行不穩，乃以沉重之老古石（珊瑚礁）為壓艙石，抵港後老古石延街堆置，遂因而得名。見許淑娟，《臺灣地名辭書》（臺北：臺灣省文獻委員會，1999），卷二十一，〈臺南市〉，頁199。

〔註49〕不著撰人，《安平縣雜記》（臺北：臺灣銀行經濟研究室，1959），頁82。

〔註50〕水仔尾為今臺南市自強街南半段，其地名由來，乃是因位於德慶溪下游，而命名之。摘自許淑娟，《臺灣地名辭書》，卷二十一，〈臺南市〉，頁256。

〔註51〕精架地即為放置精架的地方。精架為儲存、堆放軍工木料的料架。精有細緻之意，所以精架即大小不同的料架。設置精架的目的，一方面具有乾燥作用，一方面防止木材腐壞。

〔註52〕黃叔璥，《臺海使槎錄》（臺北：臺灣省文獻委員會，1986），頁36。

戰船的主要地點，這或許就是清代最早修造戰船的地方。

　　臺灣軍工道廠是清代正式頒佈戰船廠設置令後，在臺灣所設置的第一座軍工戰船製造廠。王必昌於乾隆十七年（1752）所編修的《重修臺灣縣志》中，在其臺灣府城池圖中，即可清楚的標示軍工戰船廠的位置，（如圖2－2）所示。〔註53〕從這張臺灣縣的城池圖中，可以清楚的看到當時的戰船廠位置。從地方志資料爬梳，在雍正朝臺灣沒有方志的撰寫，乾隆朝於乾隆七年（1742）刊行的《重修福建臺灣府志》〔註54〕及乾隆十二年（1747）刊行的《重修臺灣府志》〔註55〕的圖示中，也沒有發現有關軍工戰船廠的標示，直到乾隆十七年（1752）的《重修臺灣縣志》中，才有船廠的圖像出現，這也是臺灣史料中最早有船廠圖像的記載。從這裏可以推斷在乾隆十七年（1747）或乾隆十二年（1742）以前，臺灣所設置的軍工戰船廠之規模並不大，或者未正式設置船廠設備。這可從《重修福建臺灣府志》及《重修臺灣府志》中看出，因為《重修福建臺灣府志》的作者是臺灣道劉良璧，在他身兼督造水師戰船的重責大任之下，其不可能不將軍工戰船廠的位置給標示出來，因此在這時期的軍工戰船廠規模應該是不大的，或者是他在編寫方志的時候，將軍工廠給遺漏掉。

　　依據《重修臺灣縣志》中的圖像顯示，臺灣軍工道廠的位置是位於臺灣府城小北門西南方之城牆外，濱臨臺江。當時的軍工戰船廠規模到底有多大，並沒有確切的史料加以描述，只能略知其地點。到了乾隆四十二年（1777），護理臺澎兵備道臺灣知府蔣元樞（1738～1781），〔註56〕因憂慮臺灣軍工廠的各項積弊越來越多，遂有意重建軍工戰船廠。於是蔣元樞就捐出他的薪俸，集資鳩工庀材，重建軍工戰船廠。〔註57〕其鼎建臺郡軍工廠碑記（如圖2－3）所示〔註58〕內容如下：

　　　　臺澎水師各營，額設戰艦八十有一，分編：平、定、澄、波、綏、
　　　　寧等字號。巨者領運餉金，渡載戍士；次亦防守口岸，邏巡洋面是
　　　　資：蓋重務也。方今聖化熙洽，海宇乂安，鯨波鯤浪之間，高艫大

〔註53〕王必昌，《重修臺灣縣志》（臺北：臺灣省文獻委員會，1993），頁5。
〔註54〕劉良璧，《重修福建臺灣府志》（臺北：臺灣省文獻委員會，1993）。
〔註55〕六十七、范咸，《重修臺灣府志》（臺北：臺灣省文獻委員會，1993）。
〔註56〕參見林宜德撰，蔣元樞《重修臺郡各建築圖說》的時代意義與建築理念之研
　　　　究，中國文化大學建築及都市計畫研究所碩士論文，1998年，頁2－1～2－7。
〔註57〕《臺灣南部碑文集成》（臺北：臺灣省文獻委員會，1994），頁102。
〔註58〕〈鼎建軍工廠碑記〉與〈鼎建軍工廠碑圖〉，現存放於臺南市赤崁樓之碑林中。

艑，所在閒置。然於無警之時，亦有不弛之備：有故有造有修，厥依年例，勿曠也；動帑於藩庫，稽覈於內部，勿浮也：慎乃攸司，法纂備也。夫務重則欲其固而弗寙，法備則欲其循而毋失，是有賴典領者之惟此兢兢焉。從前，承造承修，每無常員；而專其任於觀察使，則自雍正三年始。督理既歸重臣，程功宜有定所；顧就海壖隙地，僅以庫屋數椽楮柱其間，趨事者罔所萃止，飭材者失所儲藏，即省試者亦臨蒞局促。於課工簡料數大端，無以施其精審，何怪乎兵胥因緣舞智、工匠乘此營私耶？乾隆四十一年十二月，予以郡守兼護臺道篆，頗悉其流弊所由。爰會營員，詳加糾察，嚴立規條，革除一切陋習，刊列榜文，俾垂永久。復亟捐廉俸，相其地勢，廣拓之，盡撤舊廠，鼎新建造：其前為轅門，列差房六間；中為官廳三楹，左右科房各二；又進為大堂三楹，川堂三楹，兩旁料庫各七間；又後為內房七楹，左右廚房、料庫亦各有七：計前後大小廳房共五十餘間。周樹木柵，并修葺天后宮及風神、潮神、輸般各廟，均於軍工相維繫者，塗堊丹艧，聿新其舊，所以揭虔妥靈也。通費洋鏹二千五百有奇。經始於四十二年二月朔，越三月告成。是役也，匪僅為侈規模、新堂構計也；蓋重其務，不能不舉所重以肅觀瞻；備其法，不能不申所備以昭守。雖以予謬權斯任；而軍國所寄，勿敢怠遑。用是藉手經營，庶幾少盡厥職云爾。是為記。護理福建分巡臺澎兵備道兼提督學政、臺灣府正堂、隨帶加六級、記錄八次、記功二十一次蔣諱元樞撰文。

乾隆四十二年四月（缺）日勒石〔註59〕

軍工廠碑記將軍工廠的來源、積弊情況及重修後之面貌詳細的記錄。由碑記內容可得知，蔣元樞興建軍工廠的最主要目的是為了嚇阻營員的積弊，並使戰船的製造能在更好的環境下進行。而從〈鼎建臺郡軍工廠圖說〉（如圖2－4所示）及〈鼎建臺郡軍工廠碑圖〉（如圖 2－5 所示）中，可以更清楚的看到整個軍工廠的結構。其鼎建臺郡軍工廠圖說中更詳細記載了軍工廠的各項建築結構，其內容如下：

〔註59〕《臺灣南部碑文集成》（臺北：臺灣省文獻委員會，1994），頁103～105。

> 臺郡軍工廠事隸臺灣道崇管，設廠在郡治之小北門外，廠內係貯木料
> 釘鉄油蔴諸物要地，舊時僅建小屋二進規模卑陋，不但貯物無地，而
> 驗船時，文武官僚竟無托足之所，元樞修竣城垣後，蒙憲委護道篆，
> 竊念軍工重地興建自不可緩，謹捐資建造頭門，一進大堂，一進堂之
> 左右環建廂房十間，以爲釘鉄油蔴諸庫堂後又建屋一進，計七楹，爲
> 司稽察廠務者住宿之所，廠在城外向無關閉，茲繞廠另建木柵併設廠
> 門一座，撥後以司啓閉其廠之北隅向建，天后神祠日漸傾圮，亦修葺，
> 現在規模宏敞，鎖鑰嚴密，於軍工重地寔有神益。〔註60〕

由此可見，鼎建軍工戰船廠未興建之前，其舊設的軍工戰船廠是非常簡陋的，不論在規模、設施方面都無法比擬現在的軍工戰船廠，這新建的軍工戰船廠，不但有貯物地，也爲驗船的官員及建造戰船的軍工匠興建廂房，讓他們可以專心的來完成他們的工作。從設備那樣的完善可以看出，當時的知府蔣元樞，是如此的重視這座軍工戰船廠。

日籍學者國分直一，於昭和十八年（1943）在《臺灣建築會誌》中所發表的〈軍功廠の遺跡について〉一文中，即對清代的臺灣軍工戰船廠位置有深入的探勘，國分直一與當時的臺南當地之文史工作者，石暘睢及陳保宗以及負責記錄的陳金雞四人，一起探勘了當時的軍工戰船廠〔註61〕。他們當下探勘的地點是位於福住町的二丁目〔註62〕之軍工戰船廠，也就是昔日的軍工道廠。在他們探勘之時，還隱約可以看到當時軍工廠所殘留的些許遺跡，如瞭望台、塭龜橋〔註63〕（如圖2－6所示）及一部分軍工廠的牆垣。〔註64〕另外，根據臺南地區的文史工作學家黃衡五的考察研究，軍工道廠是在現今臺南市北區菱州〔註65〕一帶。〔註66〕也就是立人國小到海安路這一大塊地方。

〔註60〕 《重修臺郡各建築圖説》，國立中央圖書館編印，頁19。
〔註61〕 其所探勘之軍工戰船廠，即是臺灣軍工道廠。
〔註62〕 福住町二丁目的位置，大約橫跨現今臺南市金安里、忠信里之一部。見許淑娟，《臺灣地名辭書》，卷二十一，〈臺南市〉，頁191～202。
〔註63〕 塭龜橋即是通稱的寅舍橋，因其爲圓拱猶如佝僂病者的彎背，俗稱塭龜橋。此橋爲施世榜所建，世人爲感念其德行，因此取其小名「寅舍」作爲橋名。見許淑娟，《臺灣地名辭書》，卷二十一，〈臺南市〉，頁262。
〔註64〕 國分直一，〈軍功廠の遺跡について〉《臺灣建築會誌》，第十五輯第五、六號（1943），頁43。
〔註65〕 菱州東街、西街現已改名爲海成街，海成街兩側爲軍工道廠的廠址。
〔註66〕 黃衡五，〈臺灣軍工道廠與府廠（上）〉，《臺南文化》（臺南：臺南市文獻委員會，1956），第五卷第二期，頁16。

這與國分直一等人的調查是完全吻合的，唯一不同的是國分直一等人在當時還隱約可見到當時的軍工戰船之遺跡，而黃衡五之後的堪察，因經過了十多年，因此遺跡的損壞又更加的嚴重，所以也就更不容易判斷其正確的位置。

圖2－2　臺灣府城池圖（資料來源：翻拍自《重修臺灣縣志》）

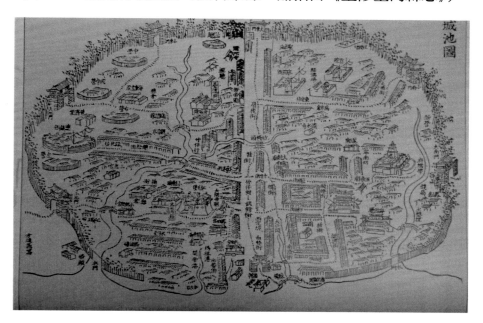

圖 2－3 鼎建臺郡軍工廠碑圖（碑現存於臺南赤崁樓之碑林中）

圖片來源：李其霖攝於 2001 年 9 月 7 日

圖 2－4 鼎建臺郡軍工廠圖說

資料來源：翻拍自《重修臺郡各建築圖說》

圖 2－5　鼎建臺郡軍工廠碑圖

圖片來源：李其霖攝於 2001 年 9 月 7 日

圖 2－6　塭龜橋（筆者父親站立處為塭龜橋，即是軍工道廠的入口）

圖片來源：李其霖攝於 2001 年 9 月 7 日

二、軍工府廠的設置地點

　　臺灣軍工府廠於道光五年（1825）設置，其設置目的是爲分修道廠未能如期完修之戰船。府廠只是一臨時的造船機構，並非體制下的軍工戰船廠。其任務主要是分修臺灣軍工道廠未能修完的三十隻戰船，並限定府廠必須於五年內完成修造，此修造之單位就由臺灣知府負責。〔註67〕

　　軍工府廠雖說是由閩浙總督孫爾準於道光五年（1825）所提請設置，其設置的目的只是爲修造道廠積壓未修之戰船，並沒有增加建造臺灣的水師戰船。因此，軍工府廠只是過渡性的船廠。故史料上對府廠的記載也非常有限，位在何處，規模有多大，都沒有詳盡的記載。

　　軍工府廠的設置地點位於何處，一直是歷史學者與文史工作者想欲了解的，但從僅有的史料上來看，並不能直接判斷府廠的位置，筆者也一直無法發現直接的史料來佐證，因此也只能運用推敲法來查察。如道光五年（1825）之前並未有「北廠」的稱呼，而都稱軍工道廠爲道廠。另外，從道光九、十年（1829～1830）間所編寫的《臺灣采訪冊》中，亦有記載小北門外北廠的字樣。〔註68〕當時臺灣軍工府廠已經設置，人們爲了分辨這兩座軍工戰船廠，而將位於較北邊的軍工道廠稱北廠，將位於較南邊的府廠稱南廠，是合乎常理的。再者，從丁日健的〈報廠港竣工書〉中也可以看出一些端倪，其內容言：

> 當於上年八月間選派委員督同工匠，就會營勘定小西門外迤南平坦地勢一段，填築廠坪。就近按時價買民房一所，前後廠房四間，並帶空地兩段，因陋就簡，重加修葺；添建料屋、匠藔十間，數插竹圍；新挖港道三十丈，引通南廠小港。〔註69〕

爾後又說道：「如舊廠港道仍開通至安平大港，則各歸各道，一年半後，潮水衝刷，可期平陷」。〔註70〕其內容所說的南廠小港及舊廠港道，很可能即是臺灣軍工府廠及府廠的港道。如果這推論成立的話，臺灣軍工府廠的位置應該就在小西門外。〔註71〕並與移往小西門外的新軍工道廠相互爲鄰。也因爲有

〔註67〕 崑崗，《欽定大清會典事例‧光緒朝》，卷九百三十六，〈工部七十五‧船政〉，頁758。
〔註68〕 《臺灣采訪冊》（臺北：臺灣省文獻委員會，1993），頁11。
〔註69〕 丁日健，《治臺必告錄》，頁299。
〔註70〕 丁日健，《治臺必告錄》，頁300。
〔註71〕 【按】：小西門在今臺南市西門路、府前路交會口以西的區域。

軍工府廠的設置，又設在北廠南方，因此民間亦稱爲府廠爲南廠，而另一於
同治二年（1862）新建的船廠，是軍工道廠所遷移而來，因此也稱其爲軍工
道廠，位於小西門外迤南之處與三鯤身對望之地，這新建的船廠與府廠的位
置應該是近在咫尺的。

圖 2-7　軍工道廠與軍工府廠位置示意圖（約 1870 年）

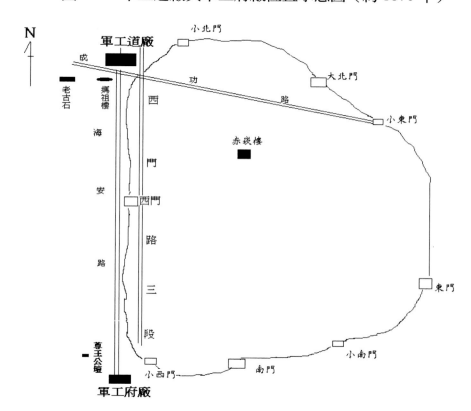

第三節　修造戰船的責任歸屬

　　清代軍工戰船的製造，在中央由工部給事中負責，地方由當地官員督修。
臺灣及澎湖的戰船修造，於康熙三十四年（1695）以前，都是在福建省的內
地州縣製造。〔註 72〕臺灣廠所修的九十八隻戰船中，臺灣道及臺灣府分別修
造十八隻；另外，在臺灣的其他戰船在整修時間到了而不堪駕駛到內地修造

〔註72〕李元春，《臺灣志略》（臺北：臺灣省文獻委員會，1996），頁 64。

者，可在臺灣修造，但此時的修造單位可由臺灣府所轄的三個縣來修造。〔註73〕《臺灣通史》中也記載：「康熙三十四（1694）年，改歸內地州、縣，其尙可修者而不勘駕駛者，州、縣派員辦運工料赴臺興修，迨按糧議派。臺屬三縣亦分修數隻，此非厚庇臺屬也，蓋以內地各廠員多力，分工料俱便不煩運載，可以剋期報竣也」。〔註74〕

康熙三十五年（1695），臺灣戰船又歸臺灣道經管。〔註75〕但到了康熙三十九年（1700），又覆准嗣後戰船停其交與州縣官修理，該督撫揀選賢能道、府等官，於各將軍、提、鎮左近地方監修，如修造不堅，未至應修年分損壞者，該督、撫查參責令賠修，仍交與該部嚴加議處。〔註76〕康熙五十二年（1713），又議准嗣後拆造戰船，委道員府佐，併本營副將、參、遊公同監造，依限完工。〔註77〕由此可見，康熙一朝在戰船的修造官上，時常性的調整。臺灣修造戰船官員最早是由臺灣道、臺灣知府共同監修，臺灣縣、鳳山縣及諸羅縣只能間接的參與興造。換言之，臺灣道、府為主修單位，其他三縣為支援單位，但此時臺灣道、府只分配督修36隻戰船，因此數目並不是很大。爾後，各州縣停止直接修造戰船，而是由層級較高的文職道台及知府來修造，再讓武職的將軍、提督、總兵來監修，以達到相互監督的目的。

康熙四十五年（1706）以後，派給臺灣府修造的戰船數目，比派給臺灣道的數目還多出數倍。另外議於部價津貼運費外，每船捐貼百五十金。續交延糧廳代修其半，道、鎮、協、營、廳、縣共襄厥事。迨後專責知府，並將道船亦歸於府矣。〔註78〕康熙四十五年（1706）之後，臺灣知府所監修的戰船又比臺灣道要來的多，因此臺灣知府的責任遠比臺灣道重。但此階段大部分的戰船還是由福建省內地州、縣製造，臺灣分配到的戰船修造額數是有限的。

雍正三年（1725），臺灣軍工廠正式設置，文官委由臺灣道，武官委臺協副將會同監督修造。〔註79〕道員許遴委同知、通判每廠各一人，副將許遴委都司、

〔註73〕黃叔璥，《臺海使槎錄》，頁36。

〔註74〕連橫，《臺灣通史中冊》（南投：臺灣省文獻委員會，1992），頁436。

〔註75〕《宮中檔》，第78箱，242包，3992號，雍正十一年三月三日，巡視臺灣御史覺羅栢修奏摺。

〔註76〕伊桑阿，《大清會典事例·康熙朝》（臺北：文海出版社，1993），卷二百九，頁13906。

〔註77〕伊桑阿，《大清會典事例·康熙朝》，卷二百九，頁13907。

〔註78〕黃叔璥，《臺海使槎錄》（臺北：臺灣省文獻委員會，1986），頁36。

〔註79〕崑崗，《欽定大清會典事例·光緒朝》，卷九百三十六，〈工部七十五·船政〉，

守備每廠各一人分司其事。〔註80〕道光五年（1825），因臺廠積壓未修戰船達40隻之多，臺灣道廠無法興辦如此多之戰船，遂設置另一軍工府廠，委由臺灣知府負責修造，至此，臺灣即有兩座軍工戰船廠。但早在府廠未設置之前，軍工戰船廠的委修官也有知府督修的情況，如蔣元樞及楊廷理等人，身兼臺灣道及臺灣知府之職，因此臺灣知府管理船政也是與法有據。也由於一人身兼數職，所以無法專心管理船政，因此管理及監督船政的重要任務，就由臺灣海防同知管理。〔註81〕所以實際上直接管理船政之官員是臺灣海防同知。

　　雖說戰船修造的直接管理者是臺灣海防同知，但如果戰船不能如時修造，處罰最重的可就是臺灣道了。因為修造戰船是臺灣道的重要施政，所以船工不能有任何的延誤，一旦不能如期完成應修之戰船，道台是會受到嚴厲的處罰的，原任福建巡撫朱綱（？～1728）參奏：

> 福、漳、臺三廠修造戰船六十六隻違限一案，應將逾限四月以工之福廠監督興泉道張廷枚降三級調用，查張廷枚已於大修戰船案內遲延，議將降三級調用，應再降三級調用，總督高其倬，藍廷珍原任南澳鎮總兵今調，金門總兵陳祖訓均應降一級留任……。〔註82〕

由此可知，戰船如果不能如期興建，受處罰的不僅限於道台，而是連總督、巡撫、提、鎮等官都會被處以監督不周之責，可見的朝廷是非常重視船政的。

　　而負責軍工料採辦之人員就由木料總及軍工匠首來負責，臺灣僻處外海，向不產木及釘鐵油麻等項，歷來臺廠造辦戰、哨各船，俱由臺灣道專差赴省購買運回運用，重洋遠隔不惟風浪堪虞，且恐耽延時日，遂委員在省城代為承造以期妥速，〔註83〕這些購買軍料人員即為軍工匠。

小　結

　　清代在臺灣設置有兩座軍工戰船廠，分別為軍工道廠及軍工府廠，皆設置於現今的臺南市。這兩座船廠所興建的戰船數量，亦曾為福建省各戰船廠

　　　　頁738。
〔註80〕臺灣銀行經濟研究室編，《福建通志臺灣府》（臺北：臺灣省文獻委員會，1993），頁333。
〔註81〕姚瑩，《中復堂選集》（臺北：臺灣省文獻委員會，1986），頁36。
〔註82〕中國第一歷史檔案館編，《雍正朝起居注冊》（北京：中華書局，1993），第四冊，雍正七年二月十二日，頁2596。
〔註83〕中央研究院歷史語言研究所編，《明清史料》，戊編第八本，頁766。

之最。關於軍工道廠的設置地點，在國分直一和臺南當地的文史工作者探訪之下，其位置的確認也已得到大家的認同。大約在現今臺南市立人國小到海安路一帶，但確切的範圍，則無法在現有的資料上，予以確定。

軍工府廠的設置地點爲於何處，史料記載並不明確，主因是府廠爲一臨時性的編制，其設置原因只是分造軍工道廠所積壓未修之船，一旦分修船隻建造完成即將裁撤，故相關資料的記載較少，遂無法更進一步的了解相關資訊，有待發現新的史料，方能釐定。

軍工戰船廠的修造單位主要是以文官的臺灣道以及臺灣知府，武官的臺灣水師協將領則負責督修。亦即是文官負責造船，駕船武將負責監督及驗收。清廷將造船責任分由文、武官員統籌，有互相監視之意。然而，各級文武官員公事繁忙，修造及督造者皆委由下級機關負責。然而這些下級官員是否認眞修造及監督，則是存疑的。因此才屢屢延誤了完修戰船的時間，使得應修戰船數量越來越多，再因港道淤積等問題，而無法依規定時間交船，故形成臺灣水師戰船數量經常性的不足額。

本章原刊載於《淡江史學》第十四期，2003 年 12 月。

第三章 軍工戰船廠的沒落

前　言

　　臺灣水師，屬於綠營水師系統，清代的水師戰船力量最強大時期爲清廷攻臺前後，如以整個沿海防務（砲臺、戰船、關城）來看，嘉慶、道光間的海防，爲清朝最強大時刻。惟在臺灣地區的防務則較無明顯改變，戰船與砲臺的武力變化不大，因當時清廷的防務重點在廣東地區，在廣東地區增強了戰船及砲臺的結構，在火砲威力（包括射程及爆炸威力）上，亦有明顯增強。

　　清廷領有臺灣之前，在臺灣地區並未設置戰船廠。荷蘭、鄭氏時期只有戰船修護廠，並沒有修造的船廠。荷蘭時期，雖在臺灣修護戰船，但木料需從國外進口。《熱蘭遮城日誌》中載到，荷蘭相關人員認爲，「那些暹羅船遲遲不來，使我們不但缺乏所需的木料，造成我們的困擾。」〔註1〕鄭氏王朝時期，因爲臺灣當時沒有造船設備，缺乏造船的技術人員，亦缺乏修造戰船的木料。〔註2〕可見在荷蘭時期及鄭氏王朝，在臺灣設置戰船廠的條件尚未成熟。

　　清領臺灣之後，雍正三年（1725）於臺江外海設置「軍工道廠，」開啓了在臺灣修造水師戰船的新頁；〔註3〕道光五年（1825）又設置另一「軍工府廠」，是爲分修軍工道廠未修之戰船。這兩處水師戰船廠所製造的戰船皆是中

〔註1〕 江樹生譯，《熱蘭遮城日誌》（臺南：臺南市政府，2000），第2冊，1645年8月28日，頁452。

〔註2〕 方豪，〈由順治八年福建武闈試題論鄭氏抗清的主力〉，《方豪六十自定稿》（上冊）（臺北：著者自刊本，1969），頁671。

〔註3〕 清代於福建地區各設置福州、漳州、泉州（廈門）、臺灣，四座軍工戰船廠。

式帆船，其修造的數量曾經是大清帝國最多的船廠。然而，臺灣的水師戰船廠因為諸多原因，其重要性已慢慢退去。這之中最主要因素有五項，一為、木料載運困難、二為修造官員的積弊、三為制度與市場的落差、四為港道淤塞、五為其他。

第一節　木料的缺乏及載運困難

一、木料缺乏

水師戰船因屬木質，因此修造戰船所需之物料都需仰賴林木。在臺灣修造水師戰船的木料取自於福建及臺灣兩地。分別派遣料差及軍工匠，至各地進行木料的採伐。在臺灣地區雖由軍工匠負責採辦，但往往引發各種爭端。因此，在軍工制度草創初期，雍正亦想委由番民採辦後再賣給臺廠，互謀其利。對巡臺御史覺羅柏修等所奏，雍正稱：

> 臺灣修造戰船，例係匠役糾夥，深入番社，採取木植，易生事端。嗣後請令番民自行採運，即在內地成造，朕思番社產木既多，若番民赴官售賣，按數給與價值，使之獲利，又無騷擾，伊自樂從。但不預先妥議規條，難以期其必得，又恐通事人等，從中作姦，更滋弊竇。目前且向內地修造，其番人自行售賣之處，著該督、撫悉心定議妥協辦理。〔註4〕

雍正想讓番社朋分採辦木料的工作，但此項措施遇到的問題不少，最後並無推行。所以還是必須委由料差及軍工匠進行此項工作。《淡新檔案》載：

> 福廈各料，業經分別專派丁書往辦外，其餘應用本地之料木，由各屬匠首、通事，源源採製，報運應工。所最要者，惟淡、蘭兩處，軍料最多，經各前道分設匠首，在該處山場設藔，督率匠夫，按照例定丈尺，分別採製，拖出海口料埕，稟侯撥船，運往軍工戰船廠。
>
> 〔註5〕

修造戰船所需的木料，又以大吉木、浮溪木、高洋木、松桿、柯梨木、樟木

〔註4〕《清實錄·世宗憲皇帝實錄》（北京：中華書局，1985），卷一百三十四，雍正十一年八月丁丑，頁731—1。

〔註5〕《淡新檔案》（臺北：國立臺灣大學圖書館，2001），第八冊，頁363。

及連栓木等最爲重要，〔註6〕其中除了樟木產自於臺灣之外，其餘皆產於福建省。至於周凱所述，興建戰船的木料名稱爲何，依照戰船樣式不同，使用不同的木料製造，有些木料產於臺灣，有些木料則取自於他處。以《欽定福建省外海戰船則例》卷二，載：淡水營「波」字號趕繒船來看，船長五丈四尺，屬於中小型尖底船，其所需的木料有，松木，龍骨之用，大吉、中吉、浮溪、高洋木，做欄杆、櫃子、木牌之用；〔註7〕樟木用於各種角材；〔註8〕這些造船的使用材料共有 58 項，其中木材佔 34 項，之中樟材佔 22 項。〔註9〕由此可見樟材在所有製造戰船的木材之中，所佔的比率之大。然而，臺灣的巨大樟木又多產於臺灣的中央山地內，因此在樹材的採辦方面是比較困難的。臺灣道姚瑩（1785～1852）即認爲：

> 臺廠辦船情形，與內地三廠不同，內地廠船修造，屆期備文赴司領價，
> 可計日往返，臺廠則遠隔重洋，船未屆期，不能領價。至期備文，而
> 到司月、日遲速難定，有領價之文，半年尚未到司者。而臺地不產松、
> 杉，木料購自內地，須遣人至延平、建寧、邵武山中採買。凡八、九
> 丈以上之木，即須十餘丈之材，剪去頭梢，方可合式。〔註10〕

到福建採辦木料的料差，不但要深入延平、建寧、邵武山中採買，並且又要將木料裁剪整齊，以合乎戰船廠之要求，如此增加了料差採辦木料的困難度，所以在木料的採辦上，辛苦非常。但姚瑩認爲臺灣不產松、杉，這是錯誤的看法，那是因爲清廷並沒有勘查臺灣林野，所以在臺官員並不知道臺灣內山

〔註6〕 周凱，《廈門志》（南投：臺灣省文獻委員會，1993），頁 161～162。

〔註7〕 製造戰船的木材，主要有樟樹（Cinnamomun camphora），臺灣北部產於海拔 1,200 公尺以下，中部爲 1,800 公尺以下；杉木（亦稱爲福州杉）（Cunninghamia lanceolate），爲中國特有的用材樹種，長江流域秦嶺以南地區栽培廣，生長快、材質好、產量高。松木，在樹木學的分類上並無松木，此木材應屬松科（Pinaceae），但松科之中又分 10 個屬種，共數十種樹木，從這之中難以確定是屬於何種林木，在水下考古中如能挖掘清代戰船，於木材鑑定之後，將可確定松木的真正名稱。見劉業經、呂福原、歐辰雄，《臺灣樹木誌》（臺中：國立中興大學農學院，1988），頁 133～134；80～83；61～76。在其他樹種的辨認上亦面臨同樣問題，需再進行整理及論證，筆者將另篇討論清代臺灣的戰船型式與戰船木料的使用問題。

〔註8〕 《欽定福建省外海戰船則例》（臺北：臺灣省文獻委員會，1997），卷二，福建省外海戰船作法（二），頁 65～93。

〔註9〕 焦國模，〈造船與熬腦〉，《臺灣林業》34:5（2008），頁 40。

〔註10〕 姚瑩，《中復堂選集》（臺北：臺灣省文獻委員會，1986），《東溟文外集》，卷1，〈臺廠戰船情形狀（庚子四月）〉，頁 178。

擁有許多珍貴的林木。〔註 11〕如果將這些木料作為興建戰船的材料，是非常合適的，但清廷無法掌握林野資料，所以姚瑩的認知錯誤是可想而知的。

　　臺灣軍工木料的砍伐時間，依照陳國棟的研究，南部地方興建軍工寮之時間在雍正以前或更早，中部則晚於南部，又早於北部，可見軍工伐木的順序是由南而北進行，〔註12〕到乾隆二十四年（1759），可供使用的木料陸續減少當中，除了軍工匠人私自濫伐木料之外，〔註 13〕加以居民私自進入內山砍伐軍工木料謀取暴利，使得軍工木料更加缺乏，因此署淡水廳同知張所受，即曉諭：

> 嚴禁私煎，以重軍料事，並諭飭在地總保，并飭差嚴密查拏外，並且告知當地民人，山中所產樟木，有關製造戰艦所需，毋許民間私伐，製造民用，自示之後，倘有不法奸民，仍敢私進內山砍伐樟木，一經查獲，盡將充公，並將奸民從嚴究辦。〔註 14〕

此規定甚嚴，但畢竟入山抽籐吊鹿，是有利可圖之事，要完全杜絕恐有困難。除了盜取軍工木料之外，甚至為了一己之私，而焚寮燒料，以至於木料之短缺而無法如期興造戰船。在彰化縣的文告中即記載：

> 社丁徐振嘉等，唆番焚寮，戕害軍料等情，據此當經飭差確查寮廠料件焚燬屬實，稟覆前來，合行拘訓，為此票仰料差李長，飛往訊地，立拘後開有名社丁徐振嘉等，併吊全通事、匠首，各正身，星刻赴縣，以憑訊究。該差毋得素延干究，仍一面嚴著匠首鄭成鳳喚齊小匠照舊趕緊製料，併著通土敦仔等加謹撥番護衛，均毋違延貽悞……。〔註15〕

由此可知，在臺灣內山採辦軍工木料時，也時常因為有些不肖份子，因貪圖私利，而焚寮燒料，使得軍工寮無法正常製料，自當影響木料的供給。另外

〔註11〕包括臺灣杉、臺灣雲杉、臺灣冷杉、扁柏、紅檜等等，這些都是針葉一級木，即使在低海拔的闊葉樹亦有相關樹種可供戰船修造之用，如臺灣油杉、臺灣肖楠、臺灣櫸等。見劉業經、呂福原、歐辰雄，《臺灣樹木誌》。

〔註12〕陳國棟，〈軍工匠首與清領時期臺灣的伐木問題1683～1875〉《臺灣的山海經驗》（臺北：遠流出版社，2005），頁335～346。

〔註13〕《清實錄・高宗純皇帝實錄》（北京：中華書局，1985），卷五百五十九，乾隆二十三年三月下乙卯，頁90－2。

〔註14〕《淡新檔案》，第八冊，頁363。

〔註15〕《岸裡大社文書》（三）（臺北：國立臺灣大學圖書館出版，1998），乾隆三十五年五月八日，頁1123。

匪徒的分類械鬥也會影響木料的採辦及搬運。道光六年（1826）二月，噶瑪蘭及淡水兩廳之軍工匠，正在趕辦軍工木料時，適逢臺北匪徒械鬥焚搶樟木料件，〔註16〕使得採運工作無法繼續，以致造船工作未能依限完工。

　　除了臺灣本地的木料缺乏之外，福建的林木在大量砍伐之後亦呈現短缺的現象，因為福建地區的林木除了供應臺廠使用之外，亦供給他廠使用。製造戰船的木料有固定數種，但樹木的生長緩慢，常緩不濟急，至乾隆年間福建所產木料已出現供給問題。總兵苗國棟就議奏，經軍機大臣核議：

> 已以砍伐殆盡為虞，行令儲材備用。今上游三府深山多為民人開墾成田，各廠採用大木日艱，猶賴有幫鑲之例，得以無誤。若不准幫鑲，廠員勢必束手，謹錄案呈，求鑒核行知各廠營，分別明示，以此次所參係為工程草率，並非不准幫鑲，則各廠無窒礙之憂，要工庶能濟用矣。〔註17〕

林木經過大量砍伐之後，如果先前沒有造林，為往後取用預設準備，那林木將難以恢復。因此乾隆年間福建巡撫陳大受（？～1751），建議到暹羅買木料，因為暹羅地區的木料價格便宜，採買後可供興建戰船之用，〔註18〕但此項建議並未成為定例。在清廷未實施造林的情況下，道光三年（1823），福建地區因木料短少嚴重，導致許多戰船未能剋期興辦，以致於年年積壓，無法達到興建船隻要求。〔註19〕由此可看出，木料的短缺問題，已經開始浮現出來，而且將導致無法再繼續製造戰船。

二、載運困難

　　在載運木料的問題方面，分成兩個部分，一為臺灣本地，二為福建地區。福建地區則在福建採買木料之後，直接運至臺灣軍工戰船廠。在臺灣內山鋸料運送雖然距離較近，但也是耗時費日，其困難度反而高於福建地區。

〔註16〕中央研究院歷史語言研究所編，《明清史料》（臺北：中央研究院，1994），戊編第八冊，戶部「為內閣抄出兼署閩浙總督福建巡撫韓克均奏」移會，頁778。

〔註17〕姚瑩，《中復堂選集》，收於《東溟文外集》，卷一，〈戰船小修例准幫鑲桅木狀（庚子四月）〉，頁183。

〔註18〕《清實錄‧高宗純皇帝實錄》，卷285，乾隆十二年二月丙戌，頁714－1。

〔註19〕《清實錄‧宣宗成皇帝實錄》（北京：中華書局，1986），卷四十九，道光三年二月庚申，頁876－2。

　　臺灣地區軍工木料的搬運可分為兩個階段，第一階段由「社番」從軍工寮搬運到軍工料館，第二階段則由料差雇用船隻，從軍工料館運往軍工戰船廠。搬運木材人員，以熟番為主，他們使用人力、牛車、溪運方式進行木料的搬運，過程艱辛、不易、費工耗時。在陸路的搬運方面，清代在臺灣雖有官道，但這些道路以南北向居多，亦所謂的縱貫線。這些官道狹小，實際上只能讓行人通行，部分道路可通行牛車。〔註20〕在東西向道路方面，清代輿圖中亦可見，但路況不佳，更何況必須載運木材，困難度更高。如龍骨一根必須使用50餘頭牛來搬運，〔註21〕這之間所耗費的時間難以準確估計。如以大武郡〔註22〕的伐木地點來看，大武郡社域在濁水溪中游北麓，依照黃智偉繪製的雍正朝臺灣輿圖中可看出，〔註23〕大武郡地區並無直接通往西部濱海的東西向道路，因此必須藉由南北縱貫線進行搬運，這路線則以大武郡至半線再至鹿港為主，經由海運到軍工戰船廠。雖然路線較短，但所費不貲。在其他地區的伐木地點，臺灣南部及北部的木材搬運亦面臨同樣問題。

　　然而，大武郡可藉由濁水溪進行木材的搬運，但亦僅有東西向這部分，南北向亦需藉由陸運。〔註24〕但濁水溪時而湍急時而乾涸，並不是良好的搬運方式。再者，即使木料已運至軍工料館，從軍工料館運往軍工戰船廠，亦需使用船舶，一旦載運木料的船舶不足，或者海象惡劣，將導致船隻無法行駛，這都將影響戰船的建造。臺灣縣令周鍾瑄稱：「估修船料，悉取材於大武郡社，山去府治四百餘里，鋸匠人夫日以數百計，為工須數閱月。」〔註25〕這問題從康熙朝至道光朝一直存在著。無論在臺灣的木料採辦地點，是在何處，都將遇到相同的問題。在福建地區，除了木料的取得困難之外，載運木料的過程亦是費時。臺灣道姚瑩載道：

〔註20〕黃智偉，〈統治之道——清代臺灣的縱貫線〉（臺北：國立臺灣大學歷史學研究所碩士論文，1999），頁4～5。

〔註21〕黃叔璥，《臺海使槎錄》（臺北：臺灣省文獻委員會，1986），卷五，〈番俗六考〉，頁108。

〔註22〕大武郡社，其分佈範圍約包括今日彰化縣社頭、員林、永靖、埔心、田尾、田中等鄉鎮，以及南投縣民間鄉、南投市的部分地區。大部分地區屬於濁水溪中游北麓一帶區域。

〔註23〕黃智偉，〈統治之道——清代臺灣的縱貫線〉，頁43。

〔註24〕臺銀經研室編，《臺灣中部碑文集成》（臺北：臺灣省文獻委員會，1994），〈阻滯圳道示禁碑（乾隆三十年）〉，頁71～72。

〔註25〕黃叔璥，《臺海使槎錄》，頁108。

> 臺灣廠所需之木料於通省上游採料，河運到省，由省雇船在南臺接運
> 出口，海運到廈，再由廈門商船陸續配運，然後到臺廠輾轉已需時日。
> 且每大號商船一隻，僅能配七、八丈以上，杉木桅一枝，或六、七丈，
> 大、中吉木三、四支，或三丈以上，浮溪木數枝。其中，小之材，如
> 連轉木、山城板以及釘鐵、油、布疋、金鼓、鍋、桶之類，每次配載
> 無多，常以商船數號配運之料，不敷臺廠一船修造之需，而商船已以
> 爲苦。昔年廈門商船渡臺，年有三、四百號，近止數十號而已。〔註26〕

在福建地區採辦木料及載運回臺亦屬辛苦，要先從福建西北部砍伐木料後再
運往福州南臺，再經廈門至臺灣，過程冗長耗時。然而，如果往返臺灣及廈
門的商船數量減少，那將影響木料的載運，如此一來，耗費的時間更難以估
計。負責廠務的姚瑩也了解，以現行的給價額數，要商船載運木料至臺灣，
基本上是不符合成本，因此同意照民間價格給予運價。雖然清廷提高載運價
錢，但木料載運不便，願意載運的商船寥寥可數。〔註27〕

基於種種因素，道光二十八年（1848）四月臺灣道徐宗幹（？～1866），
即有意將臺灣的戰船移往福建內地製造的構想，他認爲在福建內地可建造較
大的戰船，這對臺灣的海防工作會比較有助益，〔註28〕但此項建議卻沒有得
到朝廷之認同，臺灣終究還是製造舊式戰船，直到福州船政局成立，臺灣大
部分的戰船才委由船政局建造。所以木料的缺乏，也是導致臺灣軍工戰船廠
無法繼續運作的重要原因之一。最終，在臺灣的木料選取不易，福建省城木
價又昂貴，且丈、尺亦不敷規定的情況之下，於同治十年停止採辦，〔註29〕
軍工戰船廠也就不再運作了。

第二節　官員的積弊

軍工戰船制度在推行前、後，都呈現出著許多的弊端，這些弊端也都是
歷朝皇帝想要根絕的，但達到的效果還是有限。諸如勒索、失職、偷工減料、
貪污等等，皆顯而易見。

〔註26〕姚瑩，《中復堂選集》，頁179。
〔註27〕姚瑩，《中復堂選集》，頁179。
〔註28〕徐宗幹，《斯未信齋文編》（臺北：臺灣銀行經濟研究室，1960），〈請變通船
　　　　政書（一）〉，頁73～78。
〔註29〕《道咸同光四朝奏議選輯》（臺北：臺灣銀行經濟研究室，1971），〈遵議船政
　　　　萬難停止疏〉同治十一年（沈葆楨），頁35。

一、失職、勒索

　　軍工戰船制度尚未確立之前，負責督造的營弁時常利用職權藉機勒索謀利。為了嚇阻此弊端的發生，康熙三十年（1691）議准：「交戰船時，武弁縱令兵丁人等藉端勒索使費，照衙役犯贓失察例議處，武弁需索銀兩，照貪官例議處，總兵不行揭報，道、府通同徇隱，照徇庇例議處」，〔註30〕有了法令之後，對於想藉機勒索之營弁產生制衡效果。然而，各官弁在無利可圖之下，輾轉將修造戰船業務，託付給他員包修，這當影響修造品質。遂此，康熙五十八年（1719）覆准：「嗣後營弁包修戰船者，承修知府於該營將官俱革職，督修道官，照徇庇例，降三級調用，督、撫、提、鎮各降一級調用。」〔註31〕為了制約修造官員不依規定辦理，朝廷制定重罰條例，希望各負責官員皆可勇於任事。但至乾隆年間問題再次呈現，因此朝廷遂於乾隆三十六年（1771）再次重申：「凡水師修造戰船，如有不肖營員，希圖射利包修，官俱革職，督修官照庇例，降三級調用，提、鎮降一級調用」，〔註32〕雖然再度重申，希望官弁應該認真負責，不要假手他人，但還是有不肖營員希圖射利。

　　雍正三年（1725），軍工制度確立之後，雍正想杜絕勒索歪風繼續橫行，遂希望各地方大吏集思廣益，力求軍工戰船制度的完善，旨曰：

> 沿海各省督、撫、提、鎮等出洋巡哨，船隻最為緊要，舊例，地方官承管修造營員，每多方勒索，不顧州、縣賠累，地方官惟知交結營員，囑其收受，彼此俱挾私心修造，豈能堅固，以致出洋船隻易至朽壞重修，朕深知其弊，欲改歸營員修造，使州、縣無賠累之苦，而於軍政似實有裨益，爾等可會同速行確議具奏，若有不可行處不可迎合強以為是。〔註33〕

雍正想重新整頓軍工戰船制度的決心可以理解，當然亦達到些許成效。然而

〔註30〕 允祿，《大清會典·雍正朝》（臺北：文海出版社，1994），卷二百九，〈工部十三〉，頁13905。

〔註31〕 允祿，《大清會典·雍正朝》，卷二百九，〈工部十三〉，頁13908～13909。

〔註32〕 崑崗，《欽定大清會典事例·光緒朝》，卷九百三九六，〈工部七五·船政〉，頁749。

〔註33〕 《世宗憲皇帝聖訓》，收於《景印文淵閣四庫全書》（臺北：臺灣商務印書館出版，1983），第412冊，卷十一，〈武功附武備〉，雍正二年甲辰閏四月乙未，頁412～170。

興建、或督造戰船的確是一個苦差事,各負責官員本身有自己的業務,再攤派繁重的軍工業務,自然加重負擔。況且,福建地區修造戰船的額數眾多,因此督、修官員往往無法如期將戰船修造完成,並相互推諉、卸責。范時繹即奏道:「承修各廠,往往於應修舡隻不能刻期報竣,每至擔延,一在分任之員諉爲辦料之不給,一在監督之員託言承修之不力、推卸,因循輾轉滋弊。」〔註34〕無利可圖之事,當然會讓有些官員在承辦時藉故推卸,這將造成交船的延誤。再者,官員在接受查核時,常有虛報之情況發生,如:

> 十分之中,不無缺少二、三者,至於大修、小修之時,每因船數太
> 多,難以查核。該防營弁,及州、縣官員,通同作弊,將所領帑銀,
> 侵蝕入己,報修十隻,其實不過七、八隻。而又塗飾顏色以爲美觀,
> 仍不堅固,且更有不肖官弁,令子弟親屬,載販外省,或賃與商人,
> 前往安南、日本,貿易取利者。〔註35〕

乾隆年間的弊端屢見不鮮,除了勒索、失職之外,謊報、造假等情事亦常有之事,這些弊端如不加以遏阻,軍工戰船制度將遭到崩解。因此,臺灣知府蔣元樞(1738~1781)在軍工廠碑記中即載道:「乾隆四十一年(1776)十二月,予以郡守兼護臺道篆,頗悉其流弊所由。爰會營員,詳加糾察,嚴立規條,革除一切陋習,刊列榜文,俾垂永久。復亟捐廉俸,相其地勢,廣拓之,盡撤舊廠,鼎新建造。」〔註36〕蔣元樞希望藉由立碑,讓官員引以爲戒,但這些陋習及弊端承襲已久,要改正恐不容易。到了嘉慶年間,爲了再度防止弊端的發生,制定了管理及處罰條例:

> 海疆新造戰船,舊用文員承辦,若改令營員自造,又恐寒苦將備,
> 承領鉅工辦理,亦未能妥實。此事總須文武官員公同經理,船隻造
> 成後,該管大員親身查驗,其偷減工料者覈實參賠。若工料堅固,
> 而管駕之員藉詞刁難,立即嚴參示懲。如果統率之員秉公持平,功
> 過自兩無遁飾也。〔註37〕

〔註34〕《宮中檔雍正朝奏摺》(臺北:國立故宮博物院,1978),第8輯,署理江南江西總督印務都統范時繹奏摺,雍正五年六月初五日,頁312。

〔註35〕《清實錄・高宗純皇帝實錄》,卷一百二十五,乾隆五年八月己未,頁831-1~831-2。

〔註36〕臺灣銀行經濟研究室編,《臺灣南部碑文集成》(臺北:臺灣省文獻委員會,1994),〈鼎建臺澎軍工廠碑記〉,頁104。

〔註37〕《清實錄・仁宗睿皇帝實錄》(北京:中華書局,1986),卷一百七十七,嘉慶十二年四月上癸未,頁330-1。

此規定詳細載明修造與督造間的合作關係，相關人員如依規定辦理，而讓他人刁難者，刁難之人將受到嚴懲。如此一來，文、武官員相互合作，必能完成戰船修造任務。但事實上，這些弊端依然存在。

在積壓戰船修造方面，雍正七年（1729），原任福建巡撫朱綱，即參奏閩浙總督高其倬、南澳鎮總兵藍廷珍、金門鎮總兵陳祖訓等人降一級留任，以及負責督造泉、漳、臺三處戰船廠的文官皆被調三級調用。〔註38〕此後，乾隆二年（1737），擔任臺灣軍工戰船廠督修官臺灣道伊士俍，因捏報戰船修造數量，伊士俍雖已調離臺灣至他處任官，亦被革職查辦。其他協修之武弁，臺灣水師協副將王清，以及澎湖水師協副將高得志皆降二級調用。其他監修官，如閩浙總督、福建巡撫等人處以降二級處分。〔註39〕這種積壓戰船未修的情況下，將影響水師防務，臺灣地區因遠隔重洋，木料的取得不易，因此積壓戰船未修的情況比他省更為嚴重。

二、貪污與偷工減料

戰船的修造，過程繁雜，但在每個程序之中，還是讓有心人士可以上下其手，從中獲取利益，這些收取回扣的情事，在每個工程、買賣當中皆隨處可見，軍工戰船制度自當不免於外。江蘇巡撫陳時夏（？～1738）的奏摺中就提到此一弊端：

> 文員承修有例，每至屆期修造而摃具什物，早已偷賣殆盡，交廠之時大半空船，不得不重新整修，且有藏匿錨舵大桅，詭稱損失拆毀……或以木植不堅故為刁掯，或以釘稀板薄極意苛求，有眼同捕盜，經修完固驗駕，待交之船，而本船遊、守掯勒拆換，甚至痛責捕盜不許領駕，即有領回船隻而應出營收，亦必遷延時日，故意作難，必得使費，陋規遂其欲，則草率無辭拂其意，則刁難萬狀……船工諸弊細詢承修之員，據稱從前布政司任內發領船工銀兩，其承行吏及掌平人等，向有陋規，部價壹兩扣陋規參分，協貼壹兩扣陋規伍分，掌平人物價，協貼每兩扣銀壹分，計得部價陋規壹千捌百

〔註38〕中國第一歷史檔案館編，《雍正朝起居注冊》（北京：中華書局，1993），第四冊，雍正七年二月十二日，頁2596。

〔註39〕閩浙總督那蘇圖奏，〈閩浙總督為承修戰舡捏報完工事〉（臺北：中央研究院歷史語言研究所藏，內閣大庫文書），乾隆七年十月六日，〈揭帖〉，第017812～001號。

餘兩，協貼陋規銀肆千柒百餘兩，名爲飯錢、紙筆之費……。〔註40〕
由此可見，軍工戰船制度難不免俗，與其他工程相同，亦有收取回扣情形。
但如此一來，將間接使得戰船修造所需之費用增加，造成國庫財政沉重的負擔。雖然這些陋規朝廷時有所聞，但卻不積極查核。爲了發揮相互監督效果，乾隆下達命令，約束官員：

> 辦理至修造戰、巡各船，從前陳宏謀原奏，請交營員承修一摺，即
> 原以操延駕駛本係營員專責，若委令承修視爲已物自更加意督察，
> 較爲堅固，今據該督奏稱，營員自修船隻勢必擇地設廠，轉多費用，
> 而鳩工集匠亦恐呼應不靈，種種不便，汎各廠修造船隻，原有副將、
> 參將大員監修完竣之日，附近提、鎮親加勘驗，營員具結收領，即
> 與營員自修無異，自應仍照舊例之章程，統歸大員會辦，但須嚴飭
> 承辦各員精選物料，督責匠役如法修造，並須詳確勘估，實用實銷，
> 毋任草率浮冒，庶船隻完固可以出入洋面，經久駕用而弊項亦不致
> 虛糜矣。〔註41〕

軍工修造制度本爲相互監督，其立意甚佳，但時間一久，弊端往往還是會不斷的發生。再者，官員時常巧立名目，行貪污之實，以至於修造戰船任務弊端叢生，因此內閣於乾隆三十三年（1768）五月十日奉上諭嚴懲失職之員：

> 永德參奏，寧紹台道方桂，估變裁汰船隻一，任丁役以多報少，並
> 將未經准變之船遽行拆賣，又擅收營員拆給變價銀兩。種種弊竇，
> 顯係知情故縱，通同染指，請旨，革職訊究等語，方桂以監司大員
> 承辦估變船料，自應據寔查辦，乃敢矇混短報，希冀分肥，非嚴究
> 示懲，不足以正官邪而申法紀，方桂著革職交該督、撫與案內有名
> 人犯一併嚴審。〔註42〕

雖然已經嚴懲失職人員，但此項條例卻未成定制，弊端依舊。方桂不依規定
辦理，明知故犯，亦不加查辦矇混兵丁。道光十五年（1835）期間，官員貪
污情的況更爲嚴重，如福建巡撫魏元烺（1779～1854）所道：

〔註40〕《宮中檔雍正朝奏摺》，第 8 輯，江蘇巡撫陳時夏奏摺，雍正五年九月十三日，
頁 875。
〔註41〕中國第一歷史檔案館編，《乾隆朝上諭檔》（北京：檔案出版社，1991），第 5
冊，乾隆三十三年六月十八日，頁 356。
〔註42〕中國第一歷史檔案館編，《乾隆朝上諭檔》，第 5 冊，乾隆三十三年五月初九
日，頁 321。

臣前年渡臺，上年暨今年又周歷全閩，查閱軍實，見各營軍械之由省委員製造者，總不若由營自製之堅利合用。臣初猶疑省城工匠、委員有勾通院司書吏，把持包攬、偷減、冒銷情弊，因督飭司道遍加查訪……。〔註43〕

雖然清廷極欲消除貪污弊端，但官吏的貪污事件還是層出不窮，除了貪圖造船工銀之外，最後連木料也偷工減料並覬覦料款，如此將影響水師人員安全及戰船使用年限。道光十八年（1838），文宗皇帝為了根除弊端，希望總督、巡撫、將軍及提督等地方大吏，都必須負責監督造船事宜，如有失職，一律論處，因此遂下達了上諭：

御史尋布月奏，沿海各省戰船每屆修造年分，承辦各員通同舞弊，不能如式裝造，甚或以舊代新，又不勤加撐駕，任擱沙灘朽腐堪虞，破爛滋甚等語，各省設立戰船原為巡哨洋面，捍衛海疆之用，必須修造完固，操練精熟，方可有備無患。嗣後凡遇大修小修及拆造年分，該將軍、督、撫、都統、提、鎮等，務當認真稽查，並嚴飭承辦各員覈實辦理，倘查有冒領中飽及草率朦混等弊，即行據實嚴參，從重懲處，毋稍徇隱，至修造完竣應派大員親往驗收，並督率所屬將備等官勤加演習，務使駕駛得宜技藝嫻熟。如敢奉行不力，日久視為具文，以致有名無實，將來別經發覺，定將該將軍、督、撫等重處不貸。欽此。〔註44〕

朝廷制定了許多的條規，但怠忽職守之員，還是層出不窮。閩浙總督劉韻珂於奏摺中提到：「各廠製造營船，因限於例價工料，率多偷減且須數月之久，甫能造成一船，既無以應急需，并不能收實用。」〔註45〕劉韻珂清楚的說明，目前修造戰船的弊端非常之嚴重，營員不但偷工減料，並且故意延誤修造時間，到了道光末期，可說是弊端百出了，在此種情況之下，政府也難以在極短時間將其導正。

另外，汛兵在駕馭戰船及維護方面也大不如前，戰船未達到小修之前就已經破舊不堪，這當然與偷工減料有很大關連，這對道光朝的財政負責更為

〔註43〕 中央研究院歷史語言研究所編，《明清史料》戊編第 8 冊，頁 786。

〔註44〕 文煜，《欽定工部則例》（海口：海南出版社，1966），卷七十二，〈船政一〉，頁 6a～6b。

〔註45〕 《宮中檔道光朝奏摺》（臺北：國立故宮博物院，1996），第 14 輯，閩浙總督劉韻珂奏摺，道光二十五年五月十一日，頁 377。

沉重。到了同治年間，固有的水師戰船都已經不堪使用，如左宗棠在奏摺中即提到：

> 臺灣水師向設戰船九十六號，今無一存者。戰船既無，而大修、小
> 修之費仍不肯減；船無可修，而修船之費仍不能無。武營虛冒侵欺，
> 藉口定例，非文員所能禁革；而歷任總兵，從未有舉而釐正之者。
> 將弁場蔽於下，鎮臣回惑於上；積習相因，由來已久。如欲剷除痼
> 弊，移此款項製船巡洋、募練水兵，以求實效；必須鎮、道得人，
> 同心共濟，而部中不復以舊制相繩，庶幾實是求是，而船政可舉也。
> 〔註46〕

同治朝因內憂外患不斷的接踵而來，故使得朝廷無暇去管理這些船政，故才會產生無船可修的情況，正因如此，軍工戰船廠也就逐漸的沒落下去，以至於才會被後來設置的福州船政局所取代。

第三節　制度與市場的落差

清代的戰船修造費用在軍工戰船廠尚未設置之前，是以順治三年（1646）所定之舊例，「收漁艇之稅，以修戰艦」，〔註47〕做為造船經費來源。此後，因地制宜，其修造戰船時亦會動用戶部、工部額銀，或動用兵部及刑部等銀，以供修船之用。〔註48〕此種修造戰船模式，因規定模糊，在地方呈報中央之後，俟中央核准撥費興建，如果各部不能妥善配合，撥款又不能依時核發，將導致戰船的修造不能如期進行。

康熙三十四年（1695）朝廷意識到戰船的修造關係緊要，議定修理戰船銀數，如果覈減太過，恐在臨時動用款項之時，因銀數不足而耽誤修船時機。因此，委由工部會同戶、兵二部再行確議，奏准：「令各督、撫、將軍、提、鎮將修理戰船銀兩，照地方工料價值，據實確估，具題工竣報銷。」〔註49〕如此實報實銷的做法，讓經費不至缺乏，亦節省不必要的浪費。但承報之後

〔註46〕左宗棠，《左文襄公奏牘》（臺北：臺灣銀行經濟研究室，1960），〈籌辦臺灣
　　　吏事兵事請責成新調鎮道經理摺〉（同治五年十月初五日），頁11～12。
〔註47〕《清代臺灣檔案史料全編》（北京：學苑出版社，1999），〈請撥錢糧以修戰船〉，
　　　順治九年十月〔日缺〕（周國佐），頁30。
〔註48〕允祿，《大清會典‧雍正朝》，卷二百九，〈工部十三〉，頁13899。
〔註49〕清高宗敕撰，《清朝通典》（杭州：浙江古籍出版社，2000），卷七十八，〈兵
　　　十一‧戰船〉，頁2602。

的撥款，往往拖延時日，遂造成官員負擔。

雍正二年（1724）額定修船工料不足，承修的道、府，每隻戰船可貼補數十金及一、二百金不等，但對於武職的規定，責可承修，但不能責其貼補。但由文職出資修造，的確造成他們所屬衙門的財政負擔，因此，兩廣總督孔毓珣（？～1730）即覆奏，建議「水師船隻損修，及陸路應發馬價，藩庫每匹扣存三兩，以備修船之需」，〔註50〕雍正帝在硃批中說道:「甚當此非具題之事，爾等可私自如此料理，令屬員秉公奉行，可也。」〔註51〕由此可見，雍正也瞭解到，經費的不足，常使得戰船的建造無法順利進行，所以只要造船經費來源正當，他是可以默許用他處經費來補造船經費之不足的。但此項措施並不是定例，亦非在每個修造船廠皆可使用的。

雖然將養馬的資金一部分挪作修造戰船之用，但雍正三年（1725）軍工戰船廠設置後，對於製造戰船之不足銀兩，向來就由州、縣來協貼，現在依然如此，並無改變。〔註52〕爾後，因戰船建造經費過於龐大，所以經費短少的問題依舊沒有解決。雍正朝之後，支援戰船的款項，佔最大部分是以該地之「地丁」及存公「耗羨」，〔註53〕為最主要之收入來源。「耗羨」資金的來源是自雍正十年（1732）實施耗羨歸公之後，〔註54〕始行定議，將協貼戰船的銀兩在於耗羨項下動支。〔註55〕由耗羨所餘之錢兩支付興建戰船款項，在財政方面的確得以舒緩，在中央及地方財政收入豐厚時，支付這些款項是不成問題的，但如果遇到收支不敷使用的時候，戰船的製造就會受到延滯。閩浙總督程祖洛（？～1848）在奏摺上即提到:

〔註50〕《宮中檔》，第77箱，511包，19246號，雍正二年七月九日，兩廣總督孔毓珣奏摺。

〔註51〕《宮中檔》，第77箱，511包，19246號，雍正二年七月九日，雍正帝硃批。

〔註52〕李元春，《臺灣志略》（臺北：臺灣省文獻委員會，1996），卷二，〈軍政‧船政〉頁64。

〔註53〕中央研究院歷史語言研究所編，《明清史料》，戊編第8冊，頁731。

〔註54〕耗羨：人民納稅多寡不一，銀多畸零散碎負責征收賦稅的州、縣官員，為便於統計及運送，均將這些碎散銀兩鎔鑄成重量與形式一定之物，叫作錠。銷鎔成錠的時候，不免有所折耗，所以州縣征收錢糧，也就要在正額以外加征一點，以補折耗之額，這種附加征收部分，便稱為耗羨，或為火耗。見王業鍵，《清代經濟史論文集（一）》（臺北：稻鄉出版社，2003），頁323。雍正二年（1724）山西巡撫諾岷首先施行耗羨歸公，將耗羨後所得之錢糧，部分做為官員的養廉銀。

〔註55〕《欽定福建省外海戰船則例》，頁6。

> 始知近年物料昂貴，工匠飯食亦復加增，請領例價銀兩，實多不敷。
> 營員又不諳報銷造冊，每多舛錯，一經部臣指駁，又須雇請熟悉例
> 案之人，另行造辦需費。以致遇有屆限應行製造軍械，營員無不視
> 為畏途，多方藉口，互相推諉。雖明知由省城委員製造之能合用，
> 而不願歸省製以圖免累。〔註56〕

雖然地方官員可以將修造戰船所需的銀兩報部領用，但領到的款項往往少於
實際支付，遂造成官弁之間的相互推諉，而不願擔任此職務。嘉慶年間，為
節省開銷，更議定戰船製造在五百兩以上者必須上摺具奏，避免不當之浪費。
總之，在嘉慶朝以前，朝廷尚能支付修造戰船的費用。鴉片戰爭之後，中央
在修造戰船的費用支出上，出現相當大的困難。這與一連串的內、外戰爭，
及戰後的大量賠款有很大的關係。咸豐二年（1852）擔任臺灣道的丁日健在
〈論臺中時事書〉載道：

> 邇者臺地各官，多以五日京兆，不肯盡心竭力任地方安危之寄，高守
> 不敢思歸。又以戰船賠累，惟無米之炊是集，心灰氣隳，以脫然廢棄
> 為幸，何能得有餘力，整頓地方。臺道各縣強忍不敢言貧，九營將弁
> 人人有救口不贍之嘆，此真孤掌難鳴，一事不可為之秋也。〔註57〕

由此可見，沒有足夠的錢糧，而想要將建造戰船的事辦好，也是心有餘而力
不足。另外臺廠承辦船務情形，與廈門、漳州、福州三廠也有所不同，在領
取款項上亦迥異，如姚瑩所言：

> 內地廠船修造屆期備文赴司領價，可計日往返，臺廠則遠隔重洋，
> 船未屆期，不能領價。至期備文，而到司月、日遲速難定，有領價
> 之文，半年尚未到司者。即如職道上年十一月備文往司，請領鞏字
> 四號、順字七號等船料價，其齎文之船遭風，漂至廣東。本年三月，
> 尚未到司，現又補具文領，不知何日到司，何日領銀。〔註58〕

臺灣因位於海外，在公文的派送時間上原本比他省來得長，如再遭受的船期、
氣候等因素的影響，即會影響到經費的撥給，這將對地方州、縣造成財政負
擔。因此，戰船的興建費用，還是必須中央給予資助，單靠地方財政來修造
戰船，是無法完成的。

〔註56〕中央研究院歷史語言研究所編，《明清史料》，戊編第8冊，頁786。
〔註57〕丁日健，《治臺必告錄》（臺北：臺灣省文獻委員會，1997），卷一，〈鹿洲文
　　　集・論臺中時事書〉，頁38。
〔註58〕姚瑩，《中復堂選集》，〈臺廠戰船情形狀〉，頁178。

第四節　港道淤塞

　　臺灣軍工戰船廠，本設於臺灣府城之小北門外，但因地形不斷的變遷，使得原本濱臨臺江的軍工戰船廠因泥沙的淤積，而無法將修造完成之戰船駕駛出洋。港道淤積問題始於道光三年（1823）七月，此時臺江西北部沿岸，已經開始陸化，〈籌建鹿耳門砲臺〉中記載：

> 上年七月，風雨、海沙驟長，當時但覺軍工廠一帶沙淤，廠中戰艦不能出入，乃十月以後，北自嘉義之曾文、南至郡城之小北門外四十餘里、東自洲仔尾海岸、西至鹿耳門內十五、六里，瀰漫浩瀚之區，忽已水涸沙高，變爲陸埔，漸有民人搭蓋草寮，居然魚市。〔註59〕

因爲當時發生一次空前的大風雨，注入臺江潟湖的最大河流曾文溪，從西港南流，貫入臺江潟湖，先使臺江潟湖的西北部全部陸化，並新露出的浮埔地，距原臺江外圍的潮流口鹿耳門近在咫尺。如此厚積的泥沙，迫使新港溪下段南移，這讓整個河流大改道，原臺江潟湖，水涸沙高，變成陸埔。〔註60〕由此可見港道的淤塞問題在道光初年就已產生。爲了解決港道淤積問題，清廷雇請人員開挖，試圖維持港道通暢。道光四年（1824）之後，臺灣道孔昭虔，即在此處召佃開墾，並收取租金，以這些資金當成開挖港道的經費。〔註61〕同年，臺灣總兵觀喜等人也談到了港道淤積問題嚴重，〔註62〕清廷必須認眞思考這問題。

　　同治二年（1863），丁日健接任臺灣道後，開始疏通港道。廠中原開之舊港，因溪流改道，雖年年開挖，但修造完成後又淤積，甚至一年開挖好幾次，但如果不開挖，於軍工戰船廠修造完成之戰船，以及屆時修護之戰船，都無法順利進廠，這對於船政軍工的推行造成阻礙。〔註63〕丁日健並認爲，臺廠多年以來，積壓船隻不少，他究明積壓的緣故有二：

> 臺廠遞年以來，積壓船工不少，先於六月間詳晰陳明在案。遭風各船，營、縣延不造冊，具結勘覆，以致無從咨請轉詳、具題、領價

〔註59〕姚瑩，《東槎紀略》（臺北：臺灣省文獻委員會，1986），卷一，〈籌建鹿耳門砲臺〉，頁31。

〔註60〕洪敏麟編著，《臺南市市區史蹟調查報告書》（臺中：臺灣省文獻委員會，1979），頁37。

〔註61〕丁日健，《治臺必告錄》，卷四，〈斯未信齋存稿·開港議〉，頁297。

〔註62〕姚瑩，《東槎紀略》，卷一，〈籌建鹿耳門砲臺〉，頁31。

〔註63〕丁日健，《治臺必告錄》，頁297。

造補。屆修各船，營以港道不通，船難駕廠；道以開港既須津貼，
修船又需賠累，相率因循，愈積愈多。伏思，營、縣勘覆冊結，自
可嚴限催辦，而開港一層，非親歷其境不能周知。緣港道上游有洲
仔尾溪一道，每遇大雨，洪流氾濫，沙泥貫注，是以有隨開隨塞之
患。埔租經費，不敷辦理，實形掣肘，不得不另籌善策。……開港
不過濟目前之急，移廠可以成久遠之利。即委員沿港溯流而下，至
小西門外迤南一帶平坦之處，堪以建廠。就廠前曠地兩旁開築船塢，
中間開挖港道約一百二十餘丈，以便哨船出入。港外緊連臺郡商賈、
郊行所開駁載貨物之新打港，由三鯤身出口，極為近便。查開港經
費，原有埔租本款，即使不敷，亦應捐墊。其築塢建廠各事宜，即
因陋就簡，約需千餘金，方能敷用，並因撙節辦理，不免規模狹隘。
一切修貯料件，仍在舊廠，祗於開工之時，運料前往應用。現在籌
款興辦，尚有不敷，先行墊付，俟工竣報明，分年攤補。身膺重寄，
凡事總須先顧大局，斷不敢畏累誤公，藉港道淤塞，船不駕廠、廠
不興工，為自私自便之計。特因地制宜，以期事無窒礙，省虛糜而歸
覈實。〔註64〕

可見港道泥沙的淤積不但使得戰船無法製造，並且也無法修繕其他應修之船
隻，營員與道員即利用此一機會，乘機偷懶不興建或督造戰船。但港道問題
確實讓廠務無法推動，因此丁日健向朝廷建議找尋新廠址，建議獲得朝廷支
持，遂興建另建一新船廠。然而，港道淤塞問題從軍工道廠設置後，即已存
在，其間亦有數年因道廠的港道無法行駛戰船，所以使得船務停擺，無法運
作。爾後雖興建「軍工府廠」，但因道廠所積壓未修之戰船數量實在太多，府
廠亦無法在短期內承造那麼多戰船。

　　戰船的興造，在臺灣未設省之前，一直是隸屬於福建巡撫所管轄，臺灣
的移民籍貫，十之七、八也是以福建省為主，所以臺灣與福建在當時有著密
不可分的關係。而戰船的製造，對閩浙總督及福建巡撫來講，也是一項重要
的施政。尤其是臺灣遠隔重洋，離省城較遠，且連絡不易，故戰船遂成為保
衛臺灣安全的重要武器，也因此，臺灣軍工戰船廠所轄的戰船，及所製造的
戰船皆比其他三廠要來的多。

　　清代製造的戰船，在鴉片戰爭（1840）以前，他們的敵人主要是海寇，

<hr>

〔註64〕丁日健，《治臺必告錄》，〈移船廠議〉，頁298～299。

面對海寇，當時戰船的武力尚可應付。鴉片戰爭之後，清廷的敵人由海寇轉變爲西方殖民國家，這才讓清廷了解，以舊時代的戰船規模是無法與這些國家所擁有的船隻對抗的，鴉片戰爭一役就得到證明。軍機大臣等人載道：

> 各省水師戰船均爲捕盜緝奸而設，其最大之船，面寬僅二丈餘，安礮不過十門。夷船大者，載礮竟有數十門之多，彼此相較，我船用之於緝捕則有餘，用之於攻夷則不足，此實在情形也。〔註65〕

爲了扭轉此種劣勢，道光二十二年（1842）規定，製造戰船一事，酌照英軍中等兵船式樣製造，不要拘限於舊式的規則，並將已達年份例修的戰船暫停修造，其經費做爲改造大船之用。雖然朝廷大開興建之門，但舊時規則尚未廢除。所以軍工戰船的制度到此時，已經無一標準的準則可以施行。爾後，雖然福州船政局成立，開始製造新式戰船，但戰船的需求還是不斷的增加，因此李鴻章即籌議，海防廣東、臺灣、浙江、寧波、山東、煙台各海口均應酌備船隻。〔註66〕由此可見，晚清的戰船需求依舊不減，但製造戰船的數量已大不如往昔，轉而向國外購買船隻，也因此直接的造成軍工戰船的沒落。

　　臺灣軍工廠務與福建軍工廠務的結束時間，並沒有直接史料可以看出其正確結束的年代，但可以確定的是，臺灣軍工戰船在道光二十五年（1845）以後，有一部分的戰船就委由新的福州廠來建造。〔註67〕到了同治五年（1866）之後，也就是福州船政局設立後，就已經不再製造那麼多的戰船了。但軍工戰船廠不再製造戰船的原因很多。其中一項是向國外購置新式戰船。然而早在道光二十二年（1842）清朝廷就已經向呂宋國購置新式戰艦。〔註68〕所以整個軍工戰船廠會沒落的原因，除了上述五項內在因素之外，其最重要的外在因素即爲，當時所建的軍工戰船，已經無法與外國戰艦相互抗衡，所以再建造這些戰船，已無多大的意義了。如當時的閩浙總督鄧廷楨所奏：

> 我師船難敵英船，夷船以全條番木，用大銅釘合而成之，內外夾以

〔註65〕文慶，《籌辦夷務始末‧道光朝》（臺北：文海出版社，1970），卷十二，道光二十年七月，頁12b。

〔註66〕《清宮廷寄檔臺灣史料》（三）（臺北：故宮博物院，1998），光緒五年十一月十三日，頁1751。

〔註67〕《宮中檔道光朝奏摺》，第14輯，閩浙總督劉韻珂奏摺，道光二十五年五月十一日，頁377。

〔註68〕趙爾巽，《清史稿》（北京：中華書局，1998），卷一百三十六，〈志一百十一‧兵七‧海軍〉，頁4030。

厚板，船旁船底，包以銅片。其大者可安炮三層，而船身不虞震裂。
其炮洞安於艙底，夷兵在艙內施放，藏身既固，運轉亦靈。內地師
船，廣東名為米艇，船身較大。福建名為同安梭船，以集成字號為
極大，然皆不敵夷船十分之五，向以杉板為之，惟桅柁木較堅。船
之大者，配炮不過八門，重不過兩千餘斤，若再加多，則船身吃重，
恐其震損。且炮位安於艙面，炮兵無所障蔽，易於受襲。此向來造
船部定則例如此，其病不盡在偷工減料，是所謂勢不均而力不不敵
者，非兵之勢不敵，而船礮之力，實不相敵也。〔註69〕

可見，清朝的問題主要在武器方面的老舊，與西方國家的差距過大，無法比
擬，因此才有開始仿造西方船舶的計畫。雖然如此，但並非木質船廠就此結
束，因後續的修護問題必須再保留船廠。因此，臺灣軍工廠的廠務結束時間，
是在臺灣被割讓日本後才正式停止興建戰船，而福建軍工戰船廠的結束時間
則與清代滅亡之時間同。

第五節　其他因素

　　除了以上四項原因造成臺灣戰船廠沒落之外，其他尚有零星問題，如地
理因素、人為因素等等，這些零星問題可稱之為，時效性的考量。道光以後，
臺灣軍工戰船廠積壓未修之戰船已過多，無法再興建臨時交辦之戰船。此後，
改造後的戰船樣式規模較大，也不是臺灣戰船廠所能製造，因此臺灣戰船廠
的重要性逐漸退去。

　　清代的戰船型式承繼明代，但經過多次的改造，明代晚期福建一帶的船
隻以鳥船為主，屬於福船系統。清初至清中葉則由趕繪船（圖3）取代鳥船。
中晚期則由同安梭船取代趕繪船，這之中歷經三次的船隻大改造，第一次在
乾隆五十五年（1790），將戰船仿照民船改造，以期迅捷。〔註70〕第二次在乾
隆六十年（1795），將戰船仿商船式改造。〔註71〕第三次則於道光四年（1824），
也就是將所有福建沿海戰船改成同安梭式戰船。〔註72〕這種改同安梭式的戰

〔註69〕文慶，《籌辦夷務始末・道光朝》（臺北：文海出版社，1970），卷十二，道光
　　　　二十年七月，頁23a～23b。
〔註70〕趙爾巽，《清史稿》，卷一百三十五，〈志一百十・兵六・水師〉，頁3985。
〔註71〕趙爾巽，《清史稿》，卷一百三十五，〈志一百十・兵六・水師〉，頁3986。
〔註72〕崑崗，《欽定大清會典事例・光緒朝》（北京：中華書局，1991），卷九百三十

船一直持續使用到福州船政局成立。

　　鴉片戰爭（1840～1842）前，為了增強沿海防務，清廷建造大型戰船，而這些戰船所需要的部分木質材料，皆產自於福建等地，臺灣並沒有這方面的木料，如要在臺灣興建戰船，在時間上將緩不濟急。因此在道光二十年（1840），閩浙總督鄧廷楨（1776～1846）建議，在廈門等地製造此類戰船：

> 此時夷務關重，製造大號戰船，實為要著，而不得其人，徒資糜費。
> 且洋面正在需人，似難更行分撥。聞憲節即日移駐泉州，可否馳書
> 約王提軍到廈面商，或竟奏，令到廈督造戰艦，必蒙俞允也。此次
> 大船專為攻擊夷船而設，其製與舊時成規不同，工料皆倍。只可暫
> 用一時，不能以為常製，且非道廠文員不諳海洋攻戰者所能承辦。
> 查例，造集字號船樑頭二丈六尺、〔註73〕長八丈二尺，實領例價銀
> 五千八百餘兩……此等巨料，皆道廠所無，松、杉等木，猶可購自
> 上游諸府，番木大桅，則惟廈門有之。此等番木大桅，皆價數千，
> 今商船稀少，此物較賤，若得千數百金或二千金，似亦可購。誠能
> 奏請在廈，專造數隻，準集字號工價倍給，專工製造，當可有成也。
> 至臺灣水師，惟有同安梭及白底艍二項，更無出大同安梭以上者。
> 緣海外往內地購料，轉運維艱，往返稽時，累月經年，必致悮事。
> 是以向來，臺廠向無造過此號大船，此次若由內地製造，所有例價
> 不敷之銀，應由臺灣道、府、廳、縣公捐津貼，由司先發，在臺餉
> 內扣撥，在臺捐還，以濟要工，而重軍需，瑩為夷務緊要起見，是
> 否有當，除備公牘外，先此馳聞。〔註74〕

依據相關官員的認知，興建巨船的木料，臺灣地區並無生產，如果從他處載運木料來臺，耗工費時，緩不濟急。另一方面，也必需考慮到工匠是否能夠製造此類戰船的問題。在此情況之下，即委由他處興建。

　　此後，鴉片戰爭一役，清廷遭逢挫敗，無論戰船的噸位及安置砲座的多

六，〈工部七五，船政〉，頁757；趙爾巽，《清史稿》，卷一百三十五，〈志一百十・兵六・水師〉，頁3987。

〔註73〕樑頭：廈門船隻的樑頭寬度一般指通過船身中間一處稱為「含檀」的地方，至左、右兩舷兩皺內側的橫樑寬度，並不含兩舷及舷上「水溝」的寬度。通常船隻愈大，樑頭佔船身寬度的比例愈小，反之則愈大。見陳國棟，《東亞海域一千年》（臺北：遠流出版社，2005），頁473。

〔註74〕姚瑩，《中復堂選集》，〈上鄧制府請造戰船狀〉，頁65～66。

寡，清朝最大戰船僅相當於英軍最小軍艦。〔註75〕鴉片戰爭的失敗讓清廷體
認到，帝國的戰船結構與武力遠落後於西方國家，在短時間想要提升造船技
術力有不逮。因此，靖逆將軍奕山（？～1878）於道光二十二年（1842），具
奏，暫停例修師船的製造，將錢節省改購外國軍艦，〔註76〕但西方列強怎會
將現代化戰船賣給清廷。清廷也了解，要向西方列強購買新式戰艦確有困難，
因而打消此念頭，繼續製造中式戰船。惟鴉片戰爭期間，沿海各地水師官弁
忙於作戰，造成船隻、人員損失慘重，短時間內難以復原。乃至戰爭結束之
後，各個船廠積壓未修之戰船過多，拖緩了戰船興建計畫，戰船額數不足，
將影響水師的巡洋會哨等任務。〔註77〕為了集中一地製造戰船，以便於管理，
及加強時效性。遂此，閩浙總督劉韻珂（1790～1864）於道光二十五年（1845）
奏請於福建省城附近設置另一造船廠，如此可以加速戰船的製造，另一方面，
可杜絕營員乘機從中敲詐，奏摺載：

> 各廠製造營船因限於例價，工料率多偷減，且須數月之久甫能造成
> 一船，既無以應急，并不能收實用，是以專摺奏請在省城另設一廠，
> 委員專司監造，並請將工料各值，悉照民價覈實給發，以杜延緩苟
> 簡之弊。一面即委文武幹員購料集匠，晝夜併工製造，計自道光二
> 十三年十月興工起，至二十五年正月止，陸續造成福建內地水師各
> 營，大、中、小號同安梭船四十五隻，十四槳快船三十隻，臺灣中、
> 小二號同安梭船十五隻，浙江水師各營，中、小兩號同安梭船三十
> 隻……。〔註78〕

此次由福州廠所興建的戰船，包括閩、浙各地水師營，其中15艘，為臺灣水
師營使用，這些中、小型同安梭船本由臺灣廠興建，現在統一委由福州廠建
造。由此可見，清廷在戰船的製造上已有更動。因為福州廠興建戰船，在木
料的取得較為便利，效率亦高。有鑑於此，兼署閩浙總督福建巡撫徐繼畬（1795
～1873）即建議繼續在此廠興造戰船，其在奏摺上載道：

> 於省城設立專廠趕緊造補，計共造成大、小同安梭船六十隻、槳船

〔註75〕茅海建，《天朝的崩潰——鴉片戰爭再研究》（北京：三聯書局，2005），頁40。
〔註76〕劉錦藻，《清朝續文獻通考》（杭州：浙江古籍出版社，2000），頁9775。
〔註77〕雍正朝至同治朝，清廷在臺灣修造戰船的數量約100艘。參見表1－2～表1
－5。
〔註78〕《宮中檔道光朝奏摺》，第14輯，閩浙總督劉韻珂奏摺，道光二十五年五月
十一日，頁377。

三十隻，分撥各營領回管駕，雖戡計原定船額尚未足數，而各營增
添多船分防梭緝，已有此應彼援之勢，是以數年來閩洋盜匪頗爲斂
跡，刦案亦較前稀少。臺灣、金門、海壇等處，於二十五、六等年
兩次風災，以致新舊師船又損壞多隻，而歷年渡載班兵在洋遭風擊
碎者爲數更屬不少……檄飭藩司遴委妥幹員，弁仍在省城設專廠，
剋日購料集匠，將應造各船、礮，晝夜併工趕辦，其應用銀兩亦飭
司，將前存河工捐輸銀七萬餘兩先行提支應用，並由臣與在省各司、
道輪流赴廠親督稽查，戡實給辦。〔註79〕

顯見，爲了達到興建戰船的功效，委由福州廠興建戰船，本爲一臨時性動議，
但此後，考慮到地點、木料、工匠等因素，清廷即同意在福州廠繼續興建閩、
浙各地的戰船。

洋務運動（1861～1894）之後，同治五年（1866）五月，閩浙總督左宗
棠（1812～1885），奏請設立新式戰船廠，並得旨試行，〔註80〕旋即於八月十
九日至福州馬尾選擇廠址。〔註81〕此後至同治十一年（1872），本由臺灣軍工
戰船廠興造的澎湖左營額設戰船二隻，就已經不再由臺灣廠製造，而是委由
廈門廠〔註82〕製造了。〔註83〕臺灣的軍工戰船廠，從設置後的興建 98 艘戰船，
至光緒八年（1882）僅剩修造 6 艘戰船中可看出，〔註84〕臺灣軍工戰船廠，
已經不再扮演重要的角色了，而是逐漸走向沒落之中。至此，代表著有兩百
多年的軍工戰船廠即將走入歷史。

福州船政局成立之後，雖然清政府沒有明令要廢除舊有的軍工廠制度，
也並沒有立即裁廢臺灣軍工戰船廠，但臺灣軍工戰船廠的運作已成停滯狀

〔註79〕《宮中檔道光朝奏摺》，第 19、20 輯，兼署閩浙總督福建巡撫徐繼畬奏摺，
　　　　道光二十七年七月十二日，頁 683 上～685 下。
〔註80〕〈沈葆楨傳〉，收於《清史列傳》（北京：中華書局，1987），卷 53，頁 37。
〔註81〕林慶元，《福建船政局史稿》（福州：福建人民出版社，1999），頁 32。
〔註82〕廈門軍工戰船廠，即泉州軍工戰船廠。雍正七年，爲分修福州軍工戰船廠戰
　　　　船，遂於泉州設置泉廠興建戰船，由興泉永道負責廠務，泉廠則位於泉州市。
　　　　但因興泉永道台衙門於雍正五年即移往廈門，因此來往廈門、泉州之間修造
　　　　戰船不便，遂於乾隆元年，於廈門設軍工戰船廠製造泉廠所配置的戰船額數。
　　　　臺灣軍工戰船廠所需的龍骨及桅杆等相關木料，因產自於福建，因此臺廠時
　　　　常委由泉廠（廈廠）幫忙購買，再運往臺灣。臺、廈兩廠在戰船的製造有合
　　　　作關係。見第一章。
〔註83〕林豪，《澎湖廳志稿》（臺北：臺灣省文獻委員會，1998），頁 232。
〔註84〕趙爾巽，《清史稿》，卷一百三十五，〈志一百十・兵六・水師〉，頁 3994。

態，不再興建新的戰船，所有的水師戰船已由福州船政局來負責統合督造。

小　結

　　臺灣軍工戰船廠曾經是福建各戰船廠中，製造戰船數量最多的船廠。從雍正三年（1725）起，興建戰船的額數越來越多。雖然在臺灣興建戰船遇到的問題，比起福建其他船廠要來的多，但清廷卻沒有因此就停止在臺灣興建戰船。然而在臺灣興建戰船所遇到的問題一直無法解決，以至於清廷不得不放棄於臺灣的戰船興建。

　　清代軍工戰船制度的制定，在初期雖然未竟齊全，但經過不斷的修正，已漸有改善，但未改善部分，清廷亦沒有積極處理，日積月累之下，自然問題叢生。相關的問題方面，在制度上，清廷不斷的修改軍工制度以維繫戰船修造得以進行，但經費的攤派造成地方財政負擔，修造、監督的官員並不是新編制人員，而是由相關官員兼管，這將造成官員負擔加重，當然對軍工制度的維護難免疏漏。然而制度雖然嚴謹，但基層官員不遵從辦理，亦無效果。

　　在木料缺乏方面，理應極早做出應對措施，調查、造林的工作應陸續進行，但卻看不出清廷有任何動作，因此，木料的缺乏可想而知。在港道淤泥方面，清廷一時間當然無法加以解決，但在找尋新船廠上，並不積極，導致戰船未修而積壓嚴重。最終，鴉片戰爭後，才使得戰船修造制度重新檢討，促使了福建船政局的成立。如此一來，臺灣軍工戰船廠已經失去其功能，自然就功成身退。

本章原刊載於《暨南史學》第十二號，2009 年 7 月

第四章　軍工匠的設置

前　言

　　軍工匠，專指製造軍工戰船的工匠。因軍工戰船匠的組成是因為軍工戰船廠的成立而產生。雍正三年（1725）臺灣軍工戰船廠未設立之前，臺灣就已經有戰船的製造，只是當時製造戰船的數量並不多，而朝廷的戰船制度也未完備，所以也就沒有一套很完整的軍工匠制度。

　　清廷本以「馬」定天下，對船的製造及使用並不是十分的熟悉，因此無論在軍工匠方面或者是軍工戰船廠方面的措施，大多承襲前朝。然而，清代的軍工制度分項極多，包括軍器製造、戰船製造、礦務開採及紡織品製造〔註1〕等等。舉凡與軍事用品製造有關的事項、措施，皆可通稱為軍工制度。軍工戰船廠成立後，臺灣需要更多人力建造更多的戰船，因此軍工匠制度也就健全起來。

　　臺灣軍工伐木制度，於光緒四年（1878）就已經結束。〔註2〕這是因為臺灣的戰船已大部分由福州船廠興造，臺灣已經不再興造舊式的戰船，或者是維修戰船的木料已不需要那麼多，因此委由軍工匠首採辦木料的措施也就到此結束。但軍工戰船廠並沒有因此而關廠，因為軍工戰船廠還必須要為負責

〔註1〕　舉凡煤礦、硫磺、鐵礦等皆是軍需用品。

〔註2〕　光緒四年（1878）三月初十日臺北府承工總文中記載：稟查軍工料廠，經已奉停；而料差莊和並無當差，理合簽請電奪施行，從此即無料差。見《淡新檔案選錄行政篇初集》（臺北：臺灣省文獻委員會，1997），光緒四年三月初十日臺北府承工總文，頁26。

巡防的戰船進行修護、保養的工作，所以軍工戰船廠依然持續運作，造船匠仍然留存，只是他們的任務是由修造戰船改變爲修護戰船，建造新的戰船已經完全不由臺灣所承辦了。

第一節　軍工匠制度的源流與建立

一、軍工匠制度的源流

　　軍工匠名稱的由來早在戰國時代就已經出現，在當時，軍工匠是屬於官府中的勞動人員，他們的來源主要有兩種，第一種是由平民身分者所擔任的匠人，第二種則是來自於戰爭的俘虜。〔註3〕這種兩元制度的實施一直延續至元代，蒙人入主中原後，正式將工匠制度改成三元制度，也就是將全國的工匠分成「官匠」、「民匠」及「軍匠」三種〔註4〕，並造冊由官府統籌管理。這三種匠人亦稱之爲「匠戶」，是指必須要在官府的手工業局、院中服役者，並從事營造、紡織、軍器、工藝品等手工業之生產。〔註5〕明代以降，軍工匠制度與元代大致相同，還是有匠籍的設置。

　　清代的軍工制度大抵延襲明代的軍工制度，明代之匠籍人戶隸屬於工部管轄，出丁供役于官府手工業之造作。明代的役匠皆永遠充任，不得改籍，匠人的服役地點及時間也各有不同，有輪班工匠、住坐工匠、存留工匠之分。〔註6〕軍工匠之匠戶在內外營建所用工匠，有住坐〔註7〕、有雇覓〔註8〕。住坐者照例食糧，雇覓者按工給價，俱有定例，〔註9〕這是滿人入關之前最早實

〔註3〕曹煥旭，《中國古代工匠》（臺北：臺灣商務印書館，1999），頁6。

〔註4〕官匠又稱「官局人匠」或「繫官匠戶」，此等匠人皆在官府中工作。民匠則是由一般的平民所組成，政府有公差時再出錢委由民匠施行，他們在工匠中是屬於較爲自由的，並不受到官府的支配。軍匠則是具有軍人身份的匠人，他們隨著軍隊駐紮，平時擔任軍隊的營造工作，戰時也必須隨時出征，軍匠即好比現在的聯勤單位，負責軍需品的製造。

〔註5〕唐嘉弘，《中國古代典章制度大辭典》（鄭州市：中州古籍出版社，1998），頁378。

〔註6〕戴逸、羅明主編，《中國歷史大辭典》清史卷（上海：辭書出版社，1992），頁992。

〔註7〕住坐是指勞役性質的工匠，分配到的官方雇主再給予口糧。

〔註8〕雇覓因是召募而來的，因此僱主必須按例給予工銀。

〔註9〕伊桑阿，《大清會典・康熙朝》（臺北：文海出版社，1993），頁6554。

施的軍工制度。到了順治元年（1644），更規定各監局太監匠役，皆隸屬於工部管轄。順治十一年（1654）交內監局管理，順治十八年（1661），裁撤內監局，各項太監匠役皆除。〔註 10〕到了雍正年間正式廢除匠役制度，所有的軍工匠不再屬於匠籍，而軍工業務的辦理除了由兵勇兼任之外，少部分的業務則委由民間辦理。

　　康熙時期因製造戰船的需要，因此逐漸衍生出一套軍工戰船匠制度，雍正三年（1725）軍工戰船廠成立後，軍工匠的制度才正式確立。但這個制度畢竟是一個單一性質的制度，所以在清代的制度上並沒有詳細的載明。而清代臺灣的軍工匠制度又與福建省內地及其他各省有所不同，他們的任務是專門製造水師戰船，其他的軍工業務除了營房及少部分的燈塔製造外，並沒有其他的軍工業務。清代的軍器〔註 11〕製造都是由該管營員自行建造，每署都設有軍器製造局，但臺灣因孤立海外，清廷爲有效的管制軍器的使用狀況，所以臺灣的軍器供應都是委由福建各地的軍器局來製造。但委由福建內地製造的軍器，要遠隔重洋的運送到臺灣，這使得臺灣在武器的取得上較爲不易，所以軍器局常會將較精良的軍器分配給臺灣兵勇使用，這種情況就受到朝廷的關切。如雍正六年（1728）的上諭中就頒佈

> 駐臺兵丁軍器，誠爲緊要。但此項軍器悉係各營自行製備，是以易於破壞；然將內地精良之器給與臺軍，亦非善策。嗣後換臺兵丁軍器，著該督、撫於公銀內動支製造，務必堅利精良，該督、撫驗看給發。俟兵丁至臺之日，該巡視御史會同該鎮查驗點收。〔註 12〕

至此臺灣的兵器供應，就委由督、撫來負責監督供給。清廷一方面要讓臺灣兵勇有良好的武器使用，一方面又要防範臺灣住民叛亂，因此規定所有供應臺灣軍器製造業務，都由福建省內地各州、縣統籌辦理，臺灣唯一承辦的軍工業務，即爲軍工戰船的製造業務。

　　臺灣軍工戰船廠未設置之前，清廷將臺灣、澎湖水師所轄的九十八隻戰船，由臺灣道、府各修造十八隻，其餘俱派入內地修造，惟未至爛而不堪駕駛者留臺修補。〔註 13〕這也顯示清廷統治臺灣之初，由於政府治臺的心態與政策都趨

〔註 10〕伊桑阿，《大清會典・康熙朝》，頁 6554。
〔註 11〕凡兵器、車輛、戰船、軍服等與軍事相關的配備，皆是屬於軍器。
〔註 12〕余文儀，《續修臺灣府志》（臺北：臺灣省文獻委員會，1993），頁 378。
〔註 13〕黃叔璥，《臺海使槎錄》（臺北：臺灣省文獻委員會，1986），頁 36。

於消極，因此在臺的唯一軍工業務，也未能全部由臺灣官員主導監造。

雍正三年（1725）之前，軍工戰船廠尚未正式成立，因此編制在臺灣的軍工匠並不多，臺灣的軍工戰船製造，還是委由福建內地督造。因此軍工匠制度並不完備，而且也沒有一套完整的制度規定。等到軍工戰船廠成立之後，軍工匠的制度也就緊接著確立起來。但由於臺灣的地理位置特殊，所以軍工匠制度與福建內地有些許的不同。這些不同處將在下面章節陸續說明。

二、軍工匠制度的建立

臺灣的軍工匠主要是以修造水師戰船為業務，但清初大部分的戰船督造還是委由福建省負責，臺灣只分配製造少量的戰船，所以在此時臺灣的軍工匠制度是未臻完備，也未成定例的。等到軍工戰船廠於雍正三年（1725）設置後，臺灣鎮、道所轄的臺灣水師及澎湖水師之 96 艘戰船都必須由臺灣自行興建，因此就必須要有一個完整的制度來規範這些戰船的製造，所以臺灣的軍工匠制度才因而建立。但因軍工匠制度在整個大清國中只是一特定的制度，因此在大清的會典及其他工部、兵部的則例檔案上，並無完整及詳細的記載，所以要了解軍工匠的制度，就只能從一些官府文書的往來中探索。

軍工匠制度建立後，臺灣道即成為制度的執行者，以臺灣道為首的各級官員，乃經常藉口修補船艦需要大型木料，招募地方有力人士充當軍工匠首，再由他們召集漢人進入內山砍木。〔註 14〕這些軍工匠首的由來即是由臺灣道自行點選，所以軍工匠首也就有臺灣道賦予他們的些許權力。正因如此，一些不肖的軍工匠人在採辦軍工木料時，也乘機抽籐吊鹿，私佔及私墾林野，嚴重影響整個環境的生態，以及原住民的生活。本文將清代軍工匠制度，分成督導軍工匠之官員及採辦軍料之規章兩方面來探討。

（一）督導軍工匠之官員

清代的軍工匠管理制度與前代相同，部分軍工匠具有兵勇的身份，但他們所承辦的業務卻是由工部來負責督導，因此在中央的管理單位是由六部中的工部來統籌軍工制度之業務，而並不是由管理兵勇的兵部來督導。而工部的負責船政人員，就委由工部給事中〔註15〕來督導。然而地方的船政執行者，

〔註14〕陳秋坤，《清代臺灣土著地權》（臺北：中央研究院近代史研究所，1994），頁10。

〔註15〕給事中又分吏、戶、禮、兵、刑、工六科掌印給事中，滿、漢各一人。初制，

是由各巡道〔註16〕來負責督辦；各巡道再委由其所轄的各府、州；各府、州再委由其下的各縣、廳；各縣、廳再由其下的各司、科負責。如此層層負責，形成一個軍工匠的管理號令機制。如表4－1所示：

表4－1　督導軍工匠之官員示意表

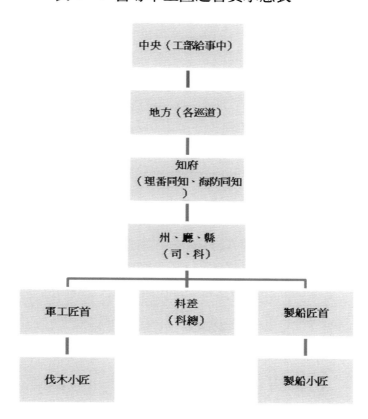

上表是軍工匠管理階層之流程。軍工匠制度的管理在中央雖由工部負責，但工部所督導的事情極多，因此地方的軍工制度大部分都交由工部給事中來負責，而給事中也會時常到地方來督導戰船的製造，並且也有參奏的權利。如雍正九年（1731）巡視臺灣工科掌印給事中奚德慎，就具奏軍工匠陳

滿員四品、漢員七品；康熙二年改滿員七品，六年復爲四品，九年俱定七品，雍正七年陞正五品。光緒三十二年陞正四品。給事中，滿、漢各一人，初制七品，雍正七年陞正五品。參見趙爾巽，《清史稿》職官志二，卷一百十五，頁3306。

〔註16〕清代自乾隆開始專設守道和巡道，道員爲正四品官。見戴逸，《清史》（北京：人民出版社，1989），頁278。

勳等八人進入傀儡番界巡視厚力木〔註17〕後，違反法令在內山侵墾被「生番」
〔註18〕殺害的情形，並參核臺灣道督導不周。〔註19〕軍工匠人經常不遵守朝
廷的規定，私自進入「番界」侵墾圖利，所以才會遭到「生番」的殺害，如
此情況地方官員也必須負起督導不周的責任。

　　地方的軍工匠督導單位是由各巡道負責，〔註20〕各巡道再將權力下放到
各府、州、縣，再由各府、州、縣之木料總科來擔任軍工匠的採辦軍工作，
這些業務一般都是由木料總局的局丁辦理。然而這督導模式到了光緒三十三
年（1907）完全改變，因當時成立了海軍部，於是將隸屬於工部的船政單位
併入海軍部，因此即改由海軍部的船政司來掌管船政業務，而不再由工部來
督導。〔註21〕臺灣因早在光緒二十一年（1895）即割讓給日本，因此臺灣的
軍工匠制度始終都是由工部的給事中負責督導。

　　臺灣軍工匠的業務，絕大部分是屬於營造方面的事務，如營房、燈塔、
官署以及水師戰船之建造，其餘的如軍器、火藥及軍服的製造及等軍工業務，
皆是由內地運給；並委由參將、遊擊等大員解運赴臺，舊壞者再由大員收回
繳省。〔註22〕清廷如此辦理是為防範臺民叛亂，因此除了戰船及營房等建物
外，其餘的火砲、兵器皆由福建省督造。所以臺灣的軍工匠就只有負責木料
的採辦、戰船的興建以及官署、營房的營造事務。

　　這些編制為軍工戰船廠的軍工匠，並不是一般的工匠，而是具有兵勇身份
的軍匠，本來他們只負責建造戰船，但因實際上的需要，因此有時也必須擔任

〔註17〕厚力木應是指厚殼桂，與樟樹同屬樟科其學名為（Cryptocarya chinensis），其
　　　　材質堅硬，適合做為建築、家具、雕刻用材。見劉業經、呂福原、歐辰雄著，
　　　　《臺灣樹木誌》（臺中：國立中興大學農學院出版委員會，1988），頁140。
〔註18〕本文中之文字所引用的「生番」、「熟番」等與「番」有關的字眼，因為配合
　　　　時代背景及歷史語言的需要而引用，並沒有任何不尊敬原住民同胞的意思，
　　　　於此鄭重說明。
〔註19〕《宮中檔》，第78箱，242包，4014號，雍正九年二月二日，巡視臺灣工科
　　　　掌印給事中奚德慎奏摺。
　　　　【按】：清康熙以前，巡視地方官員文官包括藩、臬（布政使及按察使）以下，
　　　　武官包括副將以下，皆沒有提報奏摺的權利。直到雍正八年之後，才准許文
　　　　官知府以上，武官參將以上可以行參奏之權。有關奏摺制度詳見莊吉發，《清
　　　　史論集》（五）（臺北：文史哲出版社，1990），頁29～62。
〔註20〕「道」之下設有軍工科，掌管所有之軍工業務。見周凱，《廈門志》（臺北：
　　　　臺灣省文獻委員會，1993），頁47。
〔註21〕劉錦藻撰，《清朝續文獻通考》（浙江：古籍出版社，2000），頁8836。
〔註22〕丁日健，《治臺必告錄》（臺北：臺灣省文獻委員會，1997），頁164～165。

起海上巡防的任務，這是因為戰船由他們所造，在海上巡防時，這些軍工戰船匠會更加的愛護他們所修造的戰船。如福建浙江總督覺羅滿保即如此的建議，他認為軍工造船工匠也必須擔任起巡防海疆的任務，其在奏摺中說道：

> 水師戰船全賴舵工，欲得好舵工自當開拔千、把之路以鼓舞之，但竟拔舵工無獲留心弓箭，應將舵工與弓箭間拔至兵船皆有額定，若將舵工拔補之把總，另撥船隻駐劄汛地，則兵船不敷巡哨，又每船帶匠四名，查戰船屆期修造始用工匠，平時水兵自能修艙，此項匠人必二名，兵糧方能養活多一匠。即少兵誠恐兵額有缺。〔註23〕

覺羅滿保認為軍工匠雖是小小的兵勇，但是他們的任務卻非常之重要，如果能有晉升管道來提拔他們，相信會讓他們更加的努力工作；另一方面因巡防洋面兵丁的不足，因此在軍工戰船製造之空窗期，製造軍工戰船的工匠也必須擔任起巡防的任務。

（二）採辦軍料之規章

　　臺灣的軍工匠制度與福建內陸之規定是有所不同的，因為臺灣地理位置特殊，戰船所需的木料又不能完全在臺灣取得，大部分的木料都必須派遣料差到福建內地購買。然而，即使採辦臺灣當地的木料，也必須深入「番界」採辦，所以臺灣的採辦軍料規章，才有別於福建內地，並且是更加的煩瑣與複雜。

　　福建內地不管軍工戰船所需的木料，或者是大工營建所需用的木料、油、麻、釘、灰、網紗〔註24〕等項，都是由道、府、州官，派員採辦，並沒有讓民間參與的情形。〔註25〕但唯一不同的是臺灣與漳州兩地。漳州地區依規定是不准直接向民間鋪戶購買料件的，但因漳州地區與臺灣相同，油、麻、釘、灰、網紗等項較不易購得，因此皆委由料差向民間鋪戶採購，而採購的價錢也是依市場價格收購。〔註26〕此種透過召商購料的情形，在順治九年（1652）就已經題准奉行，其內容即明定，各工需用木料，召募商人，自備資本。〔註27〕也就是採辦官員可依實際需要而自行召募商人來採辦軍工木料。這種情況以漳州地

〔註23〕中國第一歷史檔案館編，《雍正朝漢文硃批奏摺彙編》，第5輯，（江蘇：古籍出版社，1986），福建浙江總督覺羅滿保奏摺，雍正三年八月十二日，頁786。
〔註24〕麻為黃麻，釘為木釘，灰為灰砂，這些都是大工營建不可或缺的料件，所以也就成為清廷所管制的物料。
〔註25〕《福建省例》（臺北：臺灣銀行經濟研究室，1964），頁613。
〔註26〕《福建省例》，頁613。
〔註27〕伊桑阿，《大清會典·康熙朝》，頁6576。

區實施最早，爾後臺灣也是依照此種模式採辦軍工木料。

　　雖然漳州地區也可委向鋪戶採購木料，但臺灣地區的木料採辦又與漳州地區有所不同，漳州地區並無規定百姓不准入山採辦木料，而臺灣地區卻規定百姓不能任意私自販賣軍工木料，這是因爲臺灣所需的軍工木料產自臺灣內山，內山又地處「生番」界，清廷爲了避免在採辦木料的同時，與「生番」發生衝突，因此採辦木料的工作皆是委由軍工匠來施行。以臺灣北部爲例，北部所產的樟木，皆產於淡水廳之內山「番」界，軍工匠採辦木料後運往艋舺軍工廠〔註28〕製材存放，這些依例都是由臺灣道委派人員辦運。道光二十三年（1843）臺灣道熊一本復札淡水同知，召充匠首採製軍料，運廠策應，以副戰艦之需。〔註29〕軍工匠首是有合法的採辦權的，但如果非軍工匠人，是不准至內山砍伐軍工木料，如違背此規定者，不但所伐之木料充公，也必須接受嚴厲之處罰。但爲了確認軍工匠首的身份是否屬實，因此各地廳、縣會發給採辦軍工木料的匠首一腰牌〔註30〕（圖4-1），並令官員嚴加管束。〔註31〕發給匠首腰牌是要讓他們便宜行事，另一方面也防止百姓冒充軍工匠首，至內山抽籐吊鹿，甚至於侵墾土地。爲了有效的掌握軍工匠首的人數，在新舊官員交接之際，所有的軍工匠首、通事、土官必繳回舊戳，屯兵腰牌亦歸辦給，一切撫墾事宜，必須重新登記辦理。〔註32〕這也是爲了能夠掌握住軍工匠人的人數，避免在新舊官員交換之際，讓有心人士乘機冒充軍工匠首，行不法之利益。如此做法也顯示出清廷對軍工木料的重視。

　　清廷發給軍工匠腰牌的目的，不只是能讓軍工匠首便宜行事，一方面也是讓他們可以約束軍工小匠，不能做出有違法制的情事，如福建臺北府在發給軍工匠首牌戳時就說道：

> 照得額設某匠首，向係按任頒給牌戳，責令奉公，並令約束小匠，毋許滋事，歷經飭遵在案。茲本府蒞任，除另票吊銷裁缺淡水廳前給戳記外，合行換給。爲此牌，仰某匠首某某，即便遵照，承領牌戳，約束小匠，伺候辦公，毋許窩藏匪類、開場聚賭、並入番界抽

〔註28〕指艋舺軍工料館。
〔註29〕陳培桂，《淡水廳志》（臺北：臺灣銀行經濟研究室，1963），頁188。
〔註30〕清代軍營中通行憑證，木製，因官員人等常繫於腰間，因而得名。見戴逸羅明主編，《中國歷史大辭典》清史卷（上）（上海：辭書出版社，1992），頁534。
〔註31〕《清實錄‧高宗純皇帝實錄》，卷五百五十九，乾隆二十三年三月下乙卯，頁90-2。
〔註32〕《安平縣雜記》（臺北：臺灣銀行經濟研究室，1959），頁40。

藤吊鹿、燒礦、煎栳及一切不法情事。如有不遵約束，許即指名稟
究。仍即查造小匠名冊呈送，核給腰牌，均毋違延。須牌。〔註33〕

清廷發給軍工匠首的腰牌，不但是入山的許可證，也是約束眾小匠行為的一項
憑證，這也代表官方賦予他們的一項權益證明。雖然發給軍工匠首腰牌，但也
不是讓他們隨意的採伐軍工木料而無所節制。軍工匠人砍伐軍工木料的多寡，
是依據軍工戰船廠的需求而施行。每次要修造戰船時，軍工戰船廠會將所需的
木料數量呈報至軍工料館，然後再由軍工料館之料差開立照單，最後才由軍工
匠首率領軍工小匠入山採辦所需的軍工木料。所以軍工匠在採辦軍工木料時，
都必須要有衙門所開立的料木單據，才能至內山採辦軍工木料，如採辦的軍工
木料之數目與開立的單據上之數目不符，或者是被差役抽查時並無單據，也並
無字號，官方有權將這些軍工木料充公。〔註34〕至於私自伐採軍工木料人員，
也會得到應有的懲罰。如咸豐七年（1857）初十日的淡水廳檔案中就記載：

局丁在山蔡頂庄購獲樟栳二十車，欲運往香山港落船查驗，單內並
無印蓋局戳，亦與金和合字樣，審係是私栳，抑是館栳，但以漏抽
購獲，無論館栳、私栳，均應照議充公，以儆效尤，以昭畫一，合
亟據情具稟，併粘落水單繳驗，伏懇。〔註35〕

不管是軍工匠所採辦的軍工木料，或者是百姓私自砍伐的木料，只要查證無
官方開立的照單及戳記（圖4－2），無論是軍工匠人所搬運或者是一般百姓所
搬運，其採辦之木料全數依法充公。

軍工匠首及軍工小匠是清廷派任的軍工料差，所以也是拿朝廷俸祿之
人，但清廷支付給他們的銀兩根本不敷他們採辦所需，其發給軍工匠之伐木
銀每次只有十餘兩。〔註36〕這些微薄的薪資尚不足支付他們的腳費，況且還
必須冒著生命危險到內山採辦軍工木料。但這些軍工匠首們為何願意擔任此
項工作呢？那是因為他們覬覦樟腦之利。如擔任淡水廳的軍工匠首金和合即
稟稱：「伊辦軍工料件，全賴樟栳出息，以補斧鋸之資，所有樟栳出口，官局
抽分，軍以照抽」。〔註37〕可見軍工匠首採辦軍工木料的最大利益是在於販賣
樟腦之利，這也是清廷給予他們的一項福利。但有些不肖的軍工匠人為了貪

〔註33〕《淡新檔案選錄行政篇初集》（臺北：臺灣省文獻委員會，1997），頁35。
〔註34〕《淡新檔案》〈行政篇・建設類〉（臺北：國立臺灣大學圖書館，2001），頁361。
〔註35〕《淡新檔案》〈行政篇・建設類〉，頁358。
〔註36〕黃叔璥，《臺海使槎錄》（臺北：臺灣省文獻委員會，1986），頁108。
〔註37〕《淡新檔案》〈行政篇・建設類〉，頁358。

圖更多的利益，甚至於直接販賣軍工木料來謀取暴利。

軍工木料的採辦是依照軍工戰船廠的需求而伐採，並不是漫無章法的砍伐林木。以淡水廳所屬之軍工匠首為例，淡水分府讓每個軍工匠首，每年額辦樟木料件三十二船，以應艦需。〔註38〕每次採辦軍工木料時間依照舊章，限以三月完半，六月完全。所有該匠，收售樟栳西簾籐，即為斧鋸運費之資。〔註39〕福建巡撫韓克均（1766～1840）也說道，臺灣修造戰船所需樟料，向由淡水、噶瑪蘭兩廳舉充匠首分別採辦，每年僅能採辦一次，每次由臺灣郡城雇船往運，每年之五、六月間會派運料船至軍工料館搬運，九、十月間駛回軍工戰船廠興建戰船。〔註40〕會如此限定在三月至六月採辦完成，是因為七月份起是颱風季節，為了使船隻能順利航行，所以規定六月之前就必須採辦完成。而這些軍工問題的差辦，如油車、鐵舖、鑄戶，則將一切工程包括皮蓑、飯店、開濠、鑿池、埤塘、溝圳、拏獲私儅鐵禍、硝磺、鉛藥等項，都歸各縣、廳的工房管理。〔註41〕以淡水廳為例，胥役舊設六班兩總，但理番同知又添設二班，曰皁總、曰快總；又添設六總曰副皁總、曰副快總、曰總皁、曰總快、曰木料總、曰鐵匠總，共十四班，每班十人、八人一款，查閱該廳歷任卯簿所設差役名目共八班、四總，均無增減。該員到任後，亦係照舊點名聽差，並未加添名目。其木料總、鐵匠總，係臺灣道修理戰船差役。〔註42〕因此整個軍工木料的採辦，就由這些官員負責督促。

雖然清廷制定了軍工木料的規章，但不管是採辦軍工木料的工匠，或者與施行軍工有關的人員，他們其實都很不願意擔任此項工作的，如曾經擔任臺灣縣令的周鍾瑄即談及，伐採木料的地點距離府城四百多里，路途遙遠，官府給他們的工錢有限，不足以支付他們的生活，如遇到官府追辦，就必需在規定時間內完成。此外，砍伐完成的木料運送，需動用更多的平埔原住民搬運，如遇到戰船的龍骨木料，則須動用五十頭牛載運。〔註43〕由此可見，

〔註38〕 《淡新檔案》（臺北：國立臺灣大學圖書館藏），15201～5號文（微卷），道光十九年（1839）淡水分府文告。

〔註39〕 陳培桂，《淡水廳志》（臺北：臺灣銀行經濟研究室，1963），頁188。

〔註40〕 國立中央研究院歷史語言研究所編，《明清史料》戊編第八本，頁778。兼署閩浙總督福建巡撫韓克均奏摺，道光七年閏五月二十九日。

〔註41〕 《淡新檔案選錄行政篇初集》，頁26。

〔註42〕 《清奏疏選彙》（臺北：臺灣省文獻委員會，1997），道光二十年（1846）六月十八日，黃爵滋奏摺，頁65。

〔註43〕 黃叔璥，《臺海使槎錄》（臺北：臺灣省文獻委員會，1986），頁108～109。

無論是軍工匠人、護衛匠人或者是社丁里民，他們皆不願意來充任軍工業務，
實乃一項吃力不討好的差事。

圖 4－1　軍工匠腰牌

圖 4－2　軍工匠採辦木料戳記

圖4－3 腰牌內容

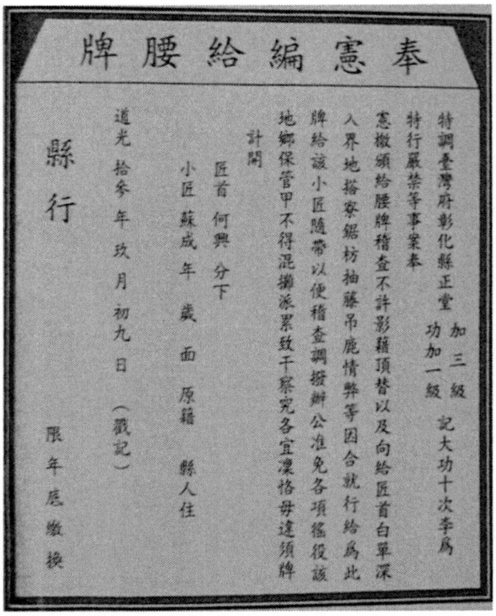

奉憲編給腰牌

特調臺灣府彰化縣正堂加三級 記大功十次李爲

特行嚴禁等事案奉

憲徵頒給腰牌稽查不許影藉頂替以及向給匠首白晝深

入界地搭寮鋸枋抽藤吊鹿情弊等因合就行給爲此

牌給該小匠隨帶以便稽查詢撥辦公准免各項徭役該

地鄉保管甲不得混攜派累致干罪究各宜凜恪毋違須

計開

匠首 何興 分下

小匠蘇成年歲面原籍縣人住

縣行

道光拾肆年玖月初九日（戳記）

限年底繳換

資料來源：圖3－1～圖3－3翻拍於林文龍著，《社寮三百年開發史》（南投：
富順彩色印刷公司，1998），頁84。

第二節　軍工匠的組成

　　軍工匠的組成份子是來自兵勇及百姓兩個部分，負責採購戰船木料的軍
工匠又稱爲「料差」或「料辦」，負責木料的砍伐者稱「匠首」；「匠首」爲徵
召委派，〔註44〕料差由差役中點派。〔註45〕軍工匠首再尋覓軍工伐木小匠，
再由匠首及通事帶領，一同至內山採辦軍工木料。然而入山採辦須經過「生
番」界，因此必須要有人員防衛，而這些防衛人員，也就是所謂的「護衛工
匠」，這些護衛工匠大部分都是由「平埔番」所擔任，而他們也是被壓榨最慘
重的一群。

　　軍工匠的組成大致可分爲四項（表4－2）。一爲採辦軍料的官員（即料差

─────────────

〔註44〕陳培桂，《淡水廳志》（臺北：臺灣省文獻委員會，1993），頁187。

〔註45〕徐宗幹，《斯未信齋文編》（臺北：臺灣銀行經濟研究室，1960），頁74。差役
　　　　爲奔走於公家，執雜役之人員，亦稱「差人」。見徐珂編撰，《清稗類鈔》（北
　　　　京：中華書局，1984），第三十九冊，〈胥吏〉，〈稗八一〉，頁16。

或料辦），二為製造戰船的工匠，三為負責採辦軍工木料的軍工伐木匠（軍工
匠首），四為保護軍工匠安全之護衛工匠。這四者皆可稱為軍工匠，但料差及
造船匠是具備有兵勇的身份，軍工匠首及護衛工匠則是由一般的老百姓擔
任，所以這些軍工匠在身份上是有所區隔的。

表4－2　軍工匠的組成及其職責

　　臺灣軍工匠的組成會如此的繁多，是因為臺灣修造戰艦所需料物，除
福建省、廈門各料，業經分別專派丁書往辦外，其餘應用本地之料木，皆
由各屬匠首、通事源源採製，報運應工，所最要者，惟淡水廳、噶瑪蘭兩
處，軍料最多，經各前道分設匠首，在該處山場設蓁，督率匠夫，按照例
定丈尺，分別採製，拖出海口料埕，稟候撥船運往軍工戰船廠。〔註46〕也
因為採辦木料程序的煩雜及困難，因此臺灣的軍工匠之組成，也比福建內
地要來得複雜。

一、料　差

　　料差為採辦軍料的兵勇，他的職責是專門採辦軍工木料，所以亦稱為「料
辦」。臺灣的料差所負責的業務與福建內地戰船廠的料差有所不同，福建內地

〔註46〕《淡新檔案》〈行政篇・建設類〉（臺北：國立臺灣大學圖書館，2001），頁363。

的料差只有一種職責，他們只負責採購木料，而臺灣的料差可分為兩種，一種是採買的性質，他們的職責是到福建採買軍工戰船料件，這些料差都是由臺灣道、府〔註47〕衙派出之人員，他們到福建等地擔任軍工木料的採買工作，故其工作地點大部分是在福建內地；另一種是傳達政府號令的料差，他們最主要的工作是將軍工戰船廠所需木料的多寡轉達給軍工匠首，讓軍工匠首自行採辦即可，因此不具備採賣木料的身份，這些人則由各廳、縣衙役充當。如《岸裡大社文書》中就記載如下

> 為飭行趕辦以應軍工事，蒙本道縣蔣憲牌。照得廠中本年修造大案，船工雲集，需用含檀、鹿耳等項樟料，孔多備牌行縣飭辦，以副軍工須用等因。蒙此案照先蒙憲諭，業經飭著赴辦，并嚴諭各該通土就近撥番護衛在案。茲蒙前因，合遵照開單押辦，為此票仰料差李長飛往岸裡、水沙連各軍工寮，嚴催匠首曾文琬、鄭成鳳立督小匠速即遵照粘單內開各料星夜趕製，陸續運港交配。仍嚴著岸裡社通事敦仔、沙連社丁首賴蒼萌，務須各照往例撥製，倘敢抗延，許即具稟赴縣以憑嚴究該差督催不力，摯此不貸。〔註48〕

由此可見，臺灣料差的職責與派往福建之料差是有所不同的，臺灣料差亦負責傳遞訊息及督促軍工匠的工作進度。

軍工匠首的委任由臺灣道及負責木料採辦的官員遴選，但實際上臺灣的船政業務是由臺灣海防同知管理，《大清高宗實錄》中記載：「臺灣府海防同知專管船政，請即以海防同知兼管，換給臺灣府海防兼南路理番同知關防」。〔註49〕可見，臺灣軍工採辦人員之遴選，恐是由臺灣海防同知來派任，並不是直接由臺灣道來遴選。但有關軍工匠的遴選及派任過程，在清代的史料上尚未發現有任何記載軍工匠的任用權是由那個單位來統籌辦理，所以在這方面無法明確斷定。但軍工匠採買木料的照單，尚由臺灣道開出，再委由料差至福建內地購買。曾擔任臺灣道的丁日健（同治元年擔任臺灣兵備道）載到：臺灣戰船之軍料採辦，主要以福建內地及臺灣內山為主，至福建採辦軍工料

〔註47〕 軍工道廠修造的戰船即由臺灣道派出料差；軍工府廠修造的戰船即由臺灣知府派出。

〔註48〕 《岸裡大社文書》（三）（臺北：國立臺灣大學圖書館出版），乾隆三十五年彰化縣知縣成履泰文，頁1108。

〔註49〕 《清實錄・高宗純皇帝實錄》，卷七百七十三，乾隆三十一年十一月甲午，頁490-2。

之料差，係由臺灣道具文將領料照單送司，由司核查之後，再由臺廠書辦承領，購備木料，運赴廈門料館存貯，陸續配船勻裝，運赴臺廠修辦，並咨明閩海關將軍轉飭各關口隨時查驗放行。〔註 50〕可見，至福建內地採辦軍工木料之料差，是由臺灣道派出採辦。因此，臺灣道爲地方的主管機關，負責與其他單位聯繫，執行單位再由下屬進行。但至福建採辦木料，有時亦會委託福建當地官員採辦，再利用班兵換班時運送來臺。閩浙總督玉德（？～1808）等人的奏摺中即提到：

> 臺灣僻處外海，向不產木及釘鐵油蔴等項，歷來臺廠造辦戰、哨各船，俱由臺灣道嵩差，赴省購買運回應用，重洋遠隔不惟風浪堪虞，且恐耽誤時日，臣等公同□酌省城南臺地方爲木植聚集之所，其釘鐵、油蔴等項，亦俱從上游延、建而來，似不若委員即于省城代爲成造以期妥速，本年九月即屆四起戍兵換班之期，即可配駕此船過臺，以免內營調撥兵杠之煩，似屬一舉兩得，查有福州府海防同知張采五、臣標中軍副將趙日泌、撫標中軍參將索貴，歷來委辦杠工甚爲熟悉，臣等以飭令該員等分投採買木料及釘鐵油蔴等項，查照大號同安梭商式多僱匠工趕緊成造，一面飛扎臺灣鎮、道選派熟諳杠之員來省監造〔註51〕

由玉德的奏摺中可看出，臺灣派員到福建內地採購軍工木料極爲不便，因此建議可委由福建當地熟悉木料採辦的官員來負責，再由換班之兵船運至臺灣，可收一舉兩利之成效。但是否委由福建當地官員採辦，還是由臺灣道來決定，總督、巡撫並無強制的權利。

　　料差的派任，於臺灣開始修造戰船時，就已經施行，但料差的編制並沒有隨著臺灣停止修造戰船而結束。直至光緒四年（1878）三月十日，在一份臺北府承工總文的文件中才載道軍工廠已無料差。文中載道：「稟查軍工料廠，經已奉停，而料差莊和並無當差，理合簽請電奪施行」。〔註52〕可見在光緒四年之前，軍工木料的採辦工作就已經停止了，所以承辦軍料的料差也就無料可辦，臺北府就無需再有料差之職，也不再有料差的編制了，這顯示出臺灣北部的採辦軍工木料工作，到此已經完全結束。

〔註50〕 丁日健，《治臺必告錄》（臺北：臺灣省文獻委員會，1997），頁 302。
〔註51〕 中央研究院歷史語言研究所編，《明清史料》戊編第八冊，頁 766。
〔註52〕 《淡新檔案選錄行政篇初集》，光緒四年三月十日臺北府承工總文，頁 26。

二、製造戰船匠

製造戰船匠即是在軍工戰船廠修護戰船的軍工匠，製造戰船的工匠除了少部分由內地的船匠擔任外，其大部分皆由兵勇兼任，所以這些造船匠亦具有兵勇身份。他們的工作除了修造戰船外，也必需擔任洋面巡防、安全查核、捕盜等任務。〔註53〕所以製造戰船匠是所有軍工匠之中存留時間最久者，因為木料不再採辦之後，軍工戰船廠尚須擔任修補戰船的任務，再者，臺灣雖不再修造新的戰船，然因巡防臺灣之戰船有修補之需要，所以戰船匠有存在必要。

臺灣軍工戰船製造，本由臺灣道派出軍工匠人在軍工戰船廠興建戰船，但徐宗幹（1796～1866）接任臺灣道之後，建議將部分戰船委由該駛駕營弁來自行督修，惟木料還是由臺灣道支應，在〈請變通船政書（一）〉中就建議：

> 將臺灣鎮督飭水師將備，各歸各營領價承修，勒限報驗。其料物仍
> 由道廠支給，照例價於領項內扣收。臺協各營即在道廠興辦，由營
> 員經理；澎湖、艋舺各營，由該營將官督修，責成該廳據實查報，
> 或由鎮委員驗收，既免駕廠之遲逾，又無領駕之周折。〔註54〕

徐宗幹的建議有其道理，因為按照當時修造戰船的情況，軍工道廠及軍工府廠根本無法按時完成戰船的製造及修補，所以到了戰船修補之時，大量等待修補之戰船皆擱置於軍工戰船廠外的海埔地，任其日曬雨淋，這使得戰船的毀損更為嚴重，遂建議將部分戰船委由各該管營弁自行修護，以化解軍工道廠及軍工府廠無法按時興建之責。

製造戰船匠除了修造戰船及巡防海疆外，他們也必須清點剩餘木料，將製造剩餘的木料轉賣，做為修造戰船的款項。變賣剩餘軍工木料的工作，本委由民間小廠戶販賣，做為軍工匠人之差遣費用，但有一些不肖鋪戶，竟然混以私料販賣圖利，因此臺灣道即下令，嚴禁鋪戶售賣軍工用餘物料，不得雜以私貨，并恩准漁船得以就近隨時修補，應用物料悉向小船戶購買。〔註55〕這種販賣私貨圖利之事，不僅鋪戶如此，連軍工伐木匠、料差以及製造戰船匠皆同。因此早在康熙五十七年（1718）即覆准修造戰船物料，令布政使驗

〔註53〕 李其霖，〈清代前期沿海的水師與戰船〉（南投：國立暨南國際大學歷史學研究所博士論文，2009），頁181～207。

〔註54〕 徐宗幹，《斯未信齋文編》，頁77。

〔註55〕 《臺灣南部碑文集成》（臺北：臺灣省文獻委員會，1994），〈恩憲大人示諭碑記〉，頁435。

視發造。〔註 56〕但臺灣當時並非布政使駐地，因此這項條規對臺灣來講就無約束力。所以圖利之事，如張菼所言：一條船估修的時候，對於用料自然要從寬計算，但在施工的時候，自不免要偷工減料，於是存留的木料愈積愈多，而這些多餘的木料又歸這些軍工匠所有，所以販賣木料所得之利，即成了軍工匠人的「外快」。〔註 57〕也因此種方式有利可圖，遂也成為一項嚴重的弊端。

三、軍工伐木匠

軍工伐木匠即為軍工匠，匠首之下，分正匠及副匠，〔註 58〕他們並不具備兵勇身份，而是一般百姓。但他們採辦軍工木料屬於官修性質，〔註 59〕非軍工廠雇修的工匠謂之「私修」。〔註 60〕匠首由具資本的人擔任，屬包工性質。〔註 61〕清廷發給軍工匠之伐木銀僅十餘兩，尚不足支一日之費。〔註 62〕如乾隆二十年（1755）臺灣道即曾委派「漢人」充當軍工匠首，前往岸裡舊社以及阿里史社近山林區採集樟料。〔註 63〕雖然軍工匠首領取朝廷給予的費用極少，但他們確實擁有樟腦專賣權，同時也和外國人從事交易。〔註 64〕

臺灣軍工匠入山砍木最早可追溯至康熙三十四年（1695）。因為此時福建省的戰船已委由臺灣道督辦，如黃叔璥《臺海使槎錄》所載，康熙三十四年，改歸通省內地州縣，其尚可修者而不堪駕駛者，內地之員辦運工料赴臺興修，迨按糧議派，臺灣府所屬三縣亦分修數船。〔註 65〕由此可見，臺灣既然已分修戰船，自然要採辦軍工木料，而採辦木料又非軍工匠不可，所以康熙三十年應該就是軍工匠採辦及砍伐木料之始。而軍工匠採伐木料的結束之期，應

〔註 56〕托津，《欽定大清會典事例‧嘉慶朝》，卷七百七，頁 2b。

〔註 57〕張菼，《清代臺灣民變史研究》（臺北：臺灣銀行經濟研究室，1970），頁 73。

〔註 58〕《岸裡大社文書》（三）（臺北：國立臺灣大學圖書館，1998），頁 1362。

〔註 59〕軍工匠入山採辦軍工木料，因是由臺灣道遴選派任，所以是屬於官辦民營的官修性質。

〔註 60〕陳盛韶，《問俗錄》（南投：臺灣省文獻委員會，1997），頁 86。

〔註 61〕程士毅，〈北路理番分府的成立與岸裡社的衰微〉（新竹：國立清華大學歷史研究所碩士論文，1994），頁 124。

〔註 62〕黃叔璥，《臺海使槎錄》（臺北：臺灣省文獻委員會，1986），頁 108。

〔註 63〕陳秋坤，《清代臺灣土著地權》（臺北：中央研究院近代史研究所，1994），頁 188。

〔註 64〕陳國棟，〈軍工匠首與清領時期臺灣的伐木問題 1683～1875〉《臺灣的山海經驗》（臺北：遠流出版社，2005），頁 356。

〔註 65〕黃叔璥，《臺海使槎錄》，同治 11 年，頁 36。

在同治十一年（1872），這可從沈葆楨（1820～1879）〈遵議船政萬難停止疏〉中看出，其內容記載：「臺灣曾委員採辦樟木，嗣後洋人踵行，亦於前年停止」。〔註66〕所以軍工匠的採辦軍料應在同治十一年結束。廢除山林之禁，亦是軍工匠制度的結束，則至光緒元年（1875），由沈葆楨將其廢止。〔註67〕故軍工匠的入山採辦軍工木料，從康熙三十四年開始至同治十一年（1872）結束，一共歷經了 177 年。至於軍工匠的人數，因資料的侷限，難以統計，但依據陳國棟的推論，以噶瑪蘭地區來看約有 1,750 人左右。〔註68〕

軍工制度實施一段時間之後難免產生弊端，臺灣道丁日健認爲：「匠首承辦料物，由各船運廠，向來於差役中點派；有應交公費，亦爲廠中工需津貼。如恐其厲民而裁革之，則採伐料物無所責成，或土棍影射滋擾，爲害更甚。然官有餘資，民少困窮，亦利弊參半；而久則有弊無利矣」。〔註69〕這種由官辦民營的方式，不甚妥當，因此官方具有撤換軍工匠首的權利。署淡水廳同知張傳敬，就察看到淡水地區匠首金彬合〔註70〕，在辦理木料工作時不認眞，以致船艦製造必須停業，已另舉金榮昌接充辦理。〔註71〕金彬合被撤換是因爲怠忽職守，不遵官員約束，並勾結奸民私砍樟木、私煎樟腦圖利，所以遭到撤銷軍工匠首資格。由此事件得知，當任軍工匠首一職並非持續永遠，一旦違反規定，將被撤換。

〔註66〕《道咸同光四朝奏議選輯》（臺北：臺灣銀行經濟研究室，1971），頁 35。

〔註67〕陳國棟，〈軍工匠首與清領時期臺灣的伐木問題 1683～1875〉《臺灣的山海經驗》，頁 322。

〔註68〕陳國棟，〈軍工匠首與清領時期臺灣的伐木問題 1683～1875〉《臺灣的山海經驗》，292。

〔註69〕丁日健，《治臺必告錄》（臺北：臺灣省文獻委員會，1997），頁 289～290。

〔註70〕臺灣的軍工匠首名號，有些使用商號名稱去申請，這些使用商號申請的軍工匠首以北部淡水廳地區爲最多，南部地區幾乎無所見，而使用商號申請者如光緒年間淡水廳的金和合、金振源等都是淡水開港後的軍工匠，這「金」字開頭的商號也是臺灣地區慣用的商號命名方式，代表同心合股。參閱卓克華，《清代臺灣行郊研究》（福州：福建人民出版社，2006），頁 34。使用個人名字申請者如康熙年間淡水地區的黃世恭、乾隆年間瑯嶠陳元品、陳君謨、乾隆年間彰化縣的曾文琬等。換言之，從資料上顯示，道光以前的軍工匠首名號，大部分都以個人名義申請，道光以後，則是以「金」字號來命名（咸豐、同治兩朝因內、外部戰亂頻密，戰船的製造遂而停頓，因此在此時間是否有新的軍工匠首申請伐木則有待繼續考證，但在光緒五年即有金和合軍工匠首，這顯示其亦可能是在咸豐、同治兩朝所申請，所以本文暫以道光朝做一分界）。

〔註71〕《淡新檔案》第八冊，頁 363。

四、護衛工匠

　　軍工匠入山採辦軍工木料，必要時需經過「生番」地界，所以要有護衛人員來保護軍工匠之安全，這護衛任務就委由「熟番」擔任，〔註72〕軍工匠首再分給護衛「熟番」口糧，這些「熟番」即所謂的「護衛工匠」（Maiparala Binaju）。〔註73〕護衛軍工的任務，屬於常期性勞役的一種，依據伊能嘉矩（1867～1925）說法，其將平埔番服徭役之情況分類為三種，一為遞送公文；二為遇有官司巡察時，需派牛車搬運行李外，亦須裝運軍工木料，或幫忙興築各種設施等勞役；三為造船出水時擔任牽挽之勞。〔註74〕另依據施添福看法，平埔族實行勞役的情況可分為不定期公差及長期勞役兩大項。不定期公差分為：一、採買鹿、馬與黃牛；二、搭蓋歲考蓬廠；三、隨官巡守地方；四、撥車派番運載木料及火炭；長期性勞役分為：一、遞送公文；二、修護土牛及土牛溝；三、把守隘口；四、護衛軍工。〔註75〕這些不定期的公差及長期性的勞役對平埔族人來講，是一種難以忘懷的夢魘。因為這些勞役不但辛苦，有時候將遭受到生命的威脅，所以平埔族人多視這些勞役為畏途。

　　平埔族人服勞役的年齡，以年滿十四歲者，即有服勞役的責任。《彰化縣志》載：「各社聽差者，謂之「猫踏」，約十二、三歲外，凡未室者充之。立稍長為首，聽通事差撥，夜則環宿公廨，架木左右為床，無帷帳被褥，笑歌跳擲達旦」。〔註76〕由此可見，只要年滿十四歲未有家室之平埔族人，就必須服勞役。在服勞役的人員之中，立年長者為領隊，負責指揮調度，勞役的分派由當地通事差撥。這些林林總總的勞役項目，以護衛工匠最為辛苦，也最危險，因為護衛工匠的工作是保護軍工匠人伐木之安全，所以他們面對的都是內山未被馴化的「生番」。一旦與「生番」發生衝突，平埔族人往往是站在第一線，也是犧牲最多者。因此平埔族人通常不願意擔任起護衛軍工

〔註72〕以阿里史軍工寮為例，其護衛熟番大致以阿里史社、烏牛欄社、岸裡社等當地社番來當護衛工匠之工作。
〔註73〕平埔巴宰族人稱護衛工匠為（Maiparala Binaju），意思為全社人到山上幫工。見潘大和，《臺灣開拓史上的功臣——平埔巴宰族滄桑史》（臺北：南天書局，1998），頁249。
〔註74〕伊能嘉矩，《臺灣文化志》中譯本（臺中：臺灣文獻委員會，1991），頁220。
〔註75〕施添福，〈清代臺灣岸裡地域的族群轉換〉收於潘英海、詹素娟編《平埔研究論文集》（臺北：中央研究院臺灣史研究所籌備處，1995），頁321～331。
〔註76〕周璽，《彰化縣志》（臺北：臺灣省文獻委員會，1993），頁306。

的工作。

　　護衛工匠除了要擔任軍工匠的護衛工作之外，木料的搬運工作亦由他們負責，有時候官府也會召募他們至軍工戰船廠，將製造完成的戰船挽入海中，如《臺海使槎錄》中所述：「郡中造船，出水最艱；所司橃四社番〔註77〕眾牽挽，歲以爲常。聞金一鳴，鼓力並進。事畢，官酬以煙、布、糖、丸」。〔註78〕挽船下水，一般都是由平埔族人擔任，挽船完畢後，官府再發給他們一些日常用品，以答謝他們的辛勞，但這些酬庸和他們所付出的勞力相比，根本微不足道，所以「社番」皆不願擔任護衛軍工的工作。但官方爲求軍工採料的安全，往往會催促當地負責的通事，盡快撥番護衛，以確保軍工匠人之安全，如彰化縣衙門發給岸裡大社通事潘敦仔（敦仔阿打？～1776）的文告中就說到：

　　　　社番護衛軍匠事□工料件，奉憲督辦甚屬緊要，因蔡匠製辦至生番界外易出滋擾，業經歷任嚴飭，各該道、土官輯社番加謹護衛蔡匠在案，茲本縣蒞任開始督飭各匠星夜趕製以資運廠，誠恐各該通土急忽，並不遵照防護貼累軍工合行飭諭，諭到該岸裡社通事敦仔等速即盡留心安撫內山社番，毋許潛出滋事，併撥該社番在于各匠製辦山場蔡廠巡防護衛，毋致頑番肆擾，本縣自加獎賞，倘敢懈弛滋事，定惟該通事等具問慎。速速速此諭。〔註79〕

通事如果沒有派出「社番」進行護衛工作，軍工匠人也就無法至內山採辦木料，如此一來，負責差遣「社番」工作的通事就會受到嚴厲的處罰。這種壓榨平埔族人的情況，早在康熙年間就時有所聞，時任臺灣道的高拱乾下達命令，禁止各級官員唆使「社番」從事非他們份內應做之事。高拱乾認爲，臺灣各衙門差役兵勇路經「番社」，動輒向通事勒令土番撥應牛車，駕駛往來。以致讓這些「社番」，疲於奔命；這將妨害其捕鹿，耽誤他們耕種。所以規定，凡經過各社番官員，不許勒令土番抽撥牛車、擅取竹木，苦累番民。一經訪聞，官則揭報、役則立拿杖斃，斷不姑貸。〔註80〕「社番」負責的差役

〔註77〕　四色番所指的是新港、麻豆、蕭壠、目加溜灣等四社之平埔族社番。

〔註78〕　黃叔璥，《臺海使槎錄》，頁99。

〔註79〕　《岸裡大社文書》（三）（臺北：國立臺灣大學圖書館出版，1998），乾隆33年，頁1053。

〔註80〕　高拱乾，《臺灣府志》（臺北：臺灣省文獻委員會，1993），〈禁苦累土番等弊示〉，頁249。

自有定制，但各級官員到了「番社」，往往對「社番」做出一些不合理的要求，使「社番」的生活受到嚴重的影響。這些規定在相關的碑碣中都有詳細的記載。在〈嚴禁派撥累番碑記〉中就有此規定：「嗣後凡運餉、解糧、換班兵丁及文武大小各官往來一切公務，不許給票撥番滋擾。仍飭所屬番社勒石嚴禁，永定章程；並移廳縣遵照外，除倘有仍前違立，即揭報參究」。〔註81〕另外在〈蒙憲橔免鳳邑里民車運平糶社粟及批免派撥軍工鐵炭碑記〉中也嚴屬規定：

> 軍工鐵炭派累慘苦，無奈倚工胥吳時辦繳，每炭一萬□，納錢八萬。除紳衿、胥役、工匠、管甲、鰥、寡、孤、獨陰免外，可派者十無二、三。歷陳苦情，再赴道憲大老憲拖旬呈請蠲。蒙批：軍工鐵炭，本道稔知積弊，誠恐派累爾民。業照時價發縣轉給炭戶，自買□用，並不派累矣。〔註82〕

雖然高拱乾已下達不准差役「社番」的律令，但這項政令顯然沒有多大的約束作用，因此到了乾隆十八年（1753），即在「漢番」交界地設立石碑，以讓投機者能有所警惕。

　　除了平埔原住民是軍工伐木的主要護衛工匠之外，鳳山縣區域內的軍工伐木，亦找漢、番混血的「土生仔」當入山的導引人員。乾隆二十八年（1763）擔任鳳山縣教諭的朱士玠提造海船的軍需木料，長於生番居住地為多，用「土生仔」導引始可得。〔註83〕這是因為土生仔對於山林樹材的生長地點較為熟悉，故成為了另一種入山採辦木料之軍工匠。

第三節　軍工匠的職責

　　軍工匠的工作可分為採辦軍料與製造戰船及林木砍伐等三項工作，採辦軍料的工作是以購置製造戰船所需的物料為主，而砍伐林木的軍工匠則是到林地進行木料的伐採工作。製造戰船的軍工匠則是以修造戰船為主。

〔註81〕《臺灣南部碑文集成》（臺北：臺灣省文獻委員會，1994），乾隆18年示諭，頁382～383。

〔註82〕《臺灣南部碑文集成》，頁383。

〔註83〕陳國棟，〈軍工匠首與清領時期臺灣的伐木問題1683～1875〉《臺灣的山海經驗》（臺北：遠流出版社，2005），頁351；"Chinese Frontiersmen and Taiwanese Tushengnan in the Local Economy of Taiwan before 1900", pp. 358～375。朱士玠，《小琉球漫誌》（臺北：臺灣銀行經濟研究室，1957），頁74。

一、採辦軍料

（一）福建內地採辦

製造水師戰船的木料來源，其桅杆及龍骨等主要材料大都產自於福建省，所以臺灣道必須派遣營員至福建內地採辦，再運往臺灣軍工戰船廠興造，這是因為臺灣缺乏造船樹種之因。姚瑩〔註84〕（1785～1853）說：「臺地不產松杉，木料購自內地，須遣人至延平、建甯、邵武山中採買。凡八、九丈以上之木，即須十餘丈之材，翦去頭梢，方可合式。此非數十年培養不成」。〔註85〕因木料缺乏，必須派員至福建內地採辦。但事實上，臺灣的林木豐富，松、杉等樹種，臺灣蓄積量不少，清廷並沒有勘查臺灣林野，所以官員並不知道臺灣有許多珍貴的林木。臺灣與福建遠隔重洋，採辦完成的軍工木料無法一次配運至臺，所以臺灣軍工戰船廠即於福建省城及廈門設有軍工料館，以供存放木料之用，並專派丁胥工役，長年採辦。〔註86〕

在福建省採辦的軍工木料，因範圍極廣，因此必須先配運至廈門軍工料館，再委由廈門商船轉運來臺。乾隆九年（1744）規定臺灣道所轄軍工戰船廠採辦戰船木料之社船，就由福州配運赴廈門，再配商船來臺交廠，自九月至十二月止，不限次數。〔註87〕姚瑩認為：

> 採辦軍工木料，至福建上游採料，河運到省，由省雇船在南臺接運出口，海運到廈，再由廈門商船陸續配運，然後到臺廠輾轉已需時日。且每大號商船一隻，僅能配七、八丈以上杉木桅一枝或六、七丈大中吉木三、四支或三丈以上浮溪木數枝。其中較小之樹材，如連轉木、山城板以及釘鐵、油蔴、布疋、金鼓、鍋桶之類，每次配載無多，常以商船數號配運之料，不敷臺廠一船修造之需。〔註88〕

可見由福建採辦木料運往臺灣極其繁複，因此丁日健即建議：

> 臺廠船工，事極繁重，經某等督同水師將備實力查辦，次第修造，期於配緝無誤。而採辦木料，重洋遠隔，風向變化無常，商船稀少；且省料由省運廈至臺，往返動輒經年累月，莫能株待。現因兼工趕

〔註84〕姚瑩於嘉慶24年擔任臺灣知縣，嘉慶25年署臺灣南路海防同知，道光元年任噶瑪蘭通判，道光18年任分巡臺灣兵備道。
〔註85〕姚瑩，《中復堂選集》（臺北：臺灣省文獻委員會，1986），頁178。
〔註86〕姚瑩，《中復堂選集》，頁178～179。
〔註87〕謝金鑾，《續修臺灣縣志》（臺北：臺灣省文獻委員會，1993），頁68。
〔註88〕姚瑩，《中復堂選集》，頁179。

辦，量爲變通：將餘存料物儘數運用，所需雜料僱船渡廈採買，免
再由省轉發，致多周折。其少修不甚費工者，從權撥交營員分辦，
核實驗收。〔註89〕

丁日健的建議似乎可以縮短木料的載運時間，也省去許多的波折勞累。雖然如
此，但臺灣軍工戰船廠的料差，卻比福建內地之料差有利可圖。因爲臺灣軍工
戰船廠的採辦木料制度與福建內地不同。臺灣軍工戰船廠自內地購置之木料，
有松、杉、鐵、油、棕之類，皆由廈門商船配帶交廠，但依例不許民間私售。
廠用有餘，則發商匠領賣，而交價浮於原值。舊船之椗、柁等料，亦有廠戶承
領繳價以津貼工料例價之不敷，如有延欠，同存料並於交案時作抵，這對官方
及百姓皆有利益。〔註90〕但此種採辦之制，即成爲一項嚴重的弊端，如果料差
與造船匠互通有無，即可得利分肥。另外，福康安（？～1796）亦認爲，臺灣
不產大木，故必須要由內地運往。若應修船少，運往木多，該道就可以將這些
木料變售，沒有任何限制，亦可藉機多帶木料，以肥私橐。〔註91〕可見，採辦
木料所衍生的問題不少。

　　在軍工木料的運載方面，向來都委由民間商船運送，但商船的數量至道光
二十八年（1848）十二月間，已日漸稀少，造成戰船製造的延誤，丁日健言：

一船之木料分數船配運，動輒拖延至一年才能載運完成；且由福州
至廈門、由廈門至臺灣，遠隔重洋，又一時無船可配，萬不能依照
期限運到。現今情況不同，必須量爲變通，始可核實修辦。廠存餘
料，歷前任皆造冊列抵交款。如拘守成規以圖自便，每辦一船必領
一船之價、辦一船之料，則存料漸致朽敗，而新料不定何時運齊，
仍致停工積壓如舊。自應選用舊料，另行領價歸補抵項，於船工、
交款兩有裨益。仍將續辦各船，隨時酌量分案請領，並非既請扣存；
尚須再行籌款，報明飭令省書寬爲購運料物，源源接濟。〔註92〕

商船往來減少，間接影響軍工木料的配送，導致無法如期運送至軍工戰船廠，
如此一來，使得軍工戰船廠無法在規定時限內建造戰船。但這畢竟是採辦中
的運送問題而已。另一項因素則爲福建省所產的造船木料，在大量的砍伐之

〔註89〕丁日健，《治臺必告錄》，頁307。
〔註90〕徐宗幹，《斯未信齋文編》（臺北：臺灣銀行經濟研究室，1960），頁73～74。
〔註91〕《清實錄・高宗純皇帝實錄》，卷一千三百九，乾隆五十三年七月癸未，頁646
　　　 －2。
〔註92〕丁日健，《治臺必告錄》，頁302～303。

下，林木的蓄藏量也逐漸的減少，此情況在乾隆初年就呈現。如道光元年（1821），閩浙總督慶保（1759～1833）認為歷年承辦戰船，江、浙等省屢次委員採買，伐木過多，出產缺乏；桅木一時難以得到，各廠停工待料，不能尅期興辦。〔註93〕為了讓戰船順利完造，遂有幫鑲之例。〔註94〕待福州船政局成立後，木料採辦，購自香港、暹羅。〔註95〕此區域的木料尺寸較大，因此可以解決幫鑲問題。

（二）臺灣內山採辦

臺灣軍工戰船廠所需的木料，大者如龍骨、桅木等都由福建省購置運臺，其餘小件木料再至臺灣內山採辦。修造戰艦所需料物，除省廈各料，業經分別專派丁書往辦外，其餘應用本地之料，由各屬匠首、通事源源採製，報運應工，所最要者，惟淡水、噶瑪蘭兩處，軍料最多，經各前道分設匠首，在該處山場設寮，督率匠夫，按照例定丈尺，分別採製，拖出海口料埕，稟侯撥船運往軍工戰船廠。〔註96〕採辦軍料大致是以臺灣內山所產的樟樹為主，另外，火炭、白炭也是軍工匠所需採辦的物資，以貓霧捒司採辦軍工木料為例，他們採辦的軍工木料可分為樟木及火炭兩大項。工作可分為兩個部分，一是以採辦臺灣內山的樟木為主，另一是以採辦福建省內地所產的木料〔註97〕為主。也就是籐麻發廳、縣採買，其鐵釘、桐油由內地採買，其樟木由內山採買。〔註98〕

採辦木料的區域遍及南部、中部、北部近山一帶。〔註99〕軍工匠至臺灣內

〔註93〕周凱，《廈門志》（臺北：臺灣省文獻委員會，1993），頁156。

〔註94〕幫鑲：即是戰船桅杆無法一體成行時的木料拼接。閩、浙二省用桅原有三種，一係杉木統桅，丈尺高大，圍圓徑寸，均與估式相符，不待鑲箍，是為一等。次用幫桅，中間仍係統根杉木，惟圍圓徑寸略小，外用柯梨或杉木幫鑲，束以鐵箍，是為幫桅。姚瑩，《中復堂選集》，頁181～182。戰船桅杆木料以原木為佳，但因木料缺乏，遂用拼接方式，在拼接處再用鐵箍綁緊。幫鑲之桅杆將影響船隻的穩定及耐用性，清代戰船規定，凡遇大、中二號戰船桅木概以二、八幫鑲配用。

〔註95〕《道咸同光四朝朝奏議選輯》（臺北：臺灣銀行經濟研究室，1971），頁35。

〔註96〕《淡新檔案》〈行政篇・建設類〉，頁363。

〔註97〕軍工匠採辦福建省內地所產的木料，主要是以大吉木、中吉木、浮溪木、高洋木、松桿、柯梨木、連栓木等。參見周凱，《廈門志》，頁161～165。

〔註98〕陳盛韶，《問俗錄》，頁86。

〔註99〕有關清代臺灣軍工匠的伐木地點，已有多人論及，惟因資料完整性不足，故僅能就相關資料內容推測伐木地點。參閱陳國棟，《臺灣的山海經驗》，頁335～348。林聖蓉，〈從番界政策看臺中東勢的拓墾與族群互動（1761～1901）〉（臺北：臺灣大學歷史研究所碩士論文，2008），頁57～59。

山採辦木料之時間，是有規制的，以淡水及噶瑪蘭兩廳爲例，這兩廳所屬之軍工匠，每年只能採辦一次木料，時間通常在每年的五、六月，臺灣府城會派運料船至軍工料館搬運軍料，至九、十月間才到軍工戰船廠興建戰船。〔註100〕而每次所採辦的木料數量，根據淡水廳軍工匠首金和合稱「竊合充當道憲匠首，年應製軍料三十二船」。〔註101〕向來在淡水、噶瑪蘭兩地所採辦的木料，皆由舟彭船載運匠料，往南運回時，因潮汐的關係所以時常紆遲，往北載運時也常遇到颱風。而嘉義、彰化一帶，時有劫奪孤客之危，恐舟行之苦，反甚於陸。〔註102〕這些軍工木料的載運，由臺防分府之配運總料，承辦船務。〔註103〕自道光五年（1825）起，製造戰船每年所需的款項必須於當年付清。其餘或煮腦或造屋，一聽民便。雖哨船、海船未及修造，而港澳所經，現有垵邊、闊頭諸小船，其取資於本地樟木者，已自不少。〔註104〕

　　委由軍工匠入山採辦制度，常與「生、熟番」發生不必要的衝突，因此雍正十年（1732），巡臺御史覺羅栢修等奏稱：「臺灣修造戰船，例係匠役糾夥深入番社採取木植，易生事端；嗣後請令番民自行採運，即在內地成造」。雍正也認爲：「番社產木既多，若番民赴官售賣，按數給與價值，使之獲利，又無擾騷，他們自然會樂意遵從。但不預先妥議規條，又恐通事人等從中作姦，更滋弊竇。因此著該管督、撫悉心定議，妥善辦理」。〔註105〕清廷爲貼補軍工匠入山採辦木料以補腳費不足，而讓軍工匠享有此項優厚利益，因此百姓無不將這份差事視爲一項肥差。

二、製造戰船

　　臺灣製造水師戰船的軍工匠，向來都是由水師營兵兼任，大部分的軍工造船匠皆來自福建省，他們平時擔任製造戰船的工作，以及洋面巡防。所以任務比起其他的軍工匠要來得繁雜，但因他們的職責是製造水師戰船，一旦戰船製造的不堅固，就會危及海防，所以閩浙總督覺羅滿保就建議，讓這些

〔註100〕中央研究院歷史語言研究所編，《明清史料》戊編第八本，頁778。
〔註101〕《淡新檔案》〈行政篇・建設類〉，頁361。
〔註102〕陳淑均，《噶瑪蘭廳志》（臺北：臺灣省文獻委員會，1993），頁155。
〔註103〕《安平縣雜記》，頁37。
〔註104〕陳淑均，《噶瑪蘭廳志》，頁214。
〔註105〕《清實錄・世宗憲皇帝實錄》，卷一百三十四，雍正十一年八月丁丑，頁731－1。

製造戰船的舵工能有好的升遷制度，這樣一來他們便會認真的修造及駕駛戰船，其在奏摺中說道：

> 水師戰船全賴舵工，欲得好舵工自當開拔千、把之路以鼓舞之，但竟拔舵工無獲留心弓箭，應將舵工與弓箭間拔至兵船皆有額定，若將舵工拔補之把總，另撥船隻駐劄汛地，則兵船不敷巡哨，又每船帶匠四名，查戰船屆期修造始用工匠，平時水兵自能修艙。〔註106〕

此種升遷管道，不但能讓船匠能悉心修造，也可藉此鼓舞他們得士氣。

軍工造船匠除了修造戰船之外，他們也負責販賣修船後所存留之舊料，及買入修造戰船之蔴、布、籐等物，而這些都由營員委向鋪戶買賣。如果買賣之物不是軍工廠所需之物料，鋪戶是不能隨意販賣私料圖利，如陳盛韶云：『非軍工廠籐謂私籐，不敢賣。有小廠戶曰：奉憲發賣餘鐵也。非軍工廠鐵謂禁鐵，不敢用。有軍工匠首曰：奉憲採料也。非軍工廠採買之木謂「偷透」』。〔註107〕但此種販賣舊料之規制，久而久之就成為弊端之所在。丁日健就認為臺地船工，道、府有餘項，價寬則易完；舟師有口糧，物用則不腐。是以一船得一船之實用也。查船廠所需料物，有購自內地者：若松杉、若鐵、若油、若棕之類，皆由廈口商船配帶交廠，例不許民間私售。廠用有餘，則發商匠領賣，而交價浮於原值；舊船椗、柁等料，亦有廠戶承領繳價，以津貼工料例價之不敷。如有延欠，同存料並於交案作抵。此官私之皆有利益也。乃日久而利之所在，弊即生焉。〔註108〕雖然此種販賣之行為，官私皆有利可圖，但營員通常會利用官方之名來壓榨鋪戶，換言之，料物之餘存者益多，則以發匠領賣為利；鋪匠之積欠者益多，則以移交折抵為便。領售多而完繳愈多，流抵多而存款愈少，所墊者皆寄存之要款。完繳愈少而比追無著，不能不問及保人；追保人，不能不累及鋪民；鋪民視為畏途，而接充者無人矣。〔註109〕

但有的鋪戶在領完軍工木料變賣之後，卻沒有將料款交付給道廠營員，而多半逃亡無著，既無從比追舊欠，又未能發變新料，以資津貼；祇有將府、廳各屬向例所有公費，捵攤應用。〔註110〕在此種弊端不斷的發生之下，道廠

〔註106〕中國第一歷史檔案館編，《雍正朝漢文硃批奏摺彙編》，第5輯，（江蘇：古籍出版社，1986），雍正三年八月十二日，福建浙江總督覺羅滿保奏摺，頁786。

〔註107〕陳盛韶，《問俗錄》，頁86。

〔註108〕丁日健，《治臺必告錄》，頁289。

〔註109〕丁日健，《治臺必告錄》，頁290。

〔註110〕丁日健，《治臺必告錄》，頁295。

便無法收回販賣舊料所得之銀，也因此造成了種種的弊端。因此徐宗幹就建議：「已造之船，桅柁皆完，駕未久而棄置者有之；已修之船，帆索悉備，領未久而折賣者有之。即不准其棄置、不許其折賣」。〔註111〕徐宗幹認為與其販賣後，無法收取貨款，還不如不要販賣舊料。

修造戰船匠因任務繁雜，因此在執行任務時就會有許多弊端出現，因此雍正帝就頒佈諭旨，其內容說道：

> 戰船關係緊要，若僅委中軍驗看或彼此瞻徇情面不據實詳覆，致使物料柔桅不能經久，嗣後修造戰船當造成之日，其船廠附近省城者，著在城督、撫、提、鎮及布、按兩司親往驗看，其船廠離省遠者著附近府城之文武大員工同驗看，務令修造堅固儻有不能堅固及浮冒侵蝕等弊，即行題參治罪，庶承修之文職有所顧忌不敢草率浮銷，而監工之武弁亦可免借端需索之弊，著該部遵諭速行。〔註112〕

雍正認為，戰船製造既然會產生那麼多弊端，因此在興修戰船時，駐紮當地的封疆大員，必須親自到廠監督，以防止弊端的產生。這樣一來，相關官員自然不敢草率，弊端也就會減少。

小　結

臺灣的軍工伐木地區，因較接近內山，加以內山住民並非大清臣民，故入山採辦木料的危險性提高。因此，軍工匠的組成人員比起浙、閩、粵三地多有不同。臺灣軍工匠的組成較複雜亦特別，除了料差、軍工匠、造船匠以外，多了護衛工匠，護衛即保護入山人員之安全，免於遭到殺害。

軍工制度成立之初，各種規定尚不明確，因此各種缺失的發生難以避免。如負責督造戰船人員即由各地知縣，轉為同知、知府，甚至臺灣道。但這些地方官員因平時事情已經繁重，遂無法分身妥善管理軍工業務，而交由更下層官員負責。監督的武將人員亦是如此，通常階級高者，直接監督的可能性不高。乃至各種原因的發生，延誤了軍工造船時限。因此臺灣所轄的戰船數量，往往無法滿編。

軍工匠的組成既然複雜，故衍生出的問題相對較多。界外伐木引發的漢

〔註111〕徐宗幹，《斯未信齋文編》，頁75。
〔註112〕《世宗憲皇帝聖訓》（臺北：臺灣商務印書館，1993），收於《景印文淵閣四庫全書》，第412本，史部一六九，卷十一，頁412～172。

番衝突問題、護衛工匠被壓榨問題、戰船額數不足問題、林木不足問題、官員的怠忽問題等等，在在考驗中央和地方間的互動與溝通，成功與否即影響戰船業務是否得以開展。

在軍工伐木方面，依照時間遠近，由南而北，由西向內山移動。亦即是，康熙年間主要伐木地點為現今嘉義以南，雍正以後已進入中部山區，業已轉入大甲溪東岸的山麓，現在東勢一帶。乾隆以後，隨著臺灣北部的發展，軍工伐木亦開始進入臺灣北部地區，嘉慶以後，因宜蘭地區的開墾，故砍伐林木的區域也轉至東北部地區。

軍工匠與軍工伐木所留下之相關資料，本來就不多，故在研究的探討上往往欠缺更有力的資料佐證。只能根據現有資料，不斷的拼湊再解讀，使軍工伐木議題的輪廓得以明確。然而，這方面的研究還是必須進行田野考察，收集相關的地方文書則是較有可能再突破此議題的機會。

第五章 採辦軍料與「社番」的關係

前　言

　　清代統治臺灣之初，因臺灣內山「番人」尚未完全歸化，因此清廷即規定臺灣內山禁止百姓進入開墾，所以臺灣內山一直被視爲禁區，一般百姓是不准進入內山墾拓的。這個情況在清雍正三年（1725）之後，因清廷在臺灣設置軍工戰船廠，使得戰船廠所需的木料增多，如此一來砍木燒炭之事必定會更加嚴重。因此向來是鳥獸賴以滋生的近山林區，在軍工匠人大批墾佃砍伐木料燒墾製炭之後，業已變成難以棲息滋生的地塊。〔註1〕軍工戰船廠所需要的木料來源，有購自福建內地者，如松、杉、若鐵、若油、若棕之類；〔註2〕另外就是以臺灣內山所產之樟樹〔註3〕及厚力木〔註4〕爲主要，這些木料都是製造戰船不可或缺的材料，如《淡水廳志》記載：「樟有赤樟、粉樟，內山最盛。軍工需採，

〔註1〕 陳秋坤，《清代臺灣土著地權》（臺北：中央研究院近代史研究所，1994），頁183。

〔註2〕 徐宗幹，《斯未信齋文編》（臺北：臺灣銀行經濟研究室，1960），頁73。

〔註3〕 樟樹，學名爲（Cinnamoum camphora），是常綠喬木，分佈於臺灣北部海拔1200公尺，南部1800公尺以下之山地及平地。樟樹依製腦收率上之不同，在臺灣又可分爲本樟、油樟、芳樟及陰陽樟。此外依葉背白色臘粉較多及葉面波動較顯著者，又有栳樟、鳥樟、山鳥樟之分，這幾種原產於臺灣恆春半島、臺東及花蓮等處，這些樹種除了可以提煉樟腦及樟腦油之外，其樹幹可做建築材料、家具及船艦之用。見劉業經、呂福原、歐辰雄著，《臺灣樹木誌》（臺中：國立中興大學農學院出版委員會，1988），頁133～135。

〔註4〕 指厚殼桂，與漳樹同屬樟科其學名爲（Cryptocarya chinensis），其材質堅硬，適合做爲建築、家具、雕刻用材。見劉業經、呂福原、歐辰雄著，《臺灣樹木誌》（臺中：國立中興大學農學院出版委員會，1988），頁140。

大者數抱，垂蔭數畝，宜於雕刻。氣甚芬烈，熬其汁爲腦，可入藥品」。〔註5〕樟樹在其材質適合用做建築的情況之下，即成爲製造戰船的重要材料。

臺灣的樟樹林既然都產於臺灣的內山〔註6〕，而臺灣內山又是清廷明定禁止進入之地域。但爲了製造戰船，所以不得不讓這些採辦軍工木料的軍工匠入山砍木，因此軍工匠遂成爲唯一可以進入內山之人。早在雍正三年（1725）以前在臺灣就有修造戰船之情事，但當時所建造戰船的數量有限，所以入山砍木的軍工匠爲數也不多。但在臺灣軍工戰船廠正式成立後，臺灣製造戰船的數量遂急速增加，換言之，製造戰船所需的木料也隨之增多。此時，大量的軍工匠首及軍工小匠開始入山砍木造船。

然而，不肖的百姓爲了貪圖樟腦等林產物之利，即冒充軍工匠人行抽籐吊鹿之事，或者是軍工匠本身因利慾薰心，而私自越界侵墾，造成與「生番」間的衝突，而這些衝突事件在軍工戰船廠設立後更爲加遽。

軍工匠的設置，對於臺灣的內山開墾帶來重大影響，因爲軍工匠是唯一合法可以進入內山之人，他們入山砍木到底對內山事務影響有多大，到現在都很難估算，但軍工匠至少已經侵擾了「生番」的生活、破壞了內山原有的林相以及間接的讓臺灣的麋鹿逐漸消失。我想這些事情與軍工匠的入山砍木是脫不了干係的。

朝廷於雍正七年（1729）議准，臺灣南路、北路一帶山口，「生番」、「熟番」分界勒石，界以外聽「生番」採補。如百姓越界墾地、搭寮、抽籐、吊鹿以及私夾貨物擅出界外者，失察之該管官降一級調用，該上司罰俸一年，若有賄縱情弊，該管官革職，計贓治罪。〔註7〕雖然清廷設置勒石嚴禁百姓入山開墾，但許多百姓爲了貪圖暴利，寧願冒著被處罰之險，進入內山抽籐吊鹿，甚至於偷盜軍工木料。因此官員即要求各地採辦軍工木料的匠首，約束他們的小匠必須以採辦軍料業務爲重，勿私自到界外侵墾營利，來耽誤軍工料物的採辦；另外，也要求各地通事嚴格查緝偷入內山抽籐吊鹿、燒炭及私蓋搭寮之百姓。〔註8〕

〔註5〕陳培桂，《淡水廳志》（臺北：臺灣銀行經濟研究室，1963），頁 320。

〔註6〕臺灣本島皆有樟樹的分佈，但分佈地區尤以臺灣中部山區及北部山區爲最多。

〔註7〕崑崗，《欽定大清會典事例・光緒朝》（北京：中華書局，1991），卷六百二十九，〈兵部八十八〉，雍正七年，頁 1153－1。

〔註8〕《岸裡大社文書》（三）（臺北：國立臺灣大學圖書館出版，1998），乾隆三十三年七月十一日發岸裡社曉諭，頁 1064～1065。

第一節　採辦軍料角色之轉變

一、由互利到剝奪

　　雍正三年（1725）臺灣設置軍工戰船廠，軍工採辦工作至此開始熱絡起來，各級採辦軍工人員，也因軍工的採辦而形成一種互利合作的關係。但軍工匠人大舉進入「番界」後，一部分的軍工匠人或百姓，就開始覬覦「番界」之利，因此乾隆帝就嚴格的要求地方大員，必須悉心的查訪，其言：

> 臺灣地方，從前地廣人稀、土泉豐足，彼處鎮將大員無不創立莊業，召佃開墾以為己業。且有客民侵占番地，彼此競爭，遂投獻武員，因而據為己有者；亦有接受前官已成之產，相習以為固然者。其中來歷，總不分明。市以民番互控之案，絡繹不休。若非徹底清查，嚴行禁絕，終非寧輯番民之道。著該督、撫高山前往，會同巡臺御史等一一清釐，凡歷任武職大員創立產業，查明並無侵占番地與番民，並無爭控之案者，無論係本人子孫及轉售它人，均令照舊管業外，若有侵占民番地界之處，秉公清查，民產歸民、番地規番，不許仍前矇混，以致爭端。此後臺郡大小武員創立莊業、開墾草地之處，永行禁止。倘有託名開墾者，將本官交部嚴加議處，地畝入官；該管官通容隱，並行議處。〔註9〕

臺地入清以來，武職官員以開墾為名，創立莊業時有所聞，然此舉必然引發漢番問題，雖然乾隆下令禁止，但軍工採料軍務的施行，還是難以避免界外侵墾，故民番衝突事件難以根絕。

　　軍工匠採辦木料，本由各廳、縣派出料差與各「番社」通事、社丁協同採辦木料，各通事再撥派護衛工匠來保護這些軍工匠人之安全，但往往這些護衛工匠所做的事情，皆超出他們所應做的範圍，官員常藉各種軍工名義來壓榨這些平埔族人。這可從《岸裡大社文書》文書中看出。如乾隆四十年（1775）縣廳要求「番社」給予二隻麋鹿，岸裡社總通事潘輝光稟報之情形如下：

> 自開軍工以來，上下山場，草木殆盡，野獸稀生，且內有生番往來，外有軍匠採料，麋鹿難以藏身，近地無從吊捕。光喚土目籌劃，令各眾番備運食糧，懇貴役陳雍，奔往淡水山場或可補有活鹿，守捕兼旬敢辭勞瘁茲。叩爺台洪福，幸獲兩隻繳送，伏乞垂憐恩為轉解。

〔註9〕《清實錄·高宗純皇帝實錄》，卷二百十二，乾隆九年三月上戊子，頁726-2。

光令各番再往，哀稱什糧未種春種，稍失其恃，秋收將何所生，勢
得下番輿情稟懇。〔註10〕

「社番」不僅僅擔任護衛工匠及搬運木料的工作，有時候在官員的要求之下，
還要上山捕鹿來孝敬這些官員，但因軍工伐木實施已久，林場已經被破壞殆
盡，臺灣內山麋鹿失去林場資源，自然無法存活，所以麋鹿的產量已是越來
越少，甚至幾乎絕跡。平埔族人為了不違背官員命令，所以只得到較遠處的
淡水山區捕獲二隻麋鹿。另外，官員們如果進入平埔族界內，平埔族人就必
須要竭誠歡迎這些官員，以致於讓這些官員欲取欲求，如《臺海使槎錄》中
之〈番俗六考〉中記載：

新港、加溜灣二社，為一邑孔道。凡奉差至者，將照身一出，練保
人等不知何事，並不知何名，晝則支給酒食，夜則安頓館舍，燃燈
進饌，折勒規例，臨行供應夫車，一人必坐一乘。日撥數起或二、
三十起，欲概行應付，則民力可憐；抗阻，則獲罪非小。〔註11〕

官員們如果進入番界，那就是平埔族人夢魘的開始，但他們又不得不遵從，
所以久而久之就形成慣例了。

但這還只是冰山一角，有些官員對平埔族人的要求，已經超出他們可以忍
受的範圍了，如漳州鎮總兵初有德（生卒年不祥，雍正朝武將）在奏摺中提到：

查得臺灣土番，久入版圖，素沐聖恩，早已懾服心志，相安寧貼，
已非一日。今不意如此兇頑猖獗，不能改悔歸誠者，蓋因承平日久，
地方官恣肆漸生。聞得淡水同知張弘章起蓋衙署，派令土番男婦做
工，逐日勞苦，抑勒不堪。其衙役人等，又將少年番婦有姿色者兜
留夜宿。再聞得該汛兵丁及民社遊巡地方，經過番社，需索土番飯
食。夫文員擅役土番，縱容衙胥不法，汛防兵丁民壯復騷擾番社，
以致番眾懷恨，此激變之所由來也。〔註12〕

平埔族人至官府行勞役，本就有定例，但淡水同知張弘章卻私自徭役平埔族
人做不是他們份內所必須做的事，非但如此，還放縱差役強留「番婦」夜宿，
此種做法實讓平埔族人無法忍受，故引起番族的激變。

〔註10〕 《岸裡大社文書》（三），乾隆四十四年二月二十日，頁1330。
〔註11〕 黃叔璥，《臺海使槎錄》（臺北：臺灣省文獻委員會，1986），頁99。
〔註12〕 《宮中檔雍正朝奏摺》，第20輯（臺北：國立故宮博物院，1979），雍正十年
七月二十日，福建漳州鎮總兵官初有德奏摺，頁337。

　　清廷僱用民人採辦軍工木料，再發給工銀，乍看之下軍工匠及護衛工匠好像都是既得利益者，但實際上則不然，因清廷發給軍工匠之伐木銀官價纔十餘兩，尚不足支一日之費。〔註13〕但為什麼還是會有許多人願意充當伐木匠呢？那是因為上山伐木是一種特權，並且又有樟腦之利，無軍工匠人身份者是不能進入山區的。官方為了補償這些工匠除了給予樟腦專賣之外，通常對他們的私墾行為也不多加要求，只要不耽誤軍工即可。但這些軍工匠人往往食髓知味，因此私墾問題就愈來愈嚴重，甚至走私、販賣軍料，如此一來朝廷便不可不管了。

　　淡水匠首金和合就聲稱：伊辦軍工料件，全賴樟栳出息，才能補斧鋸之資，所有樟栳出口，官局抽分，軍以照抽。〔註14〕再者，軍工廠造船買料，由道、府、縣假手於丁胥，丁胥復藉匠首所得樟腦之利以資貼補，伐木小匠又在匠首之下重重剝削，維生困難。〔註15〕所以軍工伐木所帶來的利益，得利最多者並非伐木小匠和護衛工匠，而是地方官員。

　　這種藉由伐木而販賣樟腦圖利之事，對護衛工匠而言，根本分不到一杯羹，有的只是剝削而已。只要上差有令，「社番」就只能遵從，如果不遵從，連同該管通事都會受到處罰，如《岸裡大社文書》中載：

> 為催運軍工配運事，此仍水理港府，舡往來例應載配料木，前經索
> 請，與憲批務速，行差督趕運，合行單仰，本役星印，協令料差將
> 發官艮催，發岸裡社番車四輛運赴水裡港文館配運，倘該通事匠首
> 等，仍前刻延致干詳究，該差玩延併完不貸。〔註16〕

雖然社番幫忙運送軍工木料屬於差遣之任務，但如遇到緊急事件需要社番出力，地方土、流官在承受不了上方給予的壓力之下，亦會將此壓力轉受給社番，隨即立刻辦理。即如所載，如臨時要使用軍料，就會令值日頭役速往岸裡社，立著通土即撥番車兩輛前往軍工寮，車運火炭壹千斤，限三日內運赴本司衙門應用。〔註17〕另外，如果有官差到「番界」巡查，他們還必須迎合奉承，如擔任過福建巡撫及臺灣道的陳璸就說：

〔註13〕黃叔璥，《臺海使槎錄》（臺北：臺灣省文獻委員會，1986），頁108。
〔註14〕《淡新檔案》（臺北：國立臺灣大學圖書館，2001），〈行政篇‧建設類〉，頁358。
〔註15〕《重修臺灣省通志》（南投：臺灣省文獻委員會，1992），卷四，〈經濟志‧林業篇〉，頁33。
〔註16〕《岸裡大社文書》（三），頁1041。
〔註17〕《岸裡大社文書》（三），頁1047。

北路自府治起，至淡水社止，計程二千餘里，往來俱用牛車。牛車俱出番社供辦，雖沿路設塘，而上下文書皆土番接遞，雨夜不辭，寒暑不避。若遇公差，深溪大澤，使番先下試水，長坡曠野，使番終日引路。番之急公，亦云至矣，而猶不恤饑渴，不念勞苦，強拉車牛，迫勒抬轎，奴僕隸役，鞭箠加之，彼獨非天朝之赤子乎？何為輕賤蹂躪之至，此極也！今於無可奈何之中，略寓休息。凡往來需用牛車，止令照官票答應，每十里給車腳錢二十文，若用番民肩背行李，每名給飯錢五十文，毋許迫勒抬轎。請於經由各要路刊刻木牌曉示，庶番困可以少甦。〔註18〕

由此可見社番永遠都是被壓迫的一群，毫無利益可言。

按軍工匠制度規定，「熟番」擔任軍工護衛工作，工匠再給與口糧，因此「熟番」部落具有保護軍工匠人生命安全的義務，若有軍工匠人被「生番」所殺，擔任護衛工匠的「熟番」需負擔一定的刑責。因此這項護衛軍工的命令，對「熟番」部落來講是一難以忘懷的夢魘。〔註19〕這使得「熟番」部落視護衛工匠之差役為一項畏途，許多部落皆不願擔任此項吃力不討好的工作。因為護衛工匠是屬於較被動的地位，只要有軍工木料載運，他們就必須隨車護送，加上私墾私運的木料極多，護衛工匠在不知情的情況之下，也必須擔任護衛及搬運的工作，但一旦被官方查緝，他們也必須受到處罰。

軍工匠首與採辦木料的料差及製造戰船之軍工匠，他們是軍工匠體系中得利最多的人，因為在修造戰船之前必須先行估算軍料，估料完成之後，再委由料差及軍工匠首去採料，在這之中如果三方人員彼此勾結，就可以在這之中謀取暴利。此外，採辦軍工物料的官員，本與軍工匠首是合作互利的關係，地方官派撥社番裝運牛車，按車發給夫價，通常都由匠首執行。但後來因唯恐匠人等藉機勒索，已經禁止。〔註20〕此後轉由通事、社丁直接派撥。然而，社丁如不盡心辦理，而藉故拖延，則當影響軍工造船時間。因此，有時為了一己之私，而不遵從官員之意者亦有之，如：

據岸裡社匠首鄭成鳳具稟：岸裡社社棍徐振嘉等，唆番茲弊不尊撥番護匠，疏防貽累，飭詞誣罪等情。據此，除批示外，查軍工緊要，

〔註18〕陳璸，《陳清端公文選》（臺北：臺灣銀行經濟研究室，1961），頁15～16。
〔註19〕陳秋坤，《清代臺灣土著地權》，頁189。
〔註20〕伊能嘉矩著，溫吉編譯，《臺灣番政志》（臺北：臺灣文獻委員會，1957），頁109。

該社例應撥番防護，歷俸憲飭併疊次示諭在案，該通土同各社丁，並不寔心遵辦，玩法殊甚，合再嚴飭，爲此單仰岸裡社餉差楊鳳，立即嚴飭該通土敦仔，務須勤押社丁徐振嘉。張善政飛撥壯番親督到寮，毋分晝夜，齊集製料山場巡邏護衛，仍取該通土、社丁徐振嘉。張善政遵辦，不致疏虞甘給……。〔註21〕

軍工護衛的工作是轉由社丁負責，再委派當地「熟番」充任，但社丁往往會唆使社番來拒絕擔任護衛工匠之工作。製造軍工戰船的官員、社丁與軍工匠人，本都是爲清廷辦事，各司其職，但往往部分官員會假藉採伐木料之名義，而乘機剝削軍工匠人及護衛工匠，甚至連負責連絡的通事及土官都會慘遭這些不肖官員之剝奪，而無法幸免。

軍工匠深入內山採料，爲漢人在內山開墾開啓一道合法的便門，不少所謂的匠首，藉口採料，私下招來無牌小匠至內山私自搭蓋草寮，行不法之抽籐吊鹿之情事。〔註22〕其目的無非是爲了林產之利，也因此許多越界圖利之人時常會被「生番」殺害，因此，軍工匠人就會責怪護衛工匠保護不力。然而事實上並非如此，越界侵墾遭到不測才是主因。待朝廷調清楚之後，再還護衛工匠之公道。嘉慶十五年（1810），閩浙總督方維甸（1758～1815）就出示保護「熟番」令：

從前匠首督率小匠進山製料，聽任小匠入山私製雜料，抽籐燒炭，煮鰊釣鹿，挖薯捕魚，匠首明知分肥。小匠入山私製時，遇有被害，匠首即托言，該屯番之護衛不力，藉機訛詐，深爲可嘆。除將勒令屯番護衛之情弊革除外，嗣後匠首再有令小匠違禁謀利，及藉端訛詐，即提拏嚴懲究辦。〔註23〕

雖然朝廷下達保護「熟番」政策，但一旦入山採辦木料，難免有死傷發生，因此，護衛工匠進退兩難，成爲眾矢之的。如乾隆四十四年（1779），匠人蘇慶被殺事件即爲一例：

東勢角地方逼近內山，生番出沒無常。自開軍工以來，採料撥番護衛，或遇戕殺，往往移屍棄社寮，嚇索收埋銀兩，稍拂其欲，控告紛紛，使在社寮辦事不能，眾番立社不安。採料長年不息，護衛終歲無休，

〔註21〕《岸裡大社文書》（三），乾隆三十六年二月十日，頁1140。
〔註22〕陳秋坤，《清代臺灣土著地權》，頁188。
〔註23〕伊能嘉矩著，溫吉編譯，《臺灣番政志》，頁173。

欲耕不能，欲種不得。茲本月十六日散匠蘇慶等入山採料，遵即撥番
同往護衛，誰意，突出生番，匠人蘇慶被殺，並護衛之番阿打歪沙甲
亦被殺，目今眾番嘵嘵，均稱不從護衛，輒加抗撥之咎。茲遵護衛，
且遭慘殺之殃，番之進退，實為狼狽。涙思番愚頑，歸化與民一體，
百般呼喚，番黎累慘何辜，合情稟乞大老爺台前，限一月之中採料護
衛，或限十日，或限半月，如何日入山何日止。憲恩一示，永為章
程。庶番有暇耕之際，匠有採辦之期。如稟。〔註24〕

清廷雖然制定各種措施來避免護衛軍工人員遭到剝奪，但給予的幫助卻極為
有限，乃至護衛人員將此視為畏途。

二、樟腦之利

臺山惟樟腦木最大，古時稱豫章材，村人業樟腦者，起山寮、作土灶，
偵樟樹堅光微臭者，削令成片，先浸漬一宿，拾置釜中，上覆以粗碗，其下
以水火逼之，類人炊黍者，氣騰騰上蒸令透，一晝夜取碗出現，四周凝結如
霜，是為樟腦。〔註25〕中國在十三世紀時就已經有樟腦製造，製造地點以漳
州、韶州為主。〔註26〕臺灣在清代入主後，方有樟腦製造。惟在康熙、雍正
年間，煉製樟腦者不多，如《諸羅縣志》中載「北路樟甚多，但少製煉者」。
〔註27〕乃至乾隆中期，有了很大的變化，如《續修臺灣府志》中載「樟腦、
北路甚多」〔註28〕之語。可見臺灣北部地區，於此期間已開始煉製樟腦。

軍工匠人至內山採辦軍工木料，向來臺灣道只支付軍工匠人少許腳費。
然則，如此微薄之資，難以溫飽。故清廷為了貼補軍工匠腳費之不足，遂准
許軍工匠人製造樟腦來貼補斧鋸之資，這些利潤正是軍工匠首伐木的代價。〔註
29〕但有時人民也要交一定的權利金，在一定期限內，准予砍伐樟樹，有時委
派官員自理，直接與外商議價出售，〔註30〕因此特許軍工匠首得以販賣樟腦。

〔註24〕《岸裡大社文書》（三），頁1513。
〔註25〕吳子光，《臺灣紀事》（臺北：臺灣省文獻委員會，1959），頁13。
〔註26〕林滿紅，《茶、糖、樟腦業與臺灣之社會經濟變遷 1860～1895》（臺北：臺灣
經濟研究室，1978），頁36。
〔註27〕周鍾瑄，《諸羅縣志》（臺北：臺灣省文獻委員會，1993），頁228。
〔註28〕余文儀，《續修臺灣府志》（臺北：臺灣省文獻委員會，1993），頁622。
〔註29〕陳國棟，〈軍工匠首與清領時期臺灣的伐木問題 1683～1875〉《臺灣的山海經
驗》（臺北：遠流出版社，2005），頁331。
〔註30〕葉振輝，《清季臺灣開埠之研究》（臺北：著者自版，1985），頁18～19。

如道光二十三年（1843）臺灣道熊一本（1783～？）寫給淡水同知的信中就說道，召充匠首採製軍料，運廠策應，以副戰艦之需。定照舊章，限以三月完半，六月完全。所有該匠，收售樟栳酉蒹籐，即爲斧鋸運費之資。〔註31〕

也因販售樟腦有利可圖，遂有部分軍工匠，或假冒軍工匠之百姓，假藉軍工伐木之名，越界私墾濫伐，盜賣圖利。清廷了解樟腦之利可觀，爲避免不肖之人乘機買賣，故制定法令予以嚇阻。如淡水匠首金振源盜賣軍料，就受到處罰，其事件原由如下：

> 匠首金振源胆將樟木大料，私賣商船漁利，以致軍料短缺，舟彭船在港俟配無期，殊屬可惡，查淡屬原有出産樟栳、□籐及軍工配到料件，方準該匠首發售，以資斧鋸之費，現在軍工料件尚未配竣，先將樟木大料私利售賣□悞船需大屬不合，除諭飭管口家丁盤驗，督料差查挐外，合飭查辦，爲此諭仰，管口家丁某督飭差，督料差陳山汛，澳甲查驗出口，各厘色商船，如有私向匠首金振源販賣軍工料件儎運，許該家丁差澳等，立將人船先行□留不準放行，一面點明販運何項軍料若干件，馳稟赴轅以憑飭封，將船料一併充公，該家丁差澳等，仍俟該匠首稟報配運，道、府廠軍料完竣後□□察□，均毋故縱致干察究，此諭。〔註32〕

不止軍工匠首會盜賣軍料，一般的百姓也時常如此，據軍工匠首金和合具稟：「萬成號曾兜挾挐盜買私栳之恨，串囑陳緝熙藉端攔截樟栳一百十四箱又七袋在林晏家內，稟請押還」。〔註33〕而噶瑪蘭料館舉人黃贊緒、貢生黃鏘等採買私栳，包載出口；〔註34〕滬尾口舺舨船出海張烏豆潛往中港一帶，串同奸商包買司栳；〔註35〕三貂地方，有奸民吳果能私進山場，朋股設竈；〔註36〕局丁在山蔴頂庄購獲樟栳二十車，欲運往香山港落船查驗，單內並無印蓋局戳，亦與金和合字樣，審係是私栳，抑是館栳，但以漏抽購獲，無論館栳、私栳，均應照議充公，以儆效尤，以昭畫一，合亟據情具稟。〔註37〕此等種

〔註31〕陳培桂，《淡水廳志》（臺北：臺灣銀行經濟研究室，1963），頁188。
〔註32〕《淡新檔案》（臺北：國立臺灣大學圖書館藏），15201～4號文（微卷）。
〔註33〕《淡新檔案》，〈行政篇・建設類〉，頁362。
〔註34〕《淡新檔案》，〈行政篇・建設類〉，頁364。
〔註35〕《淡新檔案》，〈行政篇・建設類〉，頁365。
〔註36〕《淡新檔案》，〈行政篇・建設類〉，頁366。
〔註37〕《淡新檔案》，〈行政篇・建設類〉，咸豐七年（1857）四月初四日，頁358。

種盜賣軍工木料事件，無非都是為了樟腦之利。

由於樟腦的販賣都必須經手於軍工料館，因此軍工料館就成為了樟腦的買賣場所，雖然軍工料館是軍工戰船廠的直屬單位，但軍工料館的經營則歸軍工匠管理，所以軍工匠即成為了樟腦之利的最大受惠者，因此許多的軍工匠首，都想設置軍工料館（如杜長春、林泳春）。就連光緒年間都還有人想到內山設局採辦，但臺灣道劉璈以正值籌防，兵勇不能專顧後山。一旦招工入山砍伐，各社生番豈肯束手坐視？如釀成戰鬥，將不可收拾，即使多雇工匠壯丁，力足與敵，但劉璈持反對態度。〔註 38〕究其原因，主要是當時因面臨外患侵略，清廷無暇再管理內山之事，所以並沒有答應於內山設局。

同治二年（1863），臺灣道陳懋烈〔註 39〕將軍工料館改為「腦館」，並在新竹後壠、大甲等處設立「小館」，由道庫出資收購，對樟腦實行統購統銷制度，後因外商不滿腦館售價較私腦為高，仍私向民間索購，英人竟且以武力干涉，企圖廢止當時的樟腦制度。〔註 40〕到了同治五年（1866）英國駐安平領事，提議廢除樟腦統購統銷制度，當時臺灣道吳大廷沒有依其議，反而飭令腦館禁止販賣樟腦給英、美、德國等商人。同治七年（1868）打狗英商怡記洋行（Elles & CO.）行東畢麒麟（Pickering）在梧棲港私開洋棧，私運樟腦六千圓，但被鹿港同知截留，英駐安平領事吉必勳（John Gibson）併同教案及英商受辱事為藉口，自香港調集軍艦至安平向清廷示威，此即為的樟腦糾紛〔註 41〕（Contest of Camphor），最後清廷被迫與英人簽署樟腦條約（Camphor Regulation）。〔註 42〕此後，外商就可以自由的採購樟腦。

光緒二年（1876），船政大臣沈葆楨（1820～1879）建議，將煤礦、硫磺、樟腦收歸管理，以獲取利益。〔註 43〕但此建議沒有得到清廷的支持。光緒十

〔註38〕 劉璈，《巡臺退思錄》（臺北：臺灣省文獻委員會，1997），光緒十年三月十六，詳彰、新兩縣大湖單藍等莊民番互殺調營會辦由，頁 202。

〔註39〕 《臺灣林業史》中稱同治二年臺灣道為陳方伯，此為錯誤，當時臺灣道應是陳懋烈。

〔註40〕 王國瑞，《臺灣林業史》，第一輯（臺北：金氏圖書有限公司，1981），頁 18。

〔註41〕 有關樟腦糾紛問題，請參見廖漢臣，〈樟腦糾紛事件的真相〉《臺灣文獻》，第十七卷，第三期（南投：臺灣省文獻委員會，1966），頁 86～106。陳德智，〈羈縻與條約：以臺灣樟腦糾紛為例（1867～1870）〉（臺北：臺灣師範大學歷史系碩士論文，2007）。

〔註42〕 《重修臺灣省通志》（南投：臺灣省文獻委員會，1992），卷四，〈經濟志‧林業篇〉，頁 70。

〔註43〕 《道咸同光四朝奏議選輯》（臺北：臺灣銀行經濟研究室，1971），頁 82。

三年（1887），劉銘傳（1836～1896）為維護製腦事業，遂奏請將臺灣的樟腦及硫磺設為專賣。其在奏摺中說道：

> 樟腦一項，近來日本出產甚多，香港腦價日落，若歸官辦，每石可獲利二、三元。臺產每年約可出腦萬石。硫磺一項，臺產最佳。經前江督沈葆楨奏請開禁，採備官需。歷辦舊章，每石成本洋一元，官買每石價洋三元。每年出產六、七千石。上等硫磺，每年只出千石，均解歸官用。其次積聚三千餘石，官既不用，商禁未開，不能出口，日久愈積愈多，不獨經費虛糜，棄置尤為可惜。且香港年銷日本硫磺至萬餘石，運至江南、天津一帶，民間用之薰灸葵扇、草帽，蒸炊餑餑，製造爆竹，銷路甚多。臺灣磺產甚佳，奸民私煮販運出洋，不一而足。以自採之礦，禁不出口，既聽日本暢銷，又不能禁止奸民私煮，若設法經理，雖獲利無多，於撫番經費不無小補等情前來。臣查臺灣樟腦、硫磺兩項，民間私煮私售，每多械爭滋事。歸官收買出售，給照出口，就目前情形而論，每年可獲利三萬餘元。以後若能產多銷暢，經理得人，日漸推廣，以自有之財，供無窮之用，實於國計民生，兩有裨益。惟硫磺一項，雖經沈葆楨奏請開禁，採歸官用，尚未准商運出洋。應請旨一體開禁，以暢銷路。〔註44〕

這次的樟腦官辦之建議始獲得朝廷支持，所以樟腦之專賣權遂由朝廷收歸。但在樟腦官辦的第三年，也就是光緒十五年（1889），由於樟腦在歐美各地的用途增加，國際市場求過於供，香港的樟腦價格隨而高漲，臺灣南北各口輸出的樟腦，數量激增，臺灣洋商對於領單入內地採購樟腦的舊例，既由此而表現不滿，而樟腦走私漏稅的現象，也隨而發生。〔註45〕因此清廷在樟腦的專賣上，實際上並未獲得那麼多利潤。

三、界外侵墾所引發的漢「番」衝突

　　康熙年間臺灣雖已興建戰船，惟因興建戰船額數有限，故軍工匠到內山採

〔註44〕劉銘傳，〈官辦樟腦硫磺開禁出口片〉，《劉壯肅公奏議》，〈卷八・理財略〉（南投：臺灣省文獻委員會，1997），頁369。

〔註45〕China Imperial Maritime Customas：Tamsui Trade Report for the year 1889,pp.307～310；Takow Trade Report for the year 1889,pp.326～329.Commercial Relatipons （of the United States），Vo1. 1888～1889,PP.320～322.轉引自黃嘉謨，《美國與臺灣》（臺北：中央研究院近代史研究所，1979），頁376。

辦木料亦不多，換言之，軍工匠人員少，想矇混成軍工匠入山之民人自然不多，遂與「生番」發生衝突之事並不多見。然而，雍正三年（1725）軍工戰船廠設置以來，委由臺灣督造的戰船數倍於康熙時期，因此，臺灣所需的木料自然就增多，軍工匠與軍工小匠等與採料有關之人員即有利可圖。如此一來，亦讓想矇混進入內山之民人有機可乘。在入山人員逐漸增多之下，與「生番」的接觸自然不可少，遂引發漢「番」衝突事件與日俱增。以東勢角為例，乾隆三十二年（1767）設置東勢角軍工寮後，雖禁止一般百姓進入，但藉軍工名義查不勝查，往石岡、新社、東勢的漢民愈多，一旦發生不測，則將責任推給社丁之防衛不力。〔註46〕可見百姓大量湧入之後，負責防衛的社丁再也難以兼顧，遂被冠上保護不力之責，實與違規侵墾過多而人員不足也。

　　清廷為了嚇阻民人侵入番界，減少與「生番」之衝突，因而嚴禁百姓進入「生番」界進行開墾，並在漢番交界處，立碑示警。福建巡撫毛文銓（活曜於康熙朝晚期雍正朝初年）所奏：

> 凡係生番殺害人民之案十有九懸，緝拿究抵甚屬寥寥，然推原生番殺害人民而被殺者，悉由自取，夫生番一種向不出外，皆潛處於伊界之中耕耘度活，內地人民不知利害或因開墾而佔其空地開山，或因砍木而擾其藤梢竹木，生番見之，未有不即行殺害釀成大案者，為今之計惟有清其域限，嚴禁諸色人等，總不許輒入生番界內，方得無事，歷任督、撫諸臣亦無不頻加禁飭，總難盡絕，今臣已檄行道、府移會營員，務令逐一查明，在於逼近生番交界之間各立大碑，杜其擅入……。〔註47〕

毛文銓認為，大部分的「生番」殺百姓之案，都是由百姓私自進入「番界」，才會遭致殺身之禍，因為「生番」極少離開自己場域而進入漢人地界的，唯有百姓進入「番界」才會慘遭殺害，而這些被殺害的百姓，那是他們不恪遵法令，因而遇害。鳳山縣民邱子剛被「番」殺害之事亦是如此：

> 臺郡鳳山縣民邱子剛等，因越界築壩、引水灌田，俱被生番戕害。查向來內地民人，或侵入番境，致被殘害，生番罕有無故逸入內地，戕害民人者。是欲保全內地民人，惟有嚴越界之禁。今邱子剛等被害，

〔註46〕 溫振華，《大茅埔開發史》（臺中：臺中縣立文化中心，1999），頁25。

〔註47〕 《宮中檔雍正朝奏摺》，第5輯（臺北：國立故宮博物院，1978），雍正三年十一月十九日，福建巡撫毛文銓奏摺，頁390～391。

皆緣不遵禁令，釁由自致。見惟嚴飭通事、土目，曉以利害，諭以國
法，俾知畏懼，漸令偵緝正兇，毋許輕舉妄動，致生事端。〔註48〕
但即使是領有腰牌之軍工匠，如擅入界外伐木，亦會引來殺戮。巡視臺灣工科
掌印給事中奚德慎（活曜於雍正朝及乾隆朝初年）在奏摺中載：

雍正八年（1730）十二月三十日，鳳山縣知縣熊琴詳稱，本月十八日
有軍工匠陳勳等八人，進入傀儡番界巡視厚力板樹，止有七人回蔡，
陳勳被殺，現在尋屍等緣，到臣查前任督臣曾奏請為謀永久安全之法，
宜分界勒石嚴禁擅出界外，奉旨遵行在案，今臺灣道劉藩長覬視功令，
故違定例，藉採辦軍工船料各色，標發諭單委用通事率同匠夥直出界
外採取木料，而狡猾通事劉琦、匠頭詹福生等利慾薰心，許而不與，
更倚藉公差抽藤吊鹿，行騷擾番界，致番忿恨積成殺械。〔註49〕

清廷雖於番界之處立碑禁入，但無論軍工匠或無照民人確不恪遵法令，擅自進
入侵墾、盜木，故引來殺機。即便官方也經常派差巡守邊界，查緝未領墾單而
私墾之隱漏田園。〔註50〕然而違法之事，時有所聞，防不甚防。

但為了製造水師戰船，故不得不讓軍工匠入山伐木，因此軍工匠即成為唯
一可以進入內山的人員。有些軍工匠或者是冒充軍工匠者之人，常不遵照法令
而任意進入番界抽藤吊鹿，遂與「生番」發生衝突。因此巡臺御史覺羅栢修遂
建議：採辦軍工木料的工作，由「番」民自行採運，即在內地成造。但雍正帝
認為，如果由「番民」赴官售賣，按數給與價值，使之獲利，又無擾騷，那何
樂而不為。〔註51〕然而此項建議也未能執行。

軍工伐木小匠膽敢如此違令，越界行不法之勾當，實與通事及匠首的唆使
有很大的關係。因為軍工匠首已有樟腦之利，無需甘冒此種風險，況且一旦被
朝廷查緝，軍工匠首之名恐有不保。所以越界私墾之人，大部分都是社丁利慾
薰心，勾結奸民行不法之事。有時為了保護其不法利益，他們也會使用障眼法，
串通護衛「社番」來驅趕這些採辦軍工木料之工匠，讓這些軍工匠人誤以為是
「生番」出草殺人，而不敢再回到軍工寮採辦木料。如《岸裡大社文書》中載：

岸裡社記郭宏業素行不軌，于五月初一晚指使通事敦仔，令社丁徐振

〔註48〕《清實錄·高宗純皇帝實錄》，卷二百二十五，乾隆九年九月癸卯，頁 915－2。
〔註49〕《宮中檔》，第 78 箱，242 包，4014 號，雍正九年二月二日，巡視臺灣工科
　　　　掌印給事中奚德慎奏摺。
〔註50〕陳秋坤，《清代臺灣土著地權》，頁 185。
〔註51〕《清實錄·世宗憲皇帝實錄》，卷一百三十四，雍正十一年八月丁丑，頁 731－1。

> 嘉暗撥熟番五十六人各**执**鏢箭裝作生番舉火喊殺，將各小匠驚逐下
> 山，初五晚復放火焚燒朴仔籬**蔡**廠草房五十餘間、軍料百餘件，該社
> 記郭宏業因製料山場與伊現在私墾土牛邊禁地毗連，貪圖佔墾漁利不
> 顧軍工，貽害地方，法難寬縱，除飭差嚴拏外，合並札飭，爲此札仰
> 該署縣立即選差幹役協拏解究，毋違此札。〔註52〕

社丁的如此做法往往只能騙得了一時，騙局總會東窗事發。而清廷對於這種破
壞軍工採辦木料之事，是深惡痛絕的，一般都會迅速派兵丁去抓拏唆使之人。

　　漢「番」的衝突問題大部分都是由漢人所引起的，如之前的毛文銓所說。
於雍正五年（1727）任閩浙總督的高其倬說道：「番人焚殺一節，此事情節中有
數種：一則開墾之民侵入番界及抽籐吊鹿，故爲番人所殺；一則番社俱有通事，
通事刻剝，番人憤怨之極，遂肆殺害，波及鄰住之人；一則社番殺人數次，遂
自恃強梁，頻行此事，殺人取首，誇耀逞雄」。〔註53〕因此「番人」殺害居民之
原因大致如此。而這之中又以侵墾被殺的案件最爲多見，茲將雍正、乾隆時期
的漢「番」衝突事件做一統計，（如表5－1）及（表5－2）。

表5－1 雍正年間臺灣漢「番」衝突案件分佈表

年 月 日	衝 突地 點	案 情 摘 要	出 處
3年2月19日	鳳山縣，羅漢門	羅漢門汛兵林觀等五人受番人攻擊，林觀等兩人被傷斃，後因巡夜兵丁接應，殺死兩名生番。	3年10月16日，巡視臺灣御史禪濟布奏摺。
3年8月4日	諸羅縣，打廉庄	八月初二日，打廉庄民李諒等同往水沙連口潛水道。初四日，李諒等先回至投斷山腳，李諒被生番鏢死，割去頭顱。	3年10月16日，巡視臺灣御史禪濟布奏摺。
3年8月17日	彰化縣，藍張興庄	八月十七日三更時分，生番數十人到藍張興放火，殺死佃丁林愷等八人。	3年10月16日，巡視臺灣御史禪濟布奏摺。
3年10月9日	彰化縣，東勢庄	彰化縣民李化、柯左二人同往東勢山砍木，水里等社生番鏢死李化，割去頭顱，柯左帶傷走脫。	3年12月2日，巡視臺灣御史禪濟布奏摺。

〔註52〕　《岸裡大社文書》（三），乾隆三十五年五月二十五日文，頁1123。
〔註53〕　《雍正硃批奏摺選輯》（臺北：臺灣省文獻委員會，1997），頁141～142。

3 年 10 月 14 日	淡水廳，武勝灣社	淡水廳秀朗社番殺死武勝灣社丁林宋等五人。	3 年 12 月 2 日，巡視臺灣御史禪濟布奏摺。
3 年 10 月 16 日	彰化縣，武洛社	武洛社熟番貓力到山邊砍竹，貓力被生番鏢死，割去頭顱，其子走脫。	3 年 12 月 2 日，巡視臺灣御史禪濟布奏摺。
3 年 10 月 20 日	彰化縣，南勢庄	十月二十日夜間，生番突入貓霧楝南勢庄，鏢死支更庄民林逸等二人。	4 年 9 月 2 日，福建總督高其倬奏摺。
4 年 2 月 18 日	彰化縣，大武郡保新庄	二月十八日夜間，大武郡保新庄練總李雙，佃丁葉陣等十一人被兇番殺死，燒屋三十九間，焚死耕牛十八隻。	4 年 9 月 2 日，福建總督高其倬奏摺。
4 年 3 月 7 日	彰化縣	三月七日夜間，船匠曾謙被野番鏢死。	4 年 9 月 2 日，福建總督高其倬奏摺。
4 年 3 月 20 日	彰化縣，大里善庄	三月二十日夜間，大里善庄民黃賢亮等十一人被水沙連番殺死燒屋八座，焚斃耕牛九十七隻。	4 年 9 月 2 日，福建總督高其倬奏摺。
4 年 4 月 4 日	彰化縣，鎮平庄	鎮民江長九等二人被野番殺死。	4 年 9 月 2 日，福建總督高其倬奏摺。
4 年 4 月 11 日	彰化縣，柴頭井庄	四月十一日夜間，柴頭井庄民賴阿秀被野番殺死，燒屋三十二間，焚斃水牛十八隻。	4 年 9 月 2 日，福建總督高其倬奏摺。
4 年 6 月 17 日	諸羅縣，石榴班庄	六月十七日早，諸羅縣庄民陳登攀等五人前往斗六東埔地方採收芝麻時，被水沙連生番殺死。	4 年 9 月 2 日，福建總督高其倬奏摺。
4 年 8 月 22 日	鳳山縣，新東勢庄	鳳山縣港西里新東勢庄佃民邱連發家傭工人邱雲麟往埔種作，被生番殺死，割去頭顱。	4 年 10 月 22 日，巡視臺灣御史索琳奏摺。
4 年 10 月 2 日	彰化縣，東勢	南日社熟番十一名同往東勢山邊砍木修整番厝，被內山生番五十餘人突出殺死甘仔歇茗鬱等四名，割去頭顱三顆，箭傷二名。	4 年 10 月 22 日，巡視臺灣御史索琳奏摺。
4 年 10 月 8 日	彰化縣，阿蜜里庄	十月初八日初更時分，有生番二十餘名各帶弓箭鏢槍，到彰化縣貓羅社阿蜜里庄殺死佃丁邱未，割去頭顱，鏢傷佃丁林福等人。	4 年 10 月 22 日，巡視臺灣御史索琳奏摺。

4 年 10 月 15 日	彰化縣，南北投鎮	南北投鎮竹腳寮丁壯林三及朱八，在水沙連河邊被生番殺死，割去頭顱及左手腕，奪去七十二號鳥槍一桿。	4 年 10 月 22 日，巡視臺灣御史索琳奏摺。
4 年 11 月 12 日	彰化縣，藍張興庄	十月十二日二更時分，生番數十人至北勢藍張興庄殺害管事許元泰、甲頭余廷顯各一人，佃民盧友臣等八人，俱割去頭顱。	4 年 11 月 28 日，巡視臺灣御史索琳奏摺。
4 年 11 月 10 日	彰化縣，快官庄	初十日更，生番數十人到彰化縣境內快官庄，燒屋九間，殺死庄民陳平等四人，俱割去頭顱，焚斃牛四隻。	4 年 11 月 28 日，巡視臺灣御史索琳奏摺。
4 年 11 月 13 日	彰化縣，半線庄	十三日一更時分，半線庄被生番焚燒茅屋四間，殺死探親民人林喜，割去頭顱。	4 年 11 月 28 日，巡視臺灣御史索琳奏摺。
4 年 11 月 18 日	鳳山縣，枋簝庄	枋簝界外傀儡生番鏢傷砍柴民人陳六姐等三人，次日，陳六姐重傷身故。	4 年 11 月 28 日，巡視臺灣御史索琳奏摺。
5 年 3 月 17 日	鳳山縣，阿猴社	十七日三更時分，阿猴社番丁八陵等六名，被山諸毛、北葉二社傀儡生番殺害，俱被割去頭顱，番寮被燒。	5 年閏 3 月 21 日，巡視臺灣御史索琳奏摺。
5 年閏 3 月 10 日	鳳山縣，加走庄	傀儡生番殺死加走庄砍柴民人陳義。	5 年閏 3 月 21 日，巡視臺灣御史索琳奏摺。
5 年閏 3 月 13 日	鳳山縣，東勢庄	十三日二更時分，鳳山縣懷忠里東勢庄糖廍被兇番放火殺害民人蘇厚等二人，割去頭顱，鏢傷蘇文等二人。	5 年閏 3 月 21 日，巡視臺灣御史索琳奏摺。
5 年閏 3 月 15 日	鳳山縣，新東勢庄	十五日二更時分，傀儡生番至新東勢庄殺害民人謝文奇等二人，割去頭顱，並鏢傷賴應南等三人。	5 年 4 月 2 日，巡視臺灣御史索琳奏摺。
5 年 5 月 12 日	淡水廳，竹塹庄	竹塹庄民俞毓惠等三人入山砍鋸枋桷，俱被右武乃、合歡山生番殺死，割去頭顱。	5 年 7 月 16 日，巡視臺灣御史索琳奏摺。
6 年 12 月 28 日	鳳山縣，長興庄、竹葉庄	長興庄管事邱仁山帶領佃民入山開圳，放水灌田，被傀儡生番殺死十二人，同日夜間，生番又追至竹葉庄殺傷佃民子張子仁等二人，焚燒草寮牛隻。	7 年 1 月 18 日，巡視臺灣給事中赫碩色奏摺。

7 年 2 月 1 日	鳳山縣，田尾庄	是日夜間，傀儡生番潛至山腳田尾地方將車草的茄藤社番男婦五名殺死，又殺死上淡水開埔的番婦一口，擄去幼番一名，又殺死上淡水小幼番一，明焚燒草寮，焚斃牛隻。	7 年 3 月 10 日，福建總督高其倬奏摺。
7 年 2 月 3 日	鳳山縣，阿猴社	阿猴社熟番巴寧因往山巡看茅草，遇一傀儡生番藏在草裡，被巴寧鏢死。	7 年 3 月 10 日，福建總督高其倬奏摺。
8 年 12 月 18 日	鳳山縣，傀儡番界	軍工匠陳勳等八人採辦軍料，擅入番界，陳勳被生番所殺。	9 年 2 月 2 日，巡視臺灣給事中奚德慎奏摺。
9 年 12 月 24 日	彰化縣，沙轆	牛罵社熟番十二人駕車至大甲西社，被兇番射傷巡兵二人，兇番圍殺沙轆同知衙署，殺死衙役三、四人，箭傷三人。	10 年 1 月 24 日，福州將軍阿爾賽奏摺。
9 年 12 月 29 日	彰化縣，貓霧楝庄	大甲西社兇番在貓霧楝各庄焚燒房屋，殺傷居民。	10 年 1 月 14 日，巡視臺灣給事中希德慎奏摺。
10 年 2 月 22 日	彰化縣，大甲西社	二十二日，兇番百餘乘山霧障蔽，潛至烏牛欄營盤溪邊伏截水路，殺死擔水兵二名。	10 年 3 月 24 日，巡視臺灣御史覺羅柏修奏摺。
10 年 2 月 27 日	彰化縣，柳樹湳庄	二十七日，柳樹湳庄兇番突出，殺死民人二十五名，被傷三人，焚燒草房二十九間。	10 年 3 月 24 日，巡視臺灣御史覺羅柏修奏摺。
10 年 3 月 1 日	彰化縣，牛罵庄	三月初一日，兇番復出在牛罵庄，有吞霄社丁何科行過，被番射死，又有武鹿庄林阿田被殺。	10 年 3 月 24 日，巡視臺灣御史覺羅柏修奏摺。
10 年 3 月 5 日	彰化縣，馬龍潭庄	五日，貓霧楝馬龍潭庄，被大甲西兇番數十名，身裸紅衣圍庄抄殺搶擄，殺死庄民十二人，箭傷一人。	10 年 3 月 24 日巡視臺灣御史覺羅柏修奏摺。
10 年 3 月 10 日	彰化縣，水里社	十日夜，水里社民盧仁被番射死，倒在綏斯寮竹坑山腳。	10 年 3 月 24 日，巡視臺灣御史覺羅柏修奏摺。
10 年 3 月 18 日	彰化縣，南日南營盤	十八日巳刻歹番暗伏南日南營盤前，後有房裡社民許漢等駕車二張一行七人欲向南日營盤，陡遇歹番將許漢殺死，一人被傷四箭。	10 年 3 月 24 日，巡視臺灣御史覺羅柏修奏摺。
10 年 3 月 18 日	淡水廳，南日南營盤	十八日黎明，兵丁范隆等二人，往溪邊汲水，歹番藏在溪邊放箭，射死范隆一名，另一名跑回。	10 年 3 月 24 日，巡視臺灣御史覺羅柏修奏摺。

10 年 5 月 11 日	淡水廳，桃仔園、新庄	龜崙社熟番焚燒社丁郭生房屋，射殺郭生等五人，又焚燒桃仔園庄、新庄等處民房，截搶公文。	10 年閏 5 月 10 日，巡視臺灣御史覺羅柏修奏摺。
10 年閏 5 月 2 日	彰化縣，彰化縣署	南大肚等社兇番圍燒彰化縣城、臺灣道典史等衙署。	10 年閏 5 月 10 日，巡視臺灣御史覺羅柏修奏摺。
10 年閏 5 月 5 日	彰化縣，南社庄	彰化令陳同善從南社驗屍回縣，至西門外被兇番圍住，押車家人被番殺死。	10 年閏 5 月 10 日，巡視臺灣御史覺羅柏修奏摺。
10 年閏 5 月 8 日	彰化縣，貓霧棟庄	大甲西社各庄焚燒貓霧棟各庄。	10 年 7 月 3 日，巡視臺灣御史覺羅柏修奏摺。
10 年閏 5 月 12 日	彰化縣，快官庄	十一日，大甲西社兇番直抵彰化縣治東北西三面，大肆焚燒，十二日，又焚燒快官庄。	10 年 7 月 3 日，巡視臺灣御史覺羅柏修奏摺。
10 年閏 5 月 17 日	彰化縣，中港	十七日晚，沙轆等兇番數百搶奪中港商船二隻，殺死船員七名。	10 年 6 月 28 日，福建巡撫趙國麟奏摺。
10 年閏 5 月 21 日	淡水廳，南日庄	沙轆等社兇番燒煆南日營盤。	10 年 6 月 11 日，福建觀風整俗使劉師恕奏摺。
10 年 6 月 11 日	彰化縣，快官庄	北路兇番殺傷柴坑仔、快官庄居民。	10 年 7 月 13 日，巡視臺灣御史覺羅柏修。
11 年 1 月 15 日	彰化縣，牛罵庄	牛罵社社番五名被生番斬殺。	11 年 3 月 7 日，福建陸路提督王郡奏摺。

資料來源：整理自《宮中檔雍正朝奏摺》、《宮中檔》。

　　雍正皇帝在位十三年（1723～1735），依表 5－1 所列漢「番」衝突案件共計四十八起，平均每年約三‧六起，案件地點分佈於諸羅縣、彰化縣、鳳山縣及淡水廳，其中諸羅縣境內共有二起，約佔百分之四，彰化縣境內共有三十一起，約佔百分之六十六，鳳山縣境內共有十起，約佔百分之十九，淡水境內共有五起，約佔百分之十一。雍正三年（1725）以前，民「番」衝突記錄並不多見，此後，民「番」衝突事件顯而易見。這是否與軍工戰船廠設置後的開放軍工採辦有很大的關係，但直接與軍工匠有關的案件只有四起，只佔全部案件的十二分之一，比例並不高，其餘的衝突事件皆以一般民人進入番界而引起的糾紛。

　　乾隆二十五年（1760）八月，閩浙總督楊廷璋（1689～1771）奏道，爲釐清臺灣漢番邊界，酌定章程：臺郡彰化縣沿山番界，年來侵墾漸近內地，生番逸出爲害。應於車路旱溝之外，各有溪溝、水圳及外山山根，堪以久遠劃界。其與溪圳不相接處，挑挖深溝，堆築土牛爲界。至淡防廳一帶，從前原定火燄山等界，僅於生番出沒之隘口立石爲表，餘亦未經劃清。今酌量地處險要，即以山溪爲界；其無山溪處，亦一律挑溝堆土，以分界限。彰邑各處越墾田園，新、舊界內共二十處；或社番自行開墾、或給民人開墾納租，番民均屬相安。〔註54〕爲了抑制了漢「番」衝突，乾隆二十六年（1761）春，在淡、彰兩地築成土牛「番界」，〔註55〕此後，這界線即成爲漢番之間的基準線，互不相侵入。雖然已設有界線，衝突事件業已減少，但依稀衝突事件未因此而根絕。

表 5－2 乾隆年間臺灣漢「番」衝突案件分佈表

時間（乾隆）	衝突地點	案情摘要
元年 9 月 22 日	彰化縣，新港社、加志閣社	臺灣土番射殺兵民，逃往生番地內。
9 年 9 月 11 日	鳳山縣	鳳山縣民邱子剛等因越界族壩引水灌田，俱被生番殺害。
10 年 12 月	鳳山縣，蕃薯寮社	蕃薯寮溪埔民人，被兇番連次夥眾焚殺。
17 年 2 月 12 日	彰化縣，福骨社	生番騷擾村莊，殺死兵民數名。
31 年 3 月	淡水廳，鱟殼社	鱟殼莊民有耕牛越出界外，民人前往尋覓未獲，遇生番多人追趕入莊內，放火燒寮，並殺害民人多名。
46 年 4 月 12 日	淡水廳，月眉莊	淡水廳月眉莊民林媽等人入山砍柴，誤入生番地界，突出生番戕殺莊內男婦 28 人。
51 年 2 月 5 日	淡水廳，貓裏社	淡水同知潘凱因赴貓裏社相驗命案，回至中途被番人殺死，並殺死跟從十餘人，頭顱俱行割去。
57 年 2 月 22 日	地點不詳	汛兵吳祥貞等出外砍柴，望見界外有生番在彼處趕鹿，吳祥貞等人出界趕逐生番，致被生番用鏢擲傷身死。

資料來源：整理自《宮中檔乾隆朝奏摺》、《清宮廷寄檔臺灣史料》、《大清高宗純皇帝實錄》、《軍機處檔月摺包》。

〔註54〕《清實錄・高宗純皇帝實錄》，卷六百十九，乾隆二十五年八月辛丑，頁 968－1。
〔註55〕施添福，〈清代臺灣竹塹地區的土牛溝和區域發展：一個歷史地理學的研究〉《臺灣風物》（臺北：臺灣風物雜誌社，1990），第三十九卷，第二期，頁 9。

　　表4－2中所列之漢「番」衝突一共有 8 起，彰化縣 2 起，鳳山縣 2 起，淡水廳 3 起，另一起無地點記錄。乾隆朝的漢「番」衝突原因與雍正朝之原因大致相同，大部份皆是因為百姓入侵「番」界，因此才被「番」人殺害。而其中四起則發生於界外之地，這些衝突事件絕大部分都與侵墾生「番」地有很大的關係。

　　乾隆朝漢「番」衝突比雍正朝減少了 40 起，平均 8 年才有一起漢「番」衝突產生，這與土牛溝的設置，及「生番」的陸續歸化有很大的關係。清代為防止漢「番」越界侵墾，因此在各山林內設置土牛溝，以區隔漢「番」之地界，並規定住在土牛溝旁之「熟番」部落，需派遣族人、社丁輪流巡防土牛溝，而官方也會差兵勇巡邏，以防止百姓越界侵墾，及漢「番」衝突的發生。然而要完全禁止百姓入山有其困難性，因為林產物為生活必須品，有供需之求。正如丁日健所言：鋸板、抽籐，〔註 56〕為貧民衣食所係；兼以採取木料，修理戰船，為軍務所必需；而砍柴燒炭，為日常生活中不可少之事。如果要暫時禁止則可，若欲永遠禁絕，則流離失業之眾，又將不下千百家！如此一來勢必違誤船工。〔註 57〕軍需品與民生必需品皆要繼續供應，即使擁有合法入山權的軍工匠，業難以禁絕他們不境外侵墾，更何況是一般無照百姓，終將難以控管。但可以確定的是，清代臺灣的漢「番」衝突，大部分都是由漢人所引發，漢人為了圖一己之利，才會進入「番界」墾荒、採樵，如此侵入了「番」人的地界，衝突當然在所難免。

第二節　軍工匠的伐木問題

一、軍工匠之伐木地點

　　軍工匠的伐木地點遍及臺灣內山各地，北至噶瑪蘭，南至瑯嶠，都可看到軍工匠人的身影。這是因為臺灣軍工廠在北路的艋舺及南路的枋寮皆設有軍工料館，〔註 58〕而軍工料館正是伐木後搬運木料的轉運站及製材站，顯見臺灣北、中、南各地，皆有軍工伐木的情形。再者，從軍工匠人的活動地點也可看出整個臺灣的伐木範圍。

〔註56〕籐竹為民生之必須品，是編織器物不可或缺的木料。
〔註57〕丁日健，《治臺必告錄》（臺北：臺灣省文獻委員會，1997），頁 22。
〔註58〕軍工料館的設置時間再下一節討論。

從南路來看，南部的軍工伐木地點在雍正朝時期，大多在阿猴林（指屏東市一帶）開採，後因當地的木料已被砍伐殆盡，遂移往糞箕湖（今嘉義縣奮起湖）一帶繼續開採，且以開採厚力木（厚殼桂）為主。〔註59〕乾隆二十七年（1762）《重修鳳山縣志》中記載：「枋寮口因設置軍工料館，製造水師戰船木料，因此集結了眾多的軍工匠，所以形成一枋寮口街」。〔註60〕再者，屏東縣車城鄉福安宮的一塊乾隆五十三年（1788）所立的碑誌〈嘉勇公福頌德碑〉中即有匠首陳元品、陳□謨、林儀、董福泉、張亦俊、郭發興等匠首名字。〔註61〕《臺灣府輿圖纂要》亦載：

> 東港一隅地當僻處，瑯嶠亦隸邑，不設官目徵正供，但集匠首（採修戰舟木料）與耆老、通事相董率，其於民番釁隙卒不能止。釁隙深則慓悍生，地方遠則稽察難；此則官斯土者，所亟宜措置者也。〔註62〕

由這四則史料中可看出在南部屏東縣傀儡山西側一帶，為最早砍伐軍工木料的地方，後因當地木料被採伐幾盡，因此又轉往其他地區砍伐。軍工匠轉移的地方應有兩個方向，其一是往北至嘉義山區。其二是繼續往南移動，也就是由東港鎮一直到車城鄉一帶的沿海山林，而這之中又以枋寮為最大的伐木地點，這是因為枋寮後方一帶山區（傀儡山），蘊藏了極為豐富的林野資源。基於此，遂於枋寮設置軍工料館。

臺灣中部山區，是軍工伐木的最佳地點，此因中部山區蘊藏了豐富的樟樹林，製造戰船又以樟樹為大宗，故在此一區域的伐木地點分佈更廣。根據施添福〔註63〕及程士毅〔註64〕的研究，中部地區最主要的伐木地點，在今日臺中市北屯區（阿里史軍工寮）、臺中縣后里鄉（舊社軍工寮）、臺中縣東勢鎮（朴仔籬或另稱東勢角軍工寮）三處。而這三處之軍工伐木地點在《岸裡大社文書》中皆有記載。

事實上中部地區不止這三個軍工寮，因為從南投縣名間鄉的一塊於乾隆

〔註59〕《宮中檔雍正朝奏摺》，第17輯（臺北：國立故宮博物院，1979），頁546～547。
〔註60〕王瑛曾，《重修鳳山縣志》（臺北：臺灣省文獻委員會，1993），頁32。
〔註61〕《臺灣南部碑文集成》（臺北：臺灣銀行經濟研究室，1966），屏東縣車城鄉福安村福安路福安宮碑文，頁130。
〔註62〕《臺灣府輿圖纂要》（臺北：臺灣省文獻委員會，1996），頁70。
〔註63〕施添福，〈清代臺灣岸裡地域的族群轉換〉，收錄於潘英海、詹素娟編《平埔研究論文集》（臺北：中研院臺灣史研究所籌備處，1995），頁322。
〔註64〕程士毅，〈北路理番分府的成立與岸裡社的衰微〉，清華大學歷史研究所碩士論文，1994，頁121。

三十年（1765）於所立的〈阻滯圳道示禁碑〉〔註65〕中記載：該區亦進行軍工伐木之工作。〔註66〕

可見在現今之南投縣埔里鎮、竹山鎮、名間鄉等濁水溪流域一帶，應該會有許多的軍工伐木地點，只是現今未能再發現文書資料可供證明。但由碑記內容可看出，當時的軍工伐木情況應該是非常熱絡的，所以才會利用濁水溪放運軍工木料時，而影響到了當地百姓的耕作。因此在臺中山區、南投山區、彰化山區等地，皆有軍工伐木的情形。

在北部山區方面，以臺北山區及噶瑪蘭兩地為主要的伐木地點。因為軍工戰船廠在艋舺設有一軍工料館，遂以此為中心點的區域做為伐木範圍。根據陳國棟的研究，臺北木柵、宜蘭頭圍、員山、大湖一帶是軍工木料的伐木地點。〔註67〕以北部地區來看，艋舺最大木材商黃世恭家族，所買賣的木料大多是由這些地方運出。在今木柵地區也還有軍功（工）坑寮、軍功（工）路等與軍工相關的地名存在，〔註68〕因此這些地方是當時的伐木地點。另外從《淡新檔案》中也爬梳一些地名，如三角湧（臺北三峽）、中港（苗栗竹南）、鹽菜甕（新竹關西）、後壠（苗栗後龍）、銅鑼灣（苗栗銅鑼）、北埔（新竹北埔）、大料崁（桃園大溪）等地名，皆有樟腦買賣的情事，或設有腦料館，因此在這些地方不乏也有採辦木料之事。〔註69〕從這部分所探查的伐木地點，可再探討軍工伐木的相關議題。

噶瑪蘭因開墾較晚，所以在軍工採料的時間也比其他地方來得晚一些，噶瑪蘭地方之軍工採辦業務，則是以軍工匠首杜長春為最大，其採辦的軍工木料額數也較多，姚瑩在〈與鹿春如論料匠事〉一文中就說道：

> 匠首杜長春又最久歷，以煎煮樟腦獲利。噶瑪蘭新開，未設匠首，其本地游民無食，入山採伐木植，為居民建蓋房屋，農具器用，皆賴於此。其地並無松杉，惟產硬木，即軍工小料之木也。是以淡水大匠首杜長春派令承辦軍工，歷年四載，每載一百二十件無誤。嗣因附近蘭

〔註65〕 【按】：碑在名間鄉濁水村，豎於該村同源圳頭，原置於濁水溪畔頭前圍水田中。見《臺灣中部碑文集成》（臺北：臺灣省文獻委員會，1994），頁72。

〔註66〕 《臺灣中部碑文集成》，頁71～72。

〔註67〕 陳國棟，〈軍工匠首與清領時期臺灣的伐木問題1683～1875〉《臺灣的山海經驗》，頁347。

〔註68〕 陳國棟，〈軍工匠首與清領時期臺灣的伐木問題1683～1875〉《臺灣的山海經驗》，頁338～340。

〔註69〕 《淡新檔案》（臺北：國立臺灣大學圖書館藏），（微卷）。

民，往往入山煎煮樟腦，售賣漸多，而杜長春之樟腦滯銷不行，乃請
入蘭設立料館，以採軍工為名，而實在欲收樟腦之利。蘭地各山小料
匠以為歷辦軍工無誤，一經設館，不無多所派累，頗有怨言。而私煮
樟腦者亦不肯遵禁，遂勾結眾料匠，拒杜長春，不任立館。杜長春大
受肆辱，而逃匿其情，以抗辦軍工具控……。〔註70〕

杜長春伐木的地點，即是以頭圍（頭城）為最主要地方，其他如員山（多山）、
大湖（員山）一帶也有軍工伐木之處。因此整個北部山區從三峽到後山頭城
一帶幾乎都有軍工匠人在採辦木料。

　　從這些史料中看來，在臺灣的北、中、南山區都可以看到當時的軍工伐
木地點，而軍工匠的採辦木料，也由中部山區陸續往北部及南部山區移動，
因此在臺灣的山區中，皆可以看到軍工匠人的活動遺跡，而整個臺灣的軍工
伐木地點，可以在史料中探索到者，如圖5-1所示。

圖5-1 軍工匠首活動（伐木）地點（1725～1875）

圖片來源：陳國棟，〈軍工匠
首與清領時期臺灣的伐木問
題1683～1875〉《臺灣的山海
經驗》，頁348。（圖中筆者根
據《淡水檔案》內容（微卷）
加入三角湧、大料崁、竹山、
竹南、北埔、關西、後龍、銅
鑼、糞箕湖、阿猴林等十個地
點）。

〔註70〕姚瑩，《東槎紀略》（臺北：臺灣省文獻委員會，1986），頁113。

二、軍工匠之伐木規模

　　臺灣的軍工伐木地點，遍佈臺灣內山，北自後山噶瑪蘭，南至瑯嶠，皆有軍工匠人伐木的蹤跡，而其中又以北路伐木較多。臺灣的軍工匠到底有多少人，在史料上並無明確的記載，根據陳國棟的研究，在噶瑪蘭一地，即有二千多名伐木工人，從事採辦木料的工作，他們每年必須採辦四百八十塊的木料。〔註71〕再依據《東槎紀略》中記載：

> 蓋蘭地採料者，皆沿山架寮，自頭圍至員山、大湖凡七處，各有頭人，多者十數寮，小者四、五寮，每寮小匠或三、四十人至一、二十人不等，皆赤手無賴，故不避生番，身入險阻，歲常爲番殺者數十人而不顧，其頭人亦無大資本，即以隨時賣料爲工資，採者與頭人均其利焉……。〔註72〕

每一軍工寮最少一、二十人最多三、四十人，噶瑪蘭地區有二千多個伐木匠，則噶瑪蘭地區前後應該有近百個軍工寮，以噶瑪蘭山區的腹地來看，軍工寮的地點應該遍及整個山區。

　　在淡水廳方面，從《淡新檔案》的資料來看，淡水廳所節制的軍工匠首似乎不多，而且都是以「金」字號爲多。另外，再從淡水廳軍工匠首金彬合延誤軍工木料的採辦時間，就使得軍工戰船廠必須停業來看，這似乎有三種可能，其一，金彬合採辦木料的額數非常龐大，所以因爲他的延誤才使得戰船無法製造。其二，當時的軍工木料採辦地點可能以淡水廳一帶爲重，所以金彬合採辦的木料就具有一定的額數及份量。其三，淡水廳所設置的軍工匠首，可能員額就不多，因此在缺乏金彬合的木料情況之下，便影響到整個戰船廠的運作。

　　如果淡水廳的軍工匠員額編制不多，那淡水廳下的伐木規模應該不是非常的大，如果這假設成立，那從淡水所屬的軍工匠首金和合所稱的，他每年必須採辦樟木料件三十二船〔註73〕來看，這三十二船的木料是不多的。換言之，淡水地區的軍工採料規模相較於臺中地區應該是較小的。因爲就一個阿里史軍工寮，就有四、五百個工匠以上。〔註74〕

〔註71〕陳國棟，〈軍工匠首與清領時期臺灣的伐木問題1683～1875〉《臺灣的山海經驗》，頁349。
〔註72〕姚瑩，《東槎紀略》（臺北：臺灣省文獻委員會，1986），頁113。
〔註73〕《淡新檔案》，15201～7號文（微卷）。
〔註74〕《岸裡大社文書》（三），頁1347。

　　臺灣的伐木規模及範圍到底有多寬廣，依據陳國棟教授的研究，一共有十三處，分別為屏東車城、枋寮、東港，臺中地區為大坪頂、林圯埔、南投軍工寮、阿里史、舊社軍工寮、朴仔籬、臺北木柵、宜蘭頭圍、員山、大湖等十三處。〔註75〕筆者再從《淡新檔案》中發現，有可能也是伐木地點七處，分別為三角湧（臺北三峽鎮）、中港（苗栗竹南）、鹽菜甕（新竹關西）、後壠（苗栗後龍）、銅鑼灣（苗栗銅鑼）、北埔（新竹北埔）、大料崁（桃園大溪）等。如此一來，一共是二十處地方，若再加上早期的大武郡、阿猴林及糞箕湖，則有二十三處，但這只是從現有的史料上來統計，如果依據樟樹林的分怖，相信臺灣的軍工伐木地點應該比這些還多的。

第三節　軍工木料的搬運與軍工料館

一、軍工木料的搬運

　　軍工戰船廠所需的軍工木料都是產自於臺灣的內山，而軍工匠人在砍伐木料後，如何將這些木料運送到軍工戰船廠，這也是一件極為困難的工作。搬運木材又分為兩個階段，第一階段是由「社番」從軍工寮搬運至軍工料館，或者是文館；〔註76〕第二階段則是由料差或者是雇用的商船，從軍工料館或者是文館船運到軍工戰船廠。此兩個搬運階段最困難者，莫過於第一階段，所以擔任第一階段的搬運工作是一件吃力不討好的苦差事。而此階段的搬運工作，大部分皆由採辦軍料處的「社番」所擔任。當官府發文給各通事後，各社通事再派撥社番來搬運這些軍工木料至軍工料館。

　　康熙六十一年（1722）任臺灣縣令周鍾瑄說：「……重料悉派番運；內中如龍骨一根，須牛五十餘頭方能拖載，而梁頭木舵亦復如之……」。〔註77〕由此可見搬運軍工木料不但是要派撥「社番」，而且「社番」也必須支援牛隻來協助搬運。例如從《岸裡大社文書》中所載的文件來看：「為飭運軍工乃單仰值日頭役立帶官民，一起前往岸裡社，付交通事敦仔，催撥番車六輛往軍工

〔註75〕陳國棟，〈軍工匠首與清領時期臺灣的伐木問題1683～1875〉《臺灣的山海經驗》，頁347。

〔註76〕此文館究竟指的是縣府衙門或者是軍工料館的另一稱呼，在史料上並無詳述，而在現有的資料上也無法判斷文館的功用。

〔註77〕黃叔璥，《臺海使槎錄》（臺北：臺灣銀行經濟研究室，1957），頁108。

蓁,奉憲車運軍工木料赴水裡港文館交卸接運」。〔註78〕「單仰值日頭役速往
岸裡社,立著通土即撥番車兩輛前往軍工寮,車運火炭壹千斤,限三日內運
赴,本司衙門應用」。〔註79〕以及「朴仔籬軍工寮,立著匠首鄭成鳳,即撥小
匠速製木桿一百枝,五拾枝長九尺,又五十枝長七尺,仍著岸裡社通土撥車
貳輛裝運,限十日內運赴衙門交廠,毋仍違延,干咎速速領單」。〔註80〕由以
上的文書中可看出,以岸裡社為例,當地的軍工木料搬運都是由當地的「社
番」負責,如果搬運的木料小,即可使用番車載運,但如果搬運的木料超過
番車之載重量,那只好用人力來搬運。根據巴宰族人潘義雄的記載,用人力
搬運大致可分為兩項,其一為人力拖曳原木(圖5-2),其二為人力木馬車拖
曳原木(圖5-3)。而這些搬運的人員都是由「社番」擔任,因此「社番」無
不將此看成是難以忘懷的夢魘。這種如此耗費人力及物力的搬運情況,已經
嚴重的影響到「社番」的耕作、及其生活了,但這些「社番」又礙於官府的
強勢而不得不遵守,所以也只好咬緊牙根,當成是在幫政府行勞役義務。

圖5-2 人力拖曳原木

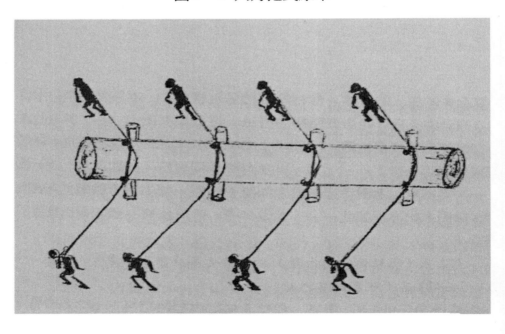

〔註78〕 《岸裡大社文書》(三),乾隆二十七年彰化司獄衙門,頁1005。
〔註79〕 《岸裡大社文書》(三),頁1047。
〔註80〕 《岸裡大社文書》(三),頁1110。

圖5－3　木馬車拖曳原木

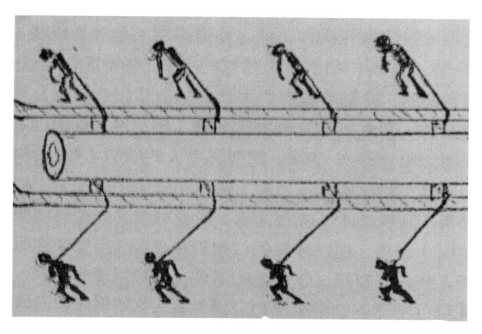

資料來源：翻拍自潘義雄，《誰是真正開墾臺中盆地的功德主》（臺中：臺灣巴宰
　　　　　族群協會出版），頁23、30。

　　軍工木料的搬運，除了運用「番車」、人力拖運之外，使用溪、圳順流而
下的搬運方式，也是最爲常見的，而此種方式也是最節省人力、物力的。但
運用溪、圳放流的缺點是會影響百姓的耕作，因此運用溪、圳放流木料，就
時常會受到當地百姓的抗議，如乾隆三十年（1765）所立的〈阻滯圳道示禁
碑〉〔註81〕中就記載：

　　據彰化縣詳覆匠首曾文琬具稟水沙連大坪頂採製軍工，放運水道，
　　被該處通土、埤甲人等阻滯一案。內開：查濁溪之發源內山，勢甚
　　浩瀚湍急。施姓用石磊砌截其來勢，使歸圳道。故施圳不患無水，
　　特患沖崩圳頭，因□設閘，以防決□。凡遇放樟木，必於水大之時，
　　從圳頭而入，其中設閘之處，必須悉行起放，不能阻塞源流；則沖
　　決之患，斷不能免。且查虎溪□□□□兩條亦屬圳道，乾隆七年間

〔註81〕　【按】：碑在名間鄉濁水村，豎於該村同源圳頭，原置於濁水溪畔頭前園水田
　　　　中。見《臺灣中部碑文集成》，頁72。

－137－

圳頭沖決，水勢歸圳西流，曾沖去三十餘莊，損壞人口、□□無算。
詢之老民，皆歷歷可指。今若以施圳放運樟木，不久立見崩壞；萬
一水勢直趨而北，則受害者恐不僅三十餘莊矣。況軍工樟料，現有
溪□，歷來放運，並無貽誤；豈可圖便，奠改水圳行運，有礙農田：
此斷難如該匠首之所請也。平時仰體憲臺念切民瘼至意，悉心查勘
實在情形，縷悉聲敘；詳請俯賜示禁。凡運放軍工料件，務須照舊
從大溪放運，毋許橫放圳道，損壞小埤；俾水利無妨、農田有賴，
閤邑萬民咸沐慈恩於無□矣。理合繪圖貼說，詳候察核示遵，行□
到道。據此，除批發外，合行示禁。為此，示仰該處匠夫人等知悉：
嗣後軍工料件，照舊由溪放運，直運海口；不得圖便藉運圳道，致
妨農田水利。如敢故違，一經被害告發，立即嚴拏究革，仍即著賠
圳道，斷不姑寬。該通土、埤甲人等亦不得藉端滋事，致干察究。
各宜凜遵，毋違！特示。〔註82〕

從這〈阻滯圳道示禁碑〉中的內容得知，雖然使用溪、圳放流木料可以節省人
力及物力。但使用溪、圳流放的缺點就是不易控制木料的流動速度及流動方向，
因為在流水湍急時難以控制木料流向，巨大木料時常會衝出河堤外，嚴重者甚
至造成百姓死傷，所以當地的百姓皆反對使用溪、圳放流木料，因此才會有該
碑的設置。

在軍工木料的搬運路線方面，則依各地情況不同，而有不同的搬運路線，
以岸裡社地區為例，其大部分的軍工木料皆送往水里文館〔註83〕、理番分府
（半線）〔註84〕等兩處，這裡所稱的水里文館，是否也是軍工料館的一種，
或者只是單純的木料轉運站，尚有待史料佐證，但唯一可以確定的是這些軍
工木料最終將會被送至軍工戰船廠製造戰船。（表5－3）是乾隆三十三年至三
十五年（1768～1770），岸裡社地區的軍工木料搬運路線及派撥人員之情況。

〔註82〕 整理自《臺灣中部碑文集成》，頁71～72；《明清臺灣碑碣選集》（臺北：新文
豐，1986），頁257。碑為護理福建分巡臺灣道兼提督學政臺灣府正堂加七級
紀錄八次蔣允焄所立。

〔註83〕 【按】：水裡為現今臺中縣龍井鄉麗水村之一部分，曾為拍瀑拉平埔族（Papore）
水裏社之社址。見洪敏麟，《臺灣舊地名之沿革》第二冊（下）（臺北：臺灣
省文獻委員會，1984），頁181。

〔註84〕 【按】：彰化昔稱半線，因巴布薩平埔族（Babuza）之半線社譯音得稱。見洪
敏麟，《臺灣舊地名之沿革》第二冊（下），頁222～227。半線為北路理番分
府之衙門所在，位於今鹿港鎮。

表5－3 乾隆三十三年至三十五年派「番」撥車運料的情況

年代 （乾隆）	番車數 （輛）	木料撥往地點	貨物名稱	運往地點	岸理大社 文書編號
33.7.2	6	軍工寮（朴仔籬） 〔註85〕	軍工枋料	水裡館文館	952：71
33.728	37 74 名壯番	舊社軍工寮 〔註86〕	建署用枋料 三百塊	理番分府 （半線）	954：5
33.7.28	37 74 名壯番	阿里史舊社匠寮 〔註87〕	建署用枋料 三百塊	理番分府 （半線）	954：6
33.8.2	4	朴仔籬軍工寮	軍工料木	水裡館文館	952：75
34.2.24	2	朴仔籬軍工寮	木料	南投縣丞署	952：79
34.7.17	4	朴仔籬軍工寮	樟料	水裡館文館	952：82
34.7.25	4	朴仔籬軍工寮	樟料	水裡館文館	952：83
34.8.18	6	社口	稻谷五十石	理番分府 （半線）	954：11
34.8.26	2	朴仔籬軍工寮	火炭	貓霧揀巡檢署 （犁頭店）	952：84
34.9.11	2	朴仔籬軍工寮	木棍一百枝	彰化縣署	953：86
35.2.8	2	舊社軍工寮	白炭一千斛	貓霧揀巡檢署	952：87
35.6.8	3	朴仔籬軍工寮	花楠枋五片 楠仔枋五片	彰化縣署	953：153
35.6.25	4	朴仔籬軍工寮	樟料	水裡館文館	953：159

資料來源：施添福，〈清代臺灣岸裡地域的族群轉換〉《平埔研究論文集》（臺北：
中央研究院臺灣史研究所籌備處，1995），頁323。

〔註85〕【按】：朴仔篤為今臺中縣豐原市朴子里。見洪敏麟，《臺灣舊地名之沿革》
第二冊（下），頁75。

〔註86〕【按】：舊社軍工寮設於后里台地麻薯舊社東側三腳，其開設年代不明，只知
係由岸裡通事張達京充當匠首。舊社軍工寮附近的林木於乾隆三十二年
（1767），砍伐殆盡，所以將採伐木料地點移往朴仔篤。施添福，〈清代臺灣
岸裡地域的族群轉換〉《平埔研究論文集》（臺北：中央研究院臺灣史研究所
籌備處，1995），頁328。洪敏麟，《臺灣舊地名之沿革》第二冊，頁78。

〔註87〕阿里史社位於現今臺中縣潭子鄉境內，為當時巴宰平埔族（Pazeh）之族社所
在。

從表 5－3 中可得知，岸裡地區的木料採辦以樟、枋料件爲最多，採辦的地點幾乎都在朴仔籬軍工寮，而搬運的工具皆以番車爲主。

海上的搬運，如淡水廳北部的木料、樟腦等貨品一般都是由淡水港運送到安平港，〔註88〕另外，水里文館以及枋寮軍工料館的木料搬運，也同樣是由海運的方式，將軍工木料運至軍工戰船廠。這些負責搬運的船舶，一般都委由民間商船來經營，並且各有定例。如於乾隆十年（1745）於臺灣府所設的〈船戶頌德碑記〉中就有記載：「有小船仔赴廠當差，各有定役，從無兼差之例」。〔註89〕由此可見軍工戰船廠皆與當地商船簽有合約，所以其他沒簽約的商船並不能在此兼差的　，而這也是爲了保護簽約者的權益。

二、軍工料館的設置

軍工料館亦稱爲「軍廠」，〔註90〕是軍工戰船木料的暫時存放地，軍工匠從軍工寮所採辦的木料，都必須運往軍工料館存放，並依照軍工戰船廠所需的木料大小製成送交，一旦軍工戰船廠極需木料之時，就可直接由軍工料館運往，因此可以將軍工料館當成是軍工木料的轉運站。

軍工料館的設置，在臺灣最主要有兩個地方，分別是淡水廳所屬之艋舺以及鳳山縣所屬之瑯嶠。如《淡水廳志稿》中所載，北部軍工料館以艋舺爲最大，所以運載木料之船皆停於艋舺澳〔註91〕、《淡水廳志》亦載，淡、彰出產樟木，向歸艋舺料館收買。〔註92〕而南部軍工廠在枋寮口。〔註93〕從《淡水廳志稿》中可看出，似乎北部地方不止一間軍工料館，艋舺軍工料館只是北部地區最大的而已。另外從《淡新檔案》中也可看到，中港料館金泰成記〔註94〕等字樣。再考，因臺灣的軍工木料也有在福建採辦的情況，因此軍工戰船廠在福州、廈門地方也設置有軍工料館。如姚瑩所述：「臺廠於省城及廈門皆設有料館，專派丁胥工役，長年採辦，轉運工費浩繁，所用不得其人，選採

〔註88〕 林玉茹，《清代臺灣港口的空間結構》（臺北：知書房出版，1993），頁 165。

〔註89〕 《臺灣南部碑文集成》，頁 43。

〔註90〕 軍工料館是一般民間的通稱，官方稱軍工料館爲軍工廠，是爲存放軍工木料之處，《重修鳳山縣志》，頁 192 中記載，「軍廠」在縣治東南六十里枋寮街購料造船軍匠屯聚之所。

〔註91〕 鄭用錫，《淡水廳志稿》（臺北：臺灣省文獻委員會，1998），頁 11。

〔註92〕 陳培桂，《淡水廳志》（臺北：臺灣銀行經濟研究室，1963），頁 114。

〔註93〕 王瑛曾，《重修鳳山縣志》（臺北：臺灣省文獻委員會，1993），頁 9。

〔註94〕 《淡新檔案》，〈行政篇‧建設類〉，頁 370。

即難得力」。〔註95〕可見有關臺灣的軍工料館，至少有四處。

　　艋舺的軍工料館位於現在的那個地方，則沒有確切的史料可考，但依據「料館媽祖廟」〔註96〕如（圖 5－4 及圖 5－5）的位置判斷，軍工料館的設置地點應與料館媽祖廟相近，因爲在道光初年至光緒年間，艋舺附近的船隻都在料館口街靠岸並裝卸木材，到了咸豐年間，在料館口街旁，也就是軍工料館旁興建了「料館媽祖廟」。〔註97〕所以根據此點推測，艋舺的軍工料館是位於料館口街，即爲現在的臺北市環河南路二段和廣州街的一部分。〔註98〕

　　南部枋寮口之軍工料館，位於現今屏東縣枋寮鄉的那個位置，至今也無確切的史料可以佐證，但從乾隆二十七年（1762）所修的《重修鳳山縣志》中記載：「枋寮口因設置軍工料館，製造水師戰船木料，因此集結了眾多的軍工匠，所以形成一枋寮口街」。〔註99〕由此內容了解除了知道枋寮軍工料館早在乾隆二十七年（1762）以前就已經設置之外，亦可推斷枋寮口應是在現在枋寮港一帶。

　　軍工料館的設置，是爲存放由軍工寮採辦完成的軍工木料，然後再統籌整理木料再運往軍工戰船廠建造戰船，所以軍工料館不但有存放軍工木料的功能，也是木料裁剪之地，並具有相當重要的國防功能與意義，但隨著樟腦的開放經營，料館已面臨停辦，據《淡新檔案》中載，軍工料廠，於光緒四年（1878）奉令停辦。〔註100〕但其實早在同治六年（1867），因議准洋人入山採買樟腦之後，料差已無當差，料館遂名存實亡。〔註101〕這與福建船政局的成立，臺灣已不再興造新的戰船有很大的關係，也因爲如此，軍工料館也就失去其原有的功能，而採辦木料與裁剪木料的業務也就不再繼續進行了。

〔註95〕姚瑩，《中復堂選集》（臺北：臺灣省文獻委員會，1986），頁 178～179。
〔註96〕料館媽祖廟即是現今之啓天宮，住址爲現今臺北市萬華區廣州街 253 巷 27 號（廣州街與環河南路二段之交界處）。
〔註97〕蘇省行，〈艋舺舊街名考源〉《臺北文物》，第二卷，第一期，（臺北：臺灣文獻委員會，1953），頁 22。
〔註98〕蘇省行，〈艋舺舊街名考源〉《臺北文物》，第二卷，第一期，頁 21。
〔註99〕王瑛曾，《重修鳳山縣志》（臺北：臺灣省文獻委員會，1993），頁 32。
〔註100〕《淡新檔案選錄行政篇初集》，光緒四年（1878）三月十日新設臺北府承工總文，頁 34。
〔註101〕陳培桂，《淡水廳志》（臺北：臺灣銀行經濟研究室，1963），頁 114。

圖 5－4 艋舺軍工料館位置示意圖

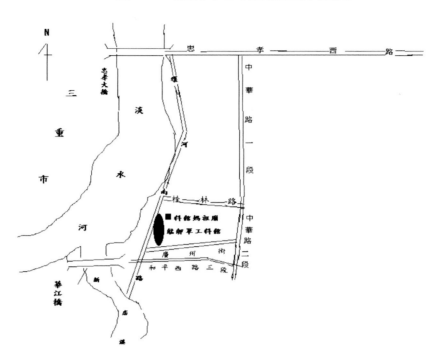

圖 5－5 艋舺料館媽祖廟位置圖

說明：艋舺料館媽祖廟現稱啓天宮，位於臺北市萬華區環河南路二段
與廣州街口。李其霖攝於 2002 年 7 月 20 日。

三、軍工料館的功能

軍工料館即是存放木料之處，其設置原因，乃因軍工戰船廠的貯木地方有限，故於軍工寮載運之軍工木料，皆暫時存放於軍工料館，此外，部分裁剪木料工作亦在此進行，等待船隻運送至軍工廠。因此「料館」就是鋸木廠或鏟材廠之意，昔日新店溪上游地域出產的樟樹，由水路運到料館口街，交給軍工料館，供作軍需造船。〔註 102〕

軍工料館除了是軍工木料的轉運站及木料裁剪處之外，更是樟腦的販賣地點。茲舉數例如《淡水廳志》記載：淡、彰出產樟木，向歸艋舺料館收買，故內山各煎腦竈戶，亦歸料館約束。料館爲道署軍工廠，料煎腦則傷料，數十年來，樟腦買賣皆歸料館操縱。〔註 103〕《淡新檔案》亦載，樟腦一物，出自卑轄內山一帶，用樟樹根扒碎，煎熬成腦，向歸臺灣道憲臺所設軍工廠內收買，以補斧鋸之資，歷年已久，軍工廠所收樟腦，一有成數，或運赴廣東、香港散售，或聽洋商到廠自買。〔註 104〕另外，新竹內山一帶所產的樟木，也都歸艋舺道署軍工料館收買，熬煎腦竈，也都歸料館約束。〔註 105〕可見軍工料館除了存放木料及鋸材之外，其另一項業務則是販賣樟腦。

既然軍工料館依法可以從事販賣樟腦之業務，因此在噶瑪蘭地區採辦木料的淡水廳軍工匠首杜長春，就申請在噶瑪蘭地方設置軍工料館，〈與鹿春如論料匠事〉一文中就載道：

> 匠首杜長春又最久歷，以煎煮樟腦獲利。噶瑪蘭新開，未設匠首，其本地游民無食，入山採伐木植，爲居民建蓋房屋，農具器用，皆賴於此。其地並無松杉，惟產硬木，即軍工小料之木也。是以淡水大匠首杜長春派令承辦軍工，歷年四載，每載一百二十件無誤。嗣因附近蘭民，往往入山煎煮樟腦，售賣漸多，而杜長春之樟腦滯銷不行，乃請入蘭設立料館，以採軍工爲名，而實在欲收樟腦之利。
> 〔註 106〕

後來杜長春手下小匠林泳春升任匠首後，爲了爭奪樟腦之利，公然與當地官

〔註 102〕蘇省行，〈艋舺舊街名考源〉《臺北文物》，第二卷，第一期，頁 21～22。
〔註 103〕陳培桂，《淡水廳志》（臺北：臺灣銀行經濟研究室，1963），頁 114。
〔註 104〕《淡新檔案》，〈行政篇・建設類〉，頁 377。
〔註 105〕鄭鵬雲、曾逢辰，《新竹縣志初稿》（臺北：臺灣省文獻委員會，1999），頁 84～85。
〔註 106〕姚瑩，《東槎紀略》（臺北：臺灣省文獻委員會，1986），頁 113。

方發生爭議，因而釀成了民變。〔註107〕從這事件可知道軍工料館的功能是如此重要，因為軍工料館掌控了樟腦的販賣權。

　　同治二年（1863）臺灣道陳懋烈，將軍工料館改為「腦館」，並在苗栗後壠、大甲等處設立「小館」，由道庫出資收購，對樟腦實行統購統銷制度。〔註108〕至此，軍工料館的實際功能僅限於買賣樟腦，實因同治朝以後，軍工戰船的建造數量已不如以往，甚至不再繼續興造戰船，所以軍工木料的需求減少，軍工料館便成了樟腦買賣的集散中心了。

小　結

　　清廷辦理軍工，入山採辦軍料人員除了軍工匠首及伐木小匠以外，社番所扮演的角色亦為重要。在臺灣中部地區，社番除了具有護衛工匠身分之外，也必須負責擔任運送木材之任務。遇到緊急狀況，更需隨時待命，接受官府的指揮。軍工伐木人員本有利益，但這些護衛工匠被邊緣化，故無任何利益可言。

　　幫忙進入南部山林成為導引人員的土生仔，雖不像中部社番被剝奪那麼嚴重，但在清廷眼中，確被視為毫無用處，顯見無論是中部或南部社番，皆受到清廷的鄙視，而將他們視為一利用工具罷了。

　　漢番衝突時來有之，軍工伐木之後，使得漢番衝突事件履見不顯。有些衝突事件直接由軍工伐木人員所引起，部分則是民人藉故入山伐採，而與原住民間的衝突。無論是軍務或私事，一旦進入番界，其所引發的擊殺則不可避免。遂有土牛溝的設置，雖然如此，但衝突事件並未因此而杜絕。

　　關於軍工伐木區域的探討，因資料的侷限，故難以全方面掌握，只能依據現有資料內容進行探究，可以肯定的事，臺灣內山森林資源豐富，但清廷對山林不熟悉的情況之下，四處砍伐木材則是可預測之事，再者，土生仔的帶領，將可讓砍伐之區域增大，包含的範圍更廣。

〔註107〕張菼，《清代臺灣民變史研究》（臺北：臺灣銀行經濟研究室，1970），頁73～81。

〔註108〕王國瑞，《臺灣林業史》第一輯（臺北：金氏圖書有限公司，1981），頁18。

第六章　軍工匠的信仰

前　言

　　臺灣的軍工匠組成人員比起中國沿海各地之軍工匠人員要來得複雜，中國沿海各地的軍工匠大致可分為三類，分別為料差、製造戰船匠與軍工伐木匠。臺灣軍工匠的組成人員則可分為四類，除料差、製造戰船匠、軍工伐木匠以外尚有護衛工匠。臺灣軍工匠之組成份子會比起中國沿海來的複雜，則是因為在臺灣要取得木料極為不易，因此必須要有更多的人員來辦理修造戰船事宜。在臺灣製造戰船的料差與護衛工匠，因為他們去留頻繁，以及工作地點較不明確，因此這兩類的軍工匠並沒有一個明確的信仰中心，所以亦就沒有特別的信仰神祇。至此，本章即針對有信仰中心及信仰神祇的軍工伐木匠與軍工造船匠進行敘述。

第一節　軍工匠的主要信仰神祇

　　軍工匠信仰神祇最主要可分為四種，分別為魯班公、媽祖、水仙尊王及福德正神，這之中軍工伐木匠信奉的是魯班公及福德正神，製造戰船匠及至福建採辦軍料的料差則是信奉媽祖以及水仙尊王。會有如此信仰不同的分別是因為他們的職司不同，因此在信仰上也就分別有不同的信仰神祇。但不管他們信奉何種神祇，其共同的目的都是在祈求神明保佑他們的工作能平安順利。

一、魯班公

　　魯班姓公輸，字依智，魯之賢，勝路東平村人也，其父諱賢，母吳氏，師

生於魯定公三年甲戌五月初七日。〔註1〕魯班因出生於春秋時期,而其名為公輸,因此又稱公輸子。如《孟子》中載:「……離婁之明,公輸子之巧,不以規矩,不能成方員……」。〔註2〕另在《墨子》中載:「……公輸般九攻,墨子九拒之……」;〔註3〕《呂氏春秋》中亦載:「……王曰,公輸般天下之巧工也,以為攻宋之械矣……」,〔註4〕文中均稱其為公輸般。再者,因公輸依智是魯國人,因此後人也稱其為魯班。魯班在春秋時期發明了石磨、雲梯等器物,木雕業、鋸木業等與木材相關的行業皆信仰魯班公,所以工匠皆視其為工匠之始祖,並將魯班奉為工匠之仙師。魯班死後工匠為了彰顯他的能工巧手,因此為他立廟供奉。工匠們也都尊稱他為魯班仙師、公輸仙師、巧聖仙師、魯班爺、魯班聖祖等。〔註5〕爾後,魯班就成了工匠的信仰神祇。然亦有學者認為公輸般與魯班本有二人矣,〔註6〕魯班與公輸般是否為同一人或為不同的兩人,這並不是本文的討論重點,但一般的善男信女還是以魯班公之尊稱為多。

在明代初年,木工等建築工匠已有廟祀魯班的活動。明代編纂的木匠經典《魯班經匠家鏡》卷一〈魯班先師流源〉即有記載此類活動。〔註7〕在臺灣專祀魯班公的廟宇並不多見,據筆者目前所調查只有位於臺中縣東勢鎮的巧聖仙師廟、高雄縣鳳山市的精妙宮與花蓮縣吉安鄉的聖能宮三座。其中則以東勢鎮的巧聖仙師廟最具規模,時代也最久遠,同時,巧聖仙師廟也是與清代軍工匠有直接關係的廟宇,而位於花蓮縣吉安鄉的聖能宮,則是於民國四十六年左右自巧聖仙師廟分靈至此供奉。〔註8〕在精妙宮方面則未見與軍工匠有任何的直接關係。

〔註1〕 午榮、章嚴,《新鐫工師雕斲正式魯班木經匠家鏡》(上海:古籍出版社,1995,續修四庫全書本第879冊),頁83。

〔註2〕 孟子著,趙岐注,《孟子注疏》(臺北:臺灣商務印書館,1986,景印文淵閣四庫全書本第195冊),頁157。

〔註3〕 墨翟,《墨子》(臺北:臺灣商務印書館,1986,景印文淵閣四庫全書本第848冊),頁22。

〔註4〕 呂不韋修,高誘注,《呂氏春秋》(臺北:臺灣商務印書館,1986,景印文淵閣四庫全書本第848冊),頁467。

〔註5〕 李喬,《中國行業神》上卷(臺北:雲龍出版社,1996),頁10。

〔註6〕 鍾華操,《臺灣地區神明的由來》(臺中:臺灣省文獻委員會,1979),頁265;呂宗力、欒保群,《中國民間諸神》下冊(臺北:臺灣學生書局,1991),頁778。

〔註7〕 李喬,《中國行業神》上卷,頁2;午榮,《新鐫工師雕斲正式魯班木經匠家鏡》,頁83。

〔註8〕 姚誠,《洄瀾神境——花蓮的寺廟與神明》(花蓮:花蓮縣立文化中心,1999),頁127。

二、媽　祖

　　媽祖信仰在中國社會中由來已久，也是中國沿海地區民眾最重要的信仰神祇之一，在這之中又以福建沿海之閩南各地、以及臺灣地區的信徒最爲熱絡，因爲這些地方的居民，大部份賴以海洋爲生，而媽祖又出生於福建地區，因此媽祖信仰亦即在福建地區及臺灣地區成爲重要的信仰神祇，在臺灣每年農曆三月二十三日，各地皆有各種祭祀媽祖誕辰的活動，其中又以大甲媽祖的繞境活動最具規模。

　　軍工匠的工作因爲是製造水師戰船，因此與海洋亦有間接的關係，所有的軍工匠之中，又以軍工造船匠與媽祖最具有直接的關係，因爲他們有兵勇的身份，所以有時候也必須擔任巡防海洋的任務，因此，媽祖是他們不可或缺的信仰神祇。這可從福建所屬的每艘戰船上都設有媽祖龕〔註9〕的情況來看〔註10〕，軍工匠與媽祖的關係是相當密切的。

　　媽祖的生平事跡各有所載，在清代的臺灣地方志中皆有詳細的記載，如在《重修鳳山縣志》〔註11〕中就有詳細的敘述，這也是清代對媽祖的概略敘述。其他有關近人對媽祖之研究亦非常的豐富，〔註12〕也都有詳細的討論。媽祖信仰從宋朝至今，一直在中國東南沿海流傳著，歷朝各代也不斷的對媽祖加以冊封，〔註13〕這使得媽祖的地位更加崇高。而媽祖的信仰又以福建最爲

〔註 9〕　媽祖龕爲供奉媽祖神像的櫥櫃，在福建所屬的戰船上，都有媽祖龕的設置。在《欽定福建省外海戰船則例》上之製造每艘戰船的材料上，都有媽祖龕用材的名目。

〔註10〕　見臺灣銀行經濟研究室編輯，《欽定福建省外海戰船則例》（南投：臺灣省文獻委員會，1997），頁 47、80、110、140 等。

〔註11〕　王瑛曾，《重修鳳山縣志》（南投：臺灣省文獻委員會，1993），頁 150～151，載：「天后（媽祖），莆田湄洲嶼人，宋都巡檢林愿女，建隆元年三月二十三日誕。從幼能知休咎，布席海上濟人；人稱神女。雍熙四年九月九日昇化（或云二月十九日），年二十有八。厥後人常見其衣朱衣，飛騰海上；因建廟祀之，且並祀於其鄉之地名紅螺者……。」

〔註12〕　近人對媽祖的研究有石萬壽，《臺灣的媽祖信仰》（臺北：臺原出版社，2000）；石萬壽，〈明清以前媽祖信仰的演變〉，《臺灣文獻》，40：2（臺北，1989.06），頁 16；蔡相煇，《臺灣的王爺與媽祖》（臺北：臺原出版社，1989），頁 120～124、〈近百年來媽祖研究概況〉，《臺北文獻》，直字第 152 期（臺北，2005.06）；另外有關媽祖的褒封、詔誥、神蹟等事跡，可參見臺灣銀行經濟研究室編，《天妃顯聖錄》（南投：臺灣省文獻委員會，1996）。

〔註13〕　1123 年（北宋徽宗宣和五年），給事中路允迪出使高麗，船舶行駛中遇到颱風，在千鈞一髮之際，神降臨於檣，眾人才能安然無恙。路允迪回京後奏報

熱絡，這與其出生地在福建亦有很大的關係。根據道光《福建省通志》所載，福建省的媽祖廟共有八十一座。〔註 14〕但這也只是官方的統計資料，確切的媽祖廟數目應該是遠超過這個數量的。而在臺灣的媽祖信仰及廟宇，則更遍佈了大小村落，崇拜程度則更勝於福建內地。

　　軍工匠人會以媽祖為信仰中心，這與他們的工作有很大的關係，軍工匠之中以料差及造船匠〔註 15〕與海洋最有直接的關係，因為他們的工作就是在海上活動。所以也與一般的漁民相同，以媽祖為其信仰的中心。軍工匠與媽祖信仰到底有多大的關係呢？這可從軍工道廠中所興建的天后宮看出一些端倪。從蔣元樞所興建的軍工道廠圖說中（見圖 2−4），即可看到軍工道廠右側亦興建一座天后宮，而天后宮正是祀奉媽祖，另外從《鼎建臺澎軍工廠碑記》

媽祖恩澤，因此皇帝賜匾「順濟」，這也是官方最早對媽祖的正式褒揚。1155年（南宋高宗紹興二十五年）封「崇福夫人」；1190年（南宋光宗紹熙元年）封「靈惠妃」；1281年（元世祖至元十八年）封「護國明普天妃」；1409年（明成祖永樂七年）封「護國庇民妙靈昭應弘仁普濟天妃」；1683年（清康熙二十二年）封「天后」；1726年（清雍正四年）賜「神昭海表」匾額，並封媽祖為「天上聖母」；1733年（清雍正十一年）又賜「錫福安瀾」匾額，並下令江海各省皆需建廟奉祀；1757年（清乾隆二年）加封「福佑群生」；1757年（清乾隆二十二年）將封號天妃改為天后，並再加封「誠孚」。至此，媽祖的全封號為「護國庇民妙靈昭應宏仁普濟福佑群生誠孚天后」。關於對媽祖的冊封可參閱增田福太郎，《臺灣の宗教》（臺北：南天出版社，1996），頁 164～167。另據陳國棟老師的研究，其整理自《續琉球國志略》、《高宗純皇帝實錄》、「內閣大庫檔案」、《宮中檔雍正朝奏摺》等資料發現，媽祖之稱「天后」，早於乾隆二年若干年，說不定在康熙二十三時真的就已經核准，只是不知何故，此一稱謂並未普遍地為臣民所知曉、所採用。其內容請參見，陳國棟，〈談齊鯤、費錫章《續琉球國志略》的寫本與擺印本〉，收錄於中琉歷史關係國際學術研討會會議論文，2005年12月。

〔註 14〕　《福建省通志》載：天后廟在興化府有五座，泉州府、漳州府各有九座，福州府有十座，福寧府、汀州府各有八座，建寧府七座，延平府六座，邵武府四座，永春州、龍巖州各三座，福建省內地共有八十一座，散佈於清代福建內地五十八縣中的五十六縣，而省志所未載奉祀媽祖的縣份，只有漳州府的平和縣，以及福寧府的壽寧縣。見石萬壽，〈明清以前媽祖信仰的演變〉，頁 16。另在昭和九年（1934），日本官方的調查，臺灣的媽祖廟共有 335 座。見增田福太郎，《臺灣の宗教》，頁 14。1959年臺灣文獻委員會的調查，媽祖廟已增加至 383 座。見林衡道，《臺灣歷史民俗》（臺北：黎明文化出版社，2001），頁 114。

〔註 15〕　料差必須到福建內地採辦木料，再將木料運送至軍工戰船廠，這之中大部分時間都必須在海上渡過；造船匠因又具備兵勇的身份，所以海上的巡防是避免不了的，所以料差及造船匠與媽祖的關係更是密不可分，因此在戰船上及軍工廠內都有媽祖神像的供奉。

中的碑文也可看出，其內容記載：「……周樹木柵，并修葺天后宮及風神、潮神、輸般各廟，均於軍工相維繫者，塗堊丹臒，聿新其舊，所以揭虔妥靈也……」。〔註16〕由此可知媽祖與軍工廠是相互維繫的，沒有媽祖的庇佑，軍工匠則是無法得到心靈的寄託，從這裡也顯示出軍工戰船廠對媽祖信仰的重視度，否則臺灣道臺也不用花錢在軍工道廠內興建天后宮。然而不只軍工道廠內有天后宮的設置，連在軍工道廠的外圍也有媽祖廟的新建，而且這些廟宇又與軍工匠有很密切的關係。

三、水仙尊王

水仙尊王原為河神，爾後亦與龍王、媽祖等諸神被民間奉以海神稱。水仙尊王又稱為水仙王，是中國東南沿海之民眾、船夫所供奉的神祇，臺灣於康熙三十五年（1696），在現今澎湖媽宮澳內的渡船頭，創建水仙宮，供奉水仙尊王，這也是臺灣最早的水仙尊王廟。廈門的軍工戰船廠旁也同樣有水仙宮的設置，但現今已廢。水仙宮內所祀奉的水仙尊王，計有大禹、伍員（伍子胥）、屈原、項羽、魯班。〔註17〕這座水仙廟是由駐紮在澎湖的右營遊擊薛奎所建。〔註18〕另外，三級古蹟臺南水仙宮建於康熙五十七年（1715），主祀大禹，配以伍員、屈原、王勃、李白，合稱五水仙。〔註19〕《重修臺灣縣志》中如此載道：

> 按鴟夷之浮，汨羅之沈，忠魂千古；王勃省親交趾，溺於南海，歿而為神；雖李白表墓謝山，前人經訂采石之訛，第騎鯨仙去，其說習傳久矣。今海舶或遭狂颶，危不可保，時有划水仙一法，靈感不可思議。其法：在船諸人，各披髮蹲舷間，執食箸作撥棹勢，假口為鉦鼓聲，如五日競渡狀。雖檣傾柁折，亦可破浪穿風，疾飛倚岸，屢有徵驗；非甚危急，不敢輕試云。〔註20〕

從這兩座水仙廟中可看出此兩座廟所供俸的水神不盡然相同，但基本上大禹、伍員、屈原是水仙廟常祭祀的主神。如郁永河在〈海上紀略〉中提及：「……

〔註16〕臺灣銀行經濟研究室編，《臺灣南部碑文集成》，頁104。

〔註17〕魏淑貞編，《臺灣廟宇文化大系》（一）天地諸神卷（臺北：自立晚報社文化出版部，1994），頁144。

〔註18〕陳文達，《臺灣縣志》（南投：臺灣省文獻委員會，1993），頁216；王必昌，《重修臺灣縣志》（南投：臺灣省文獻委員會，1993），頁178。

〔註19〕周宗賢，《臺閩地區古蹟價值之研究》（臺北：內政部印行，1998），頁404。

〔註20〕王必昌，《重修臺灣縣志》，頁178。

水仙王者,洋中之神,莫詳姓氏。或曰:帝禹、伍相、三閭大夫;划水仙者,洋中危急不得近岸之所爲也……」。〔註21〕由此可見,大禹、伍員及屈原是一般大眾所祭祀的水仙尊王,而一般都是以大禹爲主祀神祇。

臺灣與廈門的軍工匠也都有供奉水仙王,除了在陸上供奉外,在海上遇到危機時亦有划水仙的舉動。在廈門的軍工戰船廠旁即有水仙宮,但因環境變遷,現已不復見,所以並無法在當地找到相關的史料。臺灣方面雖在軍工戰船廠旁無設置水仙宮,但軍工匠對水仙王的尊崇則是絲毫不變的。

四、福德正神

福德正神,俗稱土地公,亦稱后土〔註22〕、伯公、土神、社神等。民間普遍供奉土地公,乃是出於古代敬天敬地的習俗。在古代,天子必須爲百姓立廟祭祀,這即是所謂的「……王爲群姓立社,曰大社,王自爲立社,曰王社……」,〔註23〕這裡的社,即是土地公廟。土地公是土地的守護神,其統馭的區域無所不包,舉凡城市、鄉村、民宅、田野、墳場等都得祀奉土地公,所謂:「田頭田尾土地公」。土地公是否眞有其人,民間傳說紛紜,是唐堯時期的風福、周武王時期的張福德或者是還有其他人,本文在此不再多做討論,但在臺灣地區的道教廟宇,大部分都一定也供奉土地公的,土地公也就成了主要的陪祀之神。

第二節　軍工匠信仰廟宇的分佈

軍工匠信仰廟宇的分佈與軍工匠的工作地點是相對的,換言之,軍工匠信仰的廟宇地點是分佈在軍工戰船廠、軍工料館與軍工寮附近,因爲這三個地區是軍工匠人員出沒最頻繁,也是聚集最多的場所,而也唯有這三個場所

〔註21〕 郁永河,〈海上紀略〉,《裨海紀遊》(南投:臺灣省文獻委員會,1996),頁60～61。

〔註22〕 〈月令〉,《禮記》載:「中央土,其日戊己,其帝黃帝,其神后土」,見鄭玄撰,《禮記注疏》(臺北:臺灣商務印書館,1986,景印文淵閣四庫全書本第115冊),頁350;《春秋左傳注疏》亦載:「顓頊氏有子曰犁爲祝融,共工氏有子曰句龍,爲后土、后土爲土官」,見左丘明撰,杜預注《春秋左傳注疏》(臺北:臺灣商務印書館,1986,景印文淵閣四庫全書本第144冊,頁513。這裡的后土即指土地神,這也是文獻中最早對后土的形容。

〔註23〕 〈祭法〉,《禮記》。見鄭玄撰,《禮記注疏》,頁258。

附近也才有軍工匠的信仰廟宇。在清代時期，無論是臺灣或者是廈門，也都有軍工匠所尊崇的廟宇，本部分從廈門及臺灣兩地來討論。

一、在廈門方面

　　清代在福建省（不包括臺灣府）本有三座軍工戰船廠〔註24〕，但因時代久遠以及環境的變遷，至今筆者也只能尋覓到廈門的軍工戰船廠。廈門的軍工戰船廠是於雍正七年（1729）被清廷議准設立的，其將福建省金門、海壇二鎮戰船另於泉州設廠興造，〔註25〕因此泉州即成為福建省轄內的第三座軍工戰船廠。但在泉州戰船廠未設置之前，福州廠的一些戰船就已經在泉州興造，但此時的泉廠並不是體制下的軍工戰船廠，泉廠只是福廠的分廠。然福州分廠位於泉州何處，尚無直接史料可供佐證，因此確切的造船地點亦無從得知。爾後泉廠移往廈門的原因是因為，興泉永道衙早就於雍正五年（1727）移駐廈門。〔註26〕因此興泉永道台要到不是他的駐紮地去督造戰船，路途的遙遠使得在監督方面造成了極大的困擾。乾隆元年（1736），閩浙總督郝玉麟在瞭解此一情況之後，遂奏請於興泉永道台所駐防的廈門地方建造新的軍工廠，所以泉廠在此時就在廈門重設，也就是現在的廈廠。〔註27〕據《廈門志》的記載，廈門當地前後建有兩座軍工廠。〔註28〕一為雍正七年（1729）所設，一為乾隆五年（1740）設，後期的軍工廠，而是位於廈門水仙宮右至媽祖廟的軍工戰船廠，其位置大約位於現在廈門市之思明南路、鎮海路、晨光路及同文路之中（現今廈門市和平碼頭一帶），但如今的廈門軍工廠已難尋原來之貌了。廈門軍工戰船廠旁的水仙宮，據《廈門地志》載，其興建於明代，但確切時間則不可考，而此間水仙宮所供奉的水仙王分別為大禹、伍子胥、屈原、公輸子及楚霸王。〔註29〕從這水仙宮也供奉公輸子的情況來看，這水仙宮與軍工匠是非常密切的，但如今水仙宮已廢，所以並無法證明其與軍工匠

〔註24〕福建的三座軍工戰船廠分別設置在福州市、廈門市以及漳州市。
〔註25〕崑崗，《欽定大清會典事例・光緒朝》（北京：中華書局，1991），卷九百三十六，工部七十五，船政，頁739。
〔註26〕周凱，《廈門志》（南投：臺灣省文獻委員會，1993），頁46。
〔註27〕周凱，《廈門志》，頁153～154。
〔註28〕周凱，《廈門志》，頁154。
〔註29〕陳嘉平、張聰慧、方文圖編著，《廈門地志》（廈門：鷺江出版社，1995），頁106。

的關係到達何種程度。但媽祖宮〔註30〕（圖6－1）如今還被保留下來，但已不是當時的規模了。廈門媽祖宮位於廈門軍工戰船廠旁，根據廟方人員敘述，媽祖宮以前是工匠、水手聚集之處，但因年久失修，廟地原址又新建住宅區，因此將媽祖宮之媽祖移往二樓供奉。也因為媽祖宮拆遷多次，所以沒有遺留下任何的匾額、碑誌之類的文物。因此無法瞭解其與軍工戰船廠的關係有多密切，但從附近只有此間媽祖廟的情形看來，媽祖宮應與軍工戰船廠有良好的互動關係。

圖6－1 廈門軍工戰船廠旁媽祖宮位置圖

說明：廈門軍工戰船廠位於此二棟建築物中的巷弄內

圖片來源：李其霖攝於2001年8月1日。

　　雖然不能直接證明水仙宮以及媽祖宮即為當時的軍工匠人所蓋，或者是他們的活動地點以及信仰中心，但以軍工戰船廠在這兩座廟之旁，即可推斷這兩座廟宇與軍工匠是有密切關係的。

〔註30〕廈門媽祖宮地址為現今廈門市晨光路52號。媽祖宮的廟宇規模極為狹小，地處住宅區之二樓，找尋極為不易，見第一章第四節。

二、在臺灣方面

　　臺灣的軍工匠信仰因其職司不同，其信仰神祇亦迥異，如軍工伐木匠即有信奉魯班公及福德正神的情形，其廟宇的設置地點則是在軍工寮附近，這以東勢軍工寮的巧聖仙師廟最具代表；另在車城附近的軍工寮附近亦建有福安宮。在軍工戰船廠與軍工料館工作的軍工匠則是供奉媽祖，如艋舺軍工料館旁則是興建了啓天宮，俗稱爲「料館媽祖廟」；枋寮的軍工料館附近則是建有德興宮；臺南的軍工戰船廠旁則興建有媽祖樓以及金安宮，另外在軍工戰船廠內也同樣設置有天后宮。值得一提的是在軍工戰船廠附近的普濟殿以及彌陀寺，在這些廟宇重新整修時也都有軍工戰船廠及軍工匠首來捐助。

（一）在軍工料館處

　　軍工料館的設置，是爲存放由軍工寮採辦完成的軍工木料，然後再統籌整理木料再運往軍工戰船廠建造戰船，所以軍工料館不但有存放軍工木料的功能，也是木料裁剪之地。軍工料館亦稱爲「軍廠」〔註31〕，是軍工戰船木料暫時存放之所。《臺灣紀事》中記載：臺郡修造戰艦所需木料，歲由匠首配運，輸之官廠，不能無需於樟木，爲燒樟腦太多，則巨樟損剝必多，有誤辦公，故稅館曰「軍工料館」。〔註32〕軍工匠從軍工寮所採辦的木料，都必須運往軍工料館存放，並依照軍工戰船廠所需的木料大小製成送交，一旦軍工戰船廠極需木料之時，就可直接由軍工料館運往，因此可以將軍工料館當成是軍工木料的轉運站。

　　清代在臺灣最主要有南北兩個軍工料館，分別是淡水廳所屬之艋舺料館以及鳳山縣所屬之瑯嶠料館。北部的軍工料館設置位置如《淡水廳志稿》中所載：「……北部軍工料館以艋舺爲最大，所以運載木料之船皆停於艋舺澳……」〔註33〕、《淡水廳志》亦載：「淡、彰出產樟木，向歸艋舺料館收買」。〔註34〕而南部的軍工廠〔註35〕則在枋寮口。〔註36〕從《淡水廳志稿》中可看

〔註31〕軍工料館是一般民間的通稱，官方稱軍工料館爲軍工廠，是爲存放軍工木料之處，《重修鳳山縣志》中記載，「軍廠」在縣治東南六十里枋寮街購料造船軍匠屯聚之所。參見王瑛曾修，《重修鳳山縣志》，卷七，頁192。

〔註32〕吳子光，《臺灣紀事》（南投：臺灣省文獻委員會，1996），頁14。

〔註33〕鄭用錫，《淡水廳志稿》（南投：臺灣省文獻委員會，1998），頁11。

〔註34〕陳培桂，《淡水廳志》（臺北：臺灣銀行經濟研究室，1963），頁114。

〔註35〕此軍工廠即指軍工料館。

〔註36〕王瑛曾，《重修鳳山縣志》，頁9。

出，似乎北部地方不止一間軍工料館，艋舺軍工料館只是北部地區最大的而已。這也可以從《淡新檔案》中知悉，其載，中港料館金泰成記〔註37〕等字樣。雖然如此，但艋舺料館應是北部地方最大，也是最為重要的料館。另外因臺灣的軍工木料也有在福建採辦的情況，因此軍工戰船廠在福州、廈門地方也設置有軍工料館。如姚瑩所述：「……臺廠於省城及廈門皆設有料館，專派丁胥工役，長年採辦，轉運工費浩繁，所用不得其人，選採即難得力……」。〔註38〕可見由臺灣廠所管轄的軍工料館，至少有四處。

北部艋舺的軍工料館位於現在的那個地方，則沒有確切的史料可供佐證，但依據「料館媽祖廟」〔註39〕（圖6－2）的位置判斷，軍工料館的設置地點應與料館媽祖廟相近。雖然不能證明料館媽祖廟的興建與軍工匠有直接的關係，但其廟名為料館即代表了其與軍工料館有密切的關係。料館媽祖廟大約是在道光、咸豐年間創建，建廟現址在當時的艋舺大溪口（淡水河第一水門）附近。當地是木材集散中心，大陸運來的福州杉，及三峽、木柵山區所砍伐的軍工木料也都存放於此，而在艋舺附近的船隻也都在料館口街靠岸並裝卸木材。〔註40〕可見當時的軍工料館位於此處是毋須置疑的。

料館媽祖廟正殿所供奉的主神為媽祖，因此在此地負責運送軍工木料的軍工匠與在此剪裁木料的軍工匠即以媽祖為他們的信仰中心。另外從料館媽祖廟興建的時間來看，也可得知北部的軍工料館設置時間應是比中、南部要來的晚的，這也與軍工寮由南向北移動不謀而合。如今料館媽祖廟改名為啟天宮，但依舊仍保有料館媽祖廟的名號，從前的信徒也由大部分的軍工匠轉換成一般的信眾，但信仰的主神依然是他們最敬愛的媽祖。

南部枋寮口之軍工料館，位於現今屏東縣枋寮鄉何處，至今仍也無確切的史料可以佐證，但從乾隆二十七年（1762）所修的《重修鳳山縣志》中記載：「……枋寮口因設置軍工料館，製造水師戰船木料，因此集結了眾多的軍工匠，所以形成一枋寮口街……」。〔註41〕由此得知道枋寮軍工料館早在乾隆

〔註37〕淡新檔案校註出版編輯委員會編輯，《淡新檔案》〈行政篇：建設類〉，頁370。

〔註38〕姚瑩，《中復堂選集》（南投：臺灣省文獻委員會，1994），頁178～179。

〔註39〕料館媽祖廟即是現今之啟天宮，住址為現今臺北市萬華區廣州街253巷27號（廣州街與環河南路二段之交界處）。

〔註40〕魏淑貞編，《臺灣廟宇文化大系》（二）天上聖母，頁32；蘇省行，〈艋舺舊街名考源〉，《臺北文物》，2：1（臺北，1953.04），頁22。

〔註41〕王瑛曾，《重修鳳山縣志》，頁32。

二十七年（1762）以前就已經設置了。也因戰船廠需要許多的木材，因此造就了軍工匠人在此落地生根，並聚合而形成一聚落。

枋寮東邊是傀儡山，傀儡山內蘊藏豐富的林木，因此枋寮溪口即成為鄰近山區採集造船木料的集散地。〔註42〕軍工戰船廠也就在枋寮溪口處設置一軍工料館，方便在此採集木料。位於枋寮溪口處不遠的媽祖廟德興宮（圖6－3），為枋寮最大的村廟，德興宮約興建於乾隆四十年（1755）。其四周正是當時的木材集散中心，但因時間久遠，木材工廠都已廢棄，又乏無史料，因此無法查證出當時臺灣道所屬的軍工料館位置。但從德興宮的設置時間及地點即可看出，這是一個與軍工匠人密不可分的廟宇，而如今的德興宮之香火比起以前是更加的旺盛，也更具規模，可見其已成為當地一個重要的信仰中心了。

清代臺灣南北兩個軍工料館旁皆興建有媽祖廟，可見聚集在軍工料館的軍工匠人是以媽祖為其信仰的神祇，如今軍工料館雖已裁廢，但媽祖廟的相火卻依然鼎盛，這也表示著媽祖的神威依然存在人們的心中。

圖6－2　啟天宮料館媽祖廟

圖片來源：李其霖攝於 2002 年 5 月 18 日

〔註42〕簡炯仁，《屏東平原的開發與族群關係》（屏東：屏東縣立文化中心，1999），頁 194。

圖 6－3 枋寮德興宮媽祖廟

圖片來源：李其霖攝於 2002 年 5 月 12 日

地址：屏東縣枋寮鄉德興路 112 號

（二）在軍工戰船廠處

從《鼎建臺澎軍工廠圖說》中，可清楚的看到軍工道廠內有興建一座天后宮，天后宮內供奉媽祖為主神，但那畢竟是由官方所建的廟宇，因此軍工匠在天后宮內的活動也會顯得較不自在。因此在軍工戰船廠旁由私人所建之兩座媽祖廟，即成為軍工匠人的主要活動地點了。

軍工戰船廠旁有兩座媽祖廟，一間為媽祖樓〔註43〕（圖 6－4），另一間是金安宮（圖 6－5）。

媽祖樓興建於乾隆二十年（1755），並於道光三十年（1850）三月於原址重興修建。媽祖樓的位置正好位於軍工道廠入口處一百公尺外，媽祖樓雖然佔地不大，但卻與軍工匠有著良好的互動。這可從媽祖樓內所保存的〈重興修天后宮碑記〉（圖 2－1）中可看出，其碑記最右側就記錄著軍工道廠捐大殿樑一枝〔註44〕，以及軍工府廠捐頭殿樑一枝。由此捐贈的行為可顯示出軍工

〔註43〕 天后廟一在水仔尾、在西郭外海邊蕢米街、一在船廠。見范咸，《重修臺灣府志》（南投：臺灣省文獻委員會，1993），頁 261。

〔註44〕 由軍工道廠所捐贈的媽祖樓大殿樑柱，因媽祖樓於 2001 年 3 月 8 日發生火災，所以大殿樑柱已在此次火災中被燒毀。（筆者在田野調查時，承蒙廟方人員告知，在此謹謝）。

道廠及軍工府廠與媽祖樓〔註45〕的關係是非常密切的。媽祖樓正殿供奉之媽祖，則是由湄州島攜帶至此供奉，至今已有兩百多年了。

距媽祖樓右側之不遠處也有一金安宮，也是以供奉媽祖爲主神，金安宮於乾隆年間，由商人從福建攜至，並於嘉慶十四年（1809）由鄉里信徒及碼頭工人集資興建，現存嘉慶年間石爐一只。〔註46〕金安宮的規模比媽祖樓大許多，但因重建多次，因此只留下嘉慶年間的石爐，其他如碑誌、匾額等並無留存記載，也因此即無法判別其與軍工匠是否有直接的關係。但從其位置上來看，只與軍工道廠距離不到二百公尺的情況之下，相信金安宮與軍工匠人有所互動應是毋庸置疑的。

另外在軍工戰船廠附近的軍工匠除了與這兩座媽祖廟有互動關係之外，軍工匠及軍工戰船廠亦與其他廟宇亦有良好的互動。如在《重建彌陀寺碑記》中即有大廠各經管捐銀十大元。〔註47〕《普濟殿重興碑記》中亦有軍工大廠捐銀四大元，及其他匠首的捐銀，〔註48〕由此可見，軍工匠除了供奉與他們職業相關的神祇之外，對於供奉釋迦牟尼佛的彌陀寺與供奉池府王爺的普濟殿亦有良好的互動關係。

在軍工戰船廠中的軍工匠除了製造戰船之外，也必須要駕駛戰船巡防海疆，而媽祖又是海上的守護神，因此自然就成爲軍工匠的信仰中心，因此在中國沿海一帶的水師戰船、商船或民船等，都會在其船艙內供奉媽祖，如早在明代，即有至琉球的貢船也都有媽祖神像的供奉，如嘉靖十三年的封舟：「……長一十五丈，闊二丈六尺，深一丈三尺，分爲二十三艙；前後豎以五掩大桅，長七丈二尺，圍六尺五寸，餘者以次而短。舟後作黃屋二層，上安詔敕，尊君命也；中供天妃，順民心也……」。〔註49〕而在《欽定福建省外海戰船則例》中之各種戰船木料名目及其戰船設備上，也都有媽祖龕的設置，由此可見媽祖在軍工匠人及航海者的心中是有極重要的地位的。

〔註45〕天后宮現稱媽祖樓，位於臺南市忠孝街118號。

〔註46〕金安宮廟誌沿革。游醒民，〈臺南市古蹟調查與簡介〉，《臺南文化》，新七期（臺南，1979.06），頁121。【按】：金安宮現址位於臺南市西區信義街108巷61號。

〔註47〕臺灣銀行經濟研究室編，《臺灣南部碑文集成》，嘉慶十年立碑，頁183。

〔註48〕臺灣銀行經濟研究室編，《臺灣南部碑文集成》，嘉慶二十四年立碑，頁213～214。

〔註49〕陳侃，《使琉球錄》，收錄於《百部叢書》之十六，紀錄彙編第四（臺北：藝文印書館，1966），頁10。

圖6－4 臺南媽祖樓

圖片來源：李其霖攝於 2001 年 9 月 7 日

圖6－5 臺南金安宮

圖片來源：李其霖攝於 2001 年 9 月 7 日

（三）在軍工寮處

在內山砍木的軍工匠，因其職責是以伐木爲主，所以他們的信仰也就與其他的軍工匠不同，臺灣的軍工寮分佈於臺灣的內山各地，由南至北都有設置，但因年代久遠，軍工伐木已不再進行，另外，軍工寮的設置是因伐木的需要而設，等到此地林木被砍伐殆盡後就會遷往他處設置，因此往往無法保留較完整的遺址，因此至今只能找到兩處與軍工匠有關的廟宇。

1、巧聖仙師廟

巧聖仙師廟位於東勢鎮，其是一座直接由軍工匠人所興建的廟宇，仙師廟旁亦保留相當完整的軍工寮聚落。此處本是一伐木地點，但卻演變爲一大聚落，這與當地林木蘊藏豐富，採伐時間長，以及軍工匠人數眾多有很大的關係。也因聚落的產生，人民信仰的需要，所以在東勢鎮的中寧里匠寮巷旁就興建一座供奉魯班的仙師廟〔註50〕（如圖6－6），依據溫振華的研究〔註51〕及《岸裡大社文書》中的記載，仙師廟的設置時間應於乾隆年間就有可能已經設立。仙師廟設置的原因，依據仙師廟沿革誌的敘述：

> 先人多以伐木爲生，於乾隆四十年間，邃集居本廟現址搭建工寮，避風遮雨，惟昔時山胞民智閉塞，有砍人首祭神陋風，先人深入山林謀生，憂惶不可終日，因此計議在工寮奉祀仙師令旗，燒香求安，果然神靈顯赫，皆能化險爲夷，爲感載先聖得、宏恩，迺在此址建廟奉祀。〔註52〕

由此可見，仙師廟的興建是因軍工匠在此伐木而設置的，也因軍工匠的常駐於此，所以在這一帶就形成一伐木聚落，至今皆還保留有匠寮巷的命名。（如圖6－7）

清代臺灣軍工戰船廠於雍正三年（1725）設置後，乾隆初年就已有軍工

〔註50〕巧聖仙師廟興建於乾隆四十年（1775）。是東勢地區最早興建的廟宇，由廣東省大埔縣籍的軍工匠首劉啓東先生，率領工匠一百多人在現今地興建，而興建廟宇的因素則是因爲當時在此處工作的軍工匠人常遭生番殺害，因此爲了祈求軍工匠人在此地能平安順利，於是即立廟供奉魯班公來保佑，當時稱巧天宮。爾後於道光十三年（1833）年重建，後於九二一大地震中傾毀，居民遂再次募資整修並於民國九十三年（2004）二月入火安座落成。巧聖仙師廟的住址位於臺中縣東勢鎮中寧里匠寮巷48號。

〔註51〕溫振華，〈清代東勢角仙師廟的建立及其發展〉，《中縣開拓史學術研討會論文集》（臺中：臺中縣立文化中心，1994），頁44～61。

〔註52〕臺灣區東勢巧聖仙師開基祖師廟管理委員會編，〈仙師廟沿革誌〉。

匠於匠寮（下寮）處進行伐木製材的工作，可見在此處的軍工寮之設置極早。而早先進入此地的軍工匠人幾乎都是來自廣東省大埔縣的客家人，即從乾隆四十九年（1784）准墾至道光十三年（1833）仙師廟重建，其間約五十餘年，這是東勢角開墾最蓬勃的時期，其最主要原因是林爽文事件後，土牛界線的東移。〔註 53〕這使得聚集於此地的移墾人口越來越多，由乾隆時期的茅屋三十餘間，到道光年間所形成的小聚落，而在此居住的住民也由只有軍工匠人擴大到一般的平民，後期移入的住民即不是軍工匠而是以農耕為主的老百姓，他們的居住地點則是位於現今東安里一帶，亦即昔稱的「牛屎坪」。也因墾民的大量湧入，信徒日漸眾多，於是由貢生劉章職〔註 54〕、楊及仕、郭春榮等人的籌畫下，於道光十三年（1833）重建了仙師廟，仙師廟也由一個軍工匠所供奉的廟宇，轉變成當地人民的信仰中心。

居住於匠寮巷的居民先祖，大多是清季時期的軍工匠後人，如居住於匠寮巷 10 號的邱國源，其先祖即是軍工匠，至今都還居住在此地，他們的先祖也是因為當時伐木的需要才移居於此，爾後，就在此地定居，匠寮巷也就是因軍工匠的集結而形成，而先師廟也就成了他們的信仰中心。〔註 55〕

〔註 53〕溫振華，〈清代東勢角仙師廟的建立及其發展〉，頁 53。
〔註 54〕管業鑑口述，李其霖報導，2003 年 11 月 18 日採訪。據仙師廟主任委員管業鑑之口述，劉章職在當時當任「寮下撫墾處總理」，總管當地撫墾事務，而當時的撫墾總理辦公室即是現今仙師廟的座落地，但因先師廟要擴建因此勢必要徵用當時的辦公場所來興建，也因劉章職的大力支持，所以才能夠改建完成仙師廟。重建完後撫墾總理辦公室即設在廟中，因此仙師廟亦稱「公館」，其左側一樣是軍工匠的居住地，右側是裁剪木料及存放木料的地方，廟前空地則是廟會活動的場所。（感謝管業鑑主任委員提供眾多寶貴的資料，在此謹謝其熱心的協助幫忙）。
〔註 55〕邱國源口述，李其霖報導，2002 年 7 月 1 日採訪。

圖6－6　東勢巧聖仙師廟

圖片來源：李其霖攝於 2004 年 6 月 15 日

圖6－7　東勢匠寮巷

圖片來源：李其霖攝於 2004 年 6 月 15 日

圖 6－8 東勢仙師廟牌匾

圖片來源：李其霖攝於 2004 年 6 月 15 日

說明：東勢仙師廟重建時，廟方爲捐獻者所立牌匾

2、福安宮

福安宮位於屏東縣車城鄉，〔註56〕車城地區的開發極早，這可從福安宮建廟於清康熙元年（1662）中可得知，車城地區以前稱射寮，西臨臺灣海峽，東臨傀儡山，福安宮後方海濱，古時稱「鐵錠港」，是一貨物的集散地區。當地的居民大部分來自泉州及晉江地區。當地因瘴癘之氣籠罩，因此居民謀議雕塑土地公神像來庇佑群黎，1662 年搭建茅舍奉祀，至嘉慶年間，居民募資整修，易其名爲「福安廟」，民國四十年（1951）再度募資改建，並定廟名爲「福安宮」，民國六十九年（1980）再度改建，始成今日規模（圖6－9）。〔註57〕

福安宮雖是由當地居民出資興建，但卻與軍工匠亦有密不可分之關係，這可從《嘉勇公福頌德碑》（圖6－10）中看出，此碑立於乾隆五十三年（1788），立碑之原由是因林爽文及莊大田事件。當時大學士福康安、參贊大臣海蘭察以及成都將軍鄂輝等人爲剿捕林爽文及莊大田來到瑯嶠，但當時官兵水土不服，死傷者眾，在焚香祭拜土地公之後，官兵所得之病日漸康復，爾後在土地公的庇佑之下，福康安等人順利將一干人等擒拿。爲了表彰土地公之神威，

〔註56〕福安宮廟址：屏東縣車城鄉福安村福安路 51 號。

〔註57〕參見《車城福安宮沿革誌》（屏東：福安宮管理委員會，2001）。

遂於「福安宮」立碑表彰。在碑文中可以清楚的看到當時有許多當地的軍工匠首如陳元品、陳君謨等數人共同立此碑。從這可得知，當地的軍工匠與「福安宮」是有良好的互動關係的，這也顯示「福安宮」內所祀奉的土地公亦是軍工匠的守護神。

圖6－9　車城福安宮

圖片來源：李其霖攝於 2005 年 6 月 22 日

圖6－10　嘉勇公福頌德碑

圖片來源：李其霖攝於 2005 年 6 月 22 日

小　結

　　臺灣的道教廟宇到處林立，但供奉者有些尚不知他們為何供奉此神明，先民會立廟供奉一定是事出有因的。清季因製造戰船所組成的軍工匠，因他們的職司各有不同，有些在內山工作，有些在濱海旁工作，因此也就有不同的宗教信仰。雖然他們信仰的神祇不同，但其最終目的都是祈求工作順利、平安，也因有這些廟宇的設置，才能更凝聚他們的向心力，並讓他們的心靈有一個可以寄託的地方。

　　軍工匠也與一般社會大眾一樣有屬於他們的宗教信仰文化，在中國社會每個行業都有其祭祀的宗師，也就是他們行業的守護神，軍工匠這個行業當然也不能例外。行業神明的祭祀，一方面是崇拜他們的開創者，另一方面是要讓他們的工作能更加順遂，讓他們的心靈能得到慰藉。軍工匠的工作是與船務以及木工方面有關，而船又與海密不可分，所以軍工匠就與一般的航海人相同，以媽祖及水仙王來當他們的守護神。而採伐木料匠因與木工方面有關，所以即以魯班為其信奉神祇。但軍工匠除了祀奉與他們相關的神明之外，對於其他廟宇，軍工戰船廠或者是軍工匠也都會熱心的參與和資助。

　　軍工匠的信仰所保留下來的廟宇，至今仍依稀可見，料館媽祖廟、媽祖樓及巧聖仙師廟，都還保留了些許的軍工匠色彩，雖然這些廟宇不一定是由軍工匠直接建造，但從他們積極的參與各項廟務活動來看，這些廟宇顯然是軍工匠另一個重要的活動場所，並是他們心靈寄託的最好場所。清代在臺灣的林木砍伐遍及臺灣內山各地，但這些分佈的區域有多廣，實難完整調查呈現，〔註58〕因此想要了解軍工匠的全部信仰神祇，則有實際的困難，但在這方面還是有繼續研究的空間，只要能再多花一些時間，將全省各大小的廟宇資料重新建立，相信可以更進一步的了解整個軍工匠的信仰狀況。

　　本章原刊載於《暨南史學》第八號，2005 年 7 月。

〔註58〕有關林木砍伐地點的探討可參閱，陳國棟，〈軍工匠首與清領時期臺灣的伐木問題 1683～1875〉《臺灣的山海經驗》，頁 335～346。

必須透過當地官員的協助才能完成採辦木料的工作。因此臺灣的軍工戰船廠與福建軍工戰船廠是一種合作互利的夥伴關係。臺灣與福建在軍工制度，除了編制人員不同之外（臺灣增編伐木匠及護衛工匠），戰船製造的時間及費用也是不同的，臺灣因木料的載運費時、載運成本增加，所以臺灣軍工戰船廠的戰船製造時間，清廷給予的製造時間要比福建三廠寬裕許多，製船的費用也比福建當地增加。臺灣的軍工戰船廠於光緒二十一年（1895）就已經結束，而福建軍工戰船廠則於宣統三年（1911）才結束，這是因為臺灣在光緒二十一年（1895）割讓給日本的原故。

臺灣軍工戰船廠與福廠及漳廠同於雍正三年（1725）設置，臺灣的軍工制度，在管理機制上是與福建相同的，但採辦人員的編制及木料的取得方式，是比福建三廠要來的複雜許多，所以在臺灣製造戰船是比福建當地困難許多，但臺灣因孤懸海外，所需戰船額數比起福建當地之需求量是較多的，所以清廷不得不在臺灣設船廠造戰船。臺灣軍工戰船廠的設置，根據史料來看，有軍工道廠及軍工府廠兩廠是毋庸致疑的，軍工道廠的設置地點，在國分直一及臺南當地的文史工作者探訪之下，其位置的確認也已得到大家的認同。軍工道廠的位置大致在現今臺南市立人國小到海安路一帶，但範圍究竟有多寬闊，在現今的資料上，尚不能完全的斷定。在另一府廠的位置確認上，較有其困難性，因為當初軍工府廠只是一臨時性的編制，其設置原因只是要分造軍工道廠所積壓未修之船，但爾後卻繼續分修道廠之戰船，所以並沒有被裁撤。但因為軍工府廠一直都是體制外的機構，因此在清代的官書奏摺上記載皆不多，所以軍工府廠的設置位置，一直都無法被確認。但根據筆者的判斷及分析，已經能確認軍工府廠的設置地點，大致在臺南市康樂街一帶。只是尚缺直接的史料可供佐證，但從臺南市「南廠」的地名至道光以後才出現來看，軍工府廠的設置與南廠地名的出現，是有直接關係的。先前出版的一些專書、論述，皆認為「南廠」地名的由來，與當地一家民間造船廠有關，但論述的學者卻也提不出可供確認的資料，而以當時的軍工木料都是由官方經營的情況之下，民間造船廠會有多大規模，那是值得存疑的，因此認定民間船廠就是「南廠」地名的由來，似乎有點牽強。因此依據論文的推斷，「南廠」名稱的由來是因軍工府廠的設置而得名的。而軍工府廠除了督造官是由臺灣知府負責之外，其餘的制度規定也都與軍工道廠相同。但臺灣的軍工戰船廠早在道光朝以降就已經開始沒落了。臺灣軍工戰船廠的沒落原因，大致

可分爲五項，一爲財政負擔沉重、二爲木料的缺乏及載運困難、三爲官員的積弊、四爲新式船廠的成立、五爲港道淤塞。臺灣的軍工戰船廠於雍正三年（1725）設置，結束於光緒二十一年（1895），一共是一百七十年。

軍工匠的設置是專對修造戰船而組成的，臺灣軍工匠制度比起福建省當地之軍工匠制度要來得煩雜，福建軍工匠的組成即分爲料差及戰船匠，而臺灣卻多了伐木匠及護衛匠。伐木匠即專指至臺灣內山砍伐軍料的工匠，護衛匠則是保護伐木匠的人員。會設置伐木匠及護衛匠的原因，是因爲臺灣的木料都必須到內山伐採，在官員人力不足之下，只好委託百姓來探辦。也因爲臺灣因內山的採料工作委由民間施辦，因此所引發的問題也就特別的多。漢「番」衝突問題、百姓侵墾問題、樟腦販賣問題等等，都是因由百姓採辦而產生，所以在管理上也就較爲不易。軍工匠的信仰雖然與軍工匠制度沒有直接關係，但信仰除了可供軍工匠及其家屬淨化心靈之外，更可透過共同的守護神，組成一凝聚力堅強的團體以爲互相濟助之用。並且媽祖廟又與軍工戰船廠及軍工料館習習相關，從軍工戰船廠內所設置的天后宮，即可看出軍工匠是以媽祖爲其信仰的對象，這是因爲媽祖是海上的守護神，軍工匠是以製造戰船及駕駛戰船爲主，因此媽祖即成爲軍工匠信仰的神祇。再者，從軍工戰船廠周邊的媽祖廟與軍工匠的互動如此的熱絡，即可看出媽祖信仰在軍工匠日常生活中的重要性，沒有媽祖的庇佑，軍工匠就無法得到心靈的寄託，沒有媽祖信仰所形成的宗教團體與活動，就很難獲得力量，所以本文也淺論軍工匠的信仰問題。

軍工匠與護衛工匠雖都是由百姓所擔任，但軍工匠因與朝廷有直接利益關係，所以朝廷給予軍工伐木匠較多的利益，其中以樟腦的販賣權最爲重要。護衛匠的利益不是朝廷給予的，而是採辦伐木匠支付他們口糧。但這些口糧對他們來講根本不是什麼利益，反而護衛工作成了他們生活上最沉重的負擔。護衛工匠的差遣是由朝廷委由當地通事、社丁督辦，因此護衛匠就不得不擔任此項工作，而這項工作對他們來講，既是一項難以忘懷的夢魘。所以護衛匠在軍工木料的採辦上，除了無利可圖之外，更是被壓榨的對象。因爲一旦採辦木料處有工匠被「生番」所殺，護衛匠就成爲眾矢之的。但被殺的百姓之中，其絕大陸部分都是由於百姓的侵墾及伐木匠的越界採料，因此才會引發被「生番」殺害事件。但清廷往往是以軍工利益爲先，因此也就將所有的過錯都指向護衛匠之護衛不力，至此護衛工匠就不得不承受了這不白之冤。

　　臺灣內山的木料採辦地點，對臺灣內山的開發影響也是很大的，從採辦木料的地點由南往北移動，最後以北部為重心，即可看出其與臺灣開發有很大的關連，因為軍工匠有進入內山之特權，百姓為了開採林場之利，因此唯有冒充軍工匠之身份進入內山開墾，所以軍工伐木地點愈往北部移動，百姓的開墾也就隨著轉移。因此軍工匠的採辦木料與臺灣的開發是有很大的關係的。

　　筆者在撰寫本篇論文時，遇到許多的困難，其中以史料的不足最為困擾。因為清代的地方官方資料（道以下資料）保存不多，不管福建當地、或者臺灣地區，這些文獻資料，被保留下來的皆不多。在地方志方面，對軍工戰船的敘述也非常有限，有些地方的方志，甚至隻字未提，這對於研究上造成很大的困難。除了《廈門志》以及臺灣的一些地方志書有些許的敘述之外，其他地方的志書幾乎都沒有任何的敘述，尤其是在各志書的府城圖上，甚至都沒有標示出軍工戰船廠的位置，唯一有標示的，只有《廈門志》及《重修臺灣縣志》。而這些情況尤其是以福建當地的情況最為嚴重，福建當地的地方志書，對軍工戰船廠的問題探討非常之少，研究的學者幾乎也沒有，這因與當地的史料缺乏有很大的關係。所以筆者在前往福建探索軍工戰船廠設置位置時，即無法從史料及專書中查看出設置地點。後來經過不斷的田野訪查，雖然訪查到漳州軍工戰船廠的可能位置，但也因為當地交通的不方便，及資訊流通的缺乏，所以並無法證明當地就是軍工戰船廠的位置，如果不是有漳州當地百姓的幫忙，筆者恐怕就要露宿荒郊野外了。因此在調查軍工戰船廠方面，唯一可運用的史料，只有仰賴中央的文獻、檔案及一些當過道員官員的筆記、著作，如陳璸、周凱、姚瑩、徐宗幹、丁日健等人。他們對於船政問題上都有不少的見解，所以也只有在這方面能夠保存較多的史料。

　　在軍工匠伐木地點的的討論上，同樣的也是遇到史料不足的困擾，因為地方的史料保存極少，即使有，如《淡新檔案》及《岸裡大社文書》，也都是只有地域性的記載，並且這些記載內容時間也都有斷限問題，所以在伐木地點的探究上就較不完整，先前陳國棟教授已經依據《岸裡大社文書》等相關史料，將軍工匠的伐木地點做一標示、探討。這也是現今的史料上可以直接證明的伐木地點，但相信以臺灣內山蘊藏那麼多豐富的林產資源來看，似乎伐木的地點應該不僅限於此，但因史料的不足所以也就無法將伐木的地點一一的探索。筆者雖然從《淡新檔案》中也探索到一些有可能也是軍工伐木的地點，但畢竟缺乏直接史料來證實，所以只能說是推測而已，但筆者深信這

些地方也都是當時軍工伐木的地點。

　　本篇論文最大的貢獻即將清代福建軍工戰船廠的設置過程，做了詳細的探討，並對當時所設置的軍工戰船廠的位置，做了詳盡的探究，尤以廈門軍工戰船廠及臺灣軍工道廠及軍工府廠的探究最有收獲。並且也將臺灣軍工戰船廠的設置經過、職權分配及制度的建立一一完整的建構。另外也釐清了臺灣軍工道廠與軍工府廠的關係，並且確立了軍工府廠的地點。並針對臺灣軍工戰船廠沒落的原因，依據史料的整理、分析，做了最詳述的探討。

　　然而在福州與漳州的軍工戰船廠之位置確立方面，尚需進一步的探索，以確認這兩座軍工戰船廠的位置所在。在樟腦問題方面，因牽涉到的範圍極為廣泛，包括了軍工匠、腦丁、樟腦販賣、「番界」以及官方的態度，甚至於延伸的年代也持續到日治時期。所以在樟腦問題方面，尚有許多待解決的問題。在軍工採辦地點的探索方面，更有許多的地點需要探勘，以確認整個臺灣的內山伐木問題。這些問題都還有待解決。所以在這些問題上，希望往後能繼續的探索，以其讓整個清代臺灣的伐木問題能夠更完整的呈現。

　　清代臺灣的軍工戰船廠，在當時是一個非常龐大的事業機構，其所轄人員之多寡，尚無資料可供參考，但其所運用的人員，包含了兵勇、軍工匠以及「熟番」族群，為數應該不少。臺灣因軍工戰船廠的設置，以及採料的需要，所以清代臺灣的內山並不是寧靜的，甚至伐木所至，還是不斷地建立許多的漢人聚落，例如東勢軍工寮。但這內山的開採也僅止於海拔一千五百公尺以下的山林地，清代的官員如果知道臺灣的高山內有更多更大更好的樹種可供造船之用，相信臺灣的軍工造船廠也不至於那麼快就沒落，反而會更熱絡起來。

附錄：清代臺灣軍工戰船廠年表

中國紀年	西元紀年	內容	備考	資料來源
康熙二十八年	1689	閩省戰船歸道、廳董修。		《大清會典・康熙朝》
康熙二十九年	1690	1. 各省海汛戰哨船，新造後三年小修，後三年大修，大修後三年如尚堪應用，仍令大修或不堪修理，該督撫等題明拆造。 2. 各省戰船係營弁及各府、州、縣官應修者，應修之年以各屬文到日為始。限一個月領船，再限一月估定價值冊報部。覆允修之船以部文到日為始。大修限三個月，小修限兩個月。		《大清會典・康熙朝》、《清史稿》、《欽定福建省外海戰船則例》
康熙三十四年	1695	戰船修造改歸內地州、縣，其尚可修整而不堪駕駛者，內地之員辦運工料赴臺興修。迨通省按糧議派，臺灣三縣亦在勻派之內。各督撫、將軍、提、鎮，將修理戰船銀，照各地方工價值估題報銷。		《臺灣志略》、《臺海使槎錄》、《重修臺灣縣志》
康熙三十九年	1700	戰船毋庸交州、縣官修理，該督撫遴委道、府等官，於各將軍、提、鎮附近地方監修。		《大清會典・康熙朝》、《清朝通典》

康熙四十五年	1706	臺灣軍工戰船製造仍歸臺屬,而派府船數倍於道令其與福州府分修。議於部價津貼運輸外,每船捐貼百五十金,續交鹽糧廳代修其半,道、鎮、協營、廳、縣,共襄廠事。		《臺海使槎錄》
康熙五十二年	1713	拆造戰船委道員府佐貳,並本營副將、參、遊共同監造。		《大清會典・康熙朝》
康熙五十七年	1718	戰船修造時,先修一半,仍留一半在汛巡防,令布政使驗視發造,工竣仍親身確查,交營收管。		《欽定福建省外海戰船則例》
雍正二年	1724	戰船由地方官修造者,改歸營員修造。		《清史稿》
雍正三年	1725	福建省福州、漳州二府各設一廠,福廠委糧驛、興泉二道輪年監修,漳廠委汀漳龍道監修,其兩廠監督副、參將遊委之營弁均報部。臺灣水師等營戰船於臺灣設廠,文官委臺灣道,武官委臺協副將會同監督修造。	福州、漳州、臺灣設軍工廠。	《欽定大清會典事例・光緒朝》
雍正五年	1727	年終將修造過戰船名號數目,並動用過錢糧舊料價值造冊送部。閩省戰船桅木仍令各道採辦,除臺灣遠隔海洋仍循舊例外,其興泉永道承修之泉廠,令興泉永三府州協辦。汀漳龍道承修之漳廠,令汀漳龍三府州協辦。鹽法道承修之福廠,令延建邵三府協辦。		《欽定大清會典事例・光緒朝》、《宮中檔雍正朝奏摺》
雍正六年	1728	修造戰船於成造之時,解送總督親驗。		《欽定大清會典事例・光緒朝》、《清史稿》
雍正七年	1729	泉州增設一廠,專造金門、海壇二鎮戰船。	泉州設軍工廠	《廈門志》
雍正八年	1730	道員、副將會同領價,道員遴委同知、通判承修,副將遴委都司、守備協同辦料修造。		《欽定大清會典事例・光緒朝》、《清史稿》
雍正十年	1732	福建屆修兩月前備料,臺灣四個月前備料。		《清史稿》、《宮中檔雍正朝奏摺》

雍正十一年	1733	福建及臺灣各廠修造戰船期限爲十個月。		《欽定大清會典事例‧光緒朝》、《清史稿》
雍正十三年	1735	戰船所需物料按年更新，或越年更新。承修官於估計領銀後因事離任或經病故，不得仍令該員子弟家人辦料承修。		《欽定大清會典事例‧光緒朝》
乾隆二年	1737	福建內地及臺、澎戰哨船屆修之年分案估報，經管官弁將應修之船於屆期後一月內駕赴本廠承修，官驗明收管其估報覆題。內地限一月，臺灣再展限兩月，儻不依期解廠，該督即將經營管官弁參處，如船已到廠而承修官不即驗勘勒索收管，並逾限不能及時覆題致遲誤船工，將承修官照例參處。		《欽定大清會典事例‧光緒朝》、《宮中檔乾隆朝奏摺》、《清月摺檔》
乾隆六年	1741	戰船桅木仍令各道採辦，除臺灣遠隔海洋仍循舊例外，其興泉永道承修之泉廠，令興、泉、永三府州協辦，汀漳龍道承修之漳廠，令汀、漳、龍三府州協辦，鹽法道承修之福廠，令延、建、紹三府協辦。		《欽定大清會典事例‧光緒朝》、《清史稿》
乾隆八年	1743	福建省修造戰船津貼銀，福泉漳三廠小修每部價百兩加津貼銀一百三十兩，大修加一百二十兩，拆造加一百十兩，臺廠小修每部價百兩加津貼一百十兩，大修加百兩拆造加九十兩。		《欽定大清會典事例‧光緒朝》、《宮中檔乾隆朝奏摺》
乾隆十二年	1747	臺廠修造戰船照內地例給予津貼並另加三分外，再加運費銀二分。		《欽定大清會典事例‧光緒朝》、《清史稿》
乾隆十三年	1748	戰船屆大小修時請令營弁辦料鳩工會同就近之同知通判監修。		《欽定大清會典事例‧光緒朝》
乾隆三十六年	1771	戰船修造如有營員希圖射利包修者，將承修官與包修官革職，督修官照徇庇降三級調用，提鎮降一級調用。		《欽定大清會典事例‧光緒朝》、《宮中檔乾隆朝奏摺》、《乾隆朝上諭檔》

乾隆四十二年	1777	臺灣知府蔣元樞重建臺灣軍工戰船廠。	軍工廠石碑於昭和十六年左右（1941）在漁塭中被發現。	〈鼎建臺、澎軍工廠碑記〉
乾隆五十五年	1790	將戰船仿照民船改造以期迅捷。	第一次改造戰船。	《清史稿》、《乾隆朝上諭檔》
乾隆六十年	1795	各督撫將現有官船照依商船式樣一律改造。	第二次改造戰船。	《欽定大清會典事例‧光緒朝》、《清史稿》
嘉慶四年	1799	戰船悉改同安船式。		《清史稿》、《大清仁宗睿皇帝實錄》
嘉慶九年	1800	修造戰船銀數三百兩以下者，照例咨部核辦，倘數逾五百兩以上者奏明辦理。	戰船修造需五百兩以上者，需上奏朝廷。	《明清史料》
嘉慶十年	1805	臺灣僻處外海，向不產木及釘鐵油麻等項，歷來臺廠造辦戰、哨各船，俱由臺灣道專差赴省購買運回運用，重洋遠隔不惟風浪堪虞，且恐耽延時日，遂委員在省城代爲成造以期妥速。		《明清史料》
嘉慶十五年	1810	臺灣廠善字號大同安梭船九隻裁汰。		《欽定大清會典事例‧光緒朝》
嘉慶二十二年	1817	復設天津水師綠營，補造大號同安梭四船、小號同安梭四船，閩省應造二船，福廠二號船一隻、泉廠一號船一隻，並杉板不敷銀兩，道、府養廉分扣。		《廈門志》
道光元年	1820	總督慶保因歷年承辦戰船，江、浙等省屢次委員採買，伐木過多，出產缺乏，桅木一時難得，各廠停工待料，不能如期興辦。每逢巡哨，以致雇用商船。奏請寬免歷任遲延各員處分，仍勒令派丁來閩補造，禁止雇用商船。		《欽定大清會典事例‧光緒朝》、《廈門志》

道光四年	1824	令承修官仿同安梭船式，一律改造。	第三次改造戰船。	《欽定大清會典事例‧光緒朝》、《清史稿》、《宮中檔道光朝奏摺》
道光五年	1825	各前道未修船二十九隻，責成臺灣府代為承辦，准其另設一廠，並於四年內修造完成。	軍工府廠設置。	《明清史料》
道光六年	1826	二月二十日軍工府廠開始修造戰船。	軍工府廠開始修造戰船。	《明清史料》
道光十年	1830	改造白底艍船三十隻，分兩年造竣。所有屆限應修及造補各船，不能兼顧，題准俟白底艍船造竣，再行接辦。		《中復堂選集》
道光十八年	1838	各省戰船每屆修造之年，承辦各員冒領中飽不能如式製造，或以舊代新，或操駕不勤，馴至腐朽，令統兵大臣核實辦理。		《清史稿》、《宮中檔道光朝奏摺》、《欽定工部則例》
道光二十二年	1842	諭令戰船仿照美利堅國及英吉利國之兵船製造。	第四次改造戰船。	《清史稿》、《宮中檔道光朝奏摺》
同治五年	1866	福建船政局於福州馬尾港成立。		《道咸同光四朝奏議》
光緒八年	1882	福建大小戰船實存四十艘，臺灣及澎湖戰船六艘，大小兵輪十艘。		《清史稿》
民國四十一年	1952	鼎建軍工廠碑記及軍工廠碑圖在漁塭中被發現。	現存於赤崁樓。	《臺南文化》、〈軍功廠の遺跡について〉

資料來源：筆者自製。

參考書目

一、檔案、官書、奏摺

1. 《清實錄·大清歷朝皇帝實錄》（北京：中華書局，1986）。
2. 《上諭檔》（臺北：國立故宮博物院藏）。
3. 《月摺檔》（臺北：國立故宮博物院藏）。
4. 《宮中檔》（臺北：國立故宮博物院藏）。
5. 《軍機處檔》（臺北：國立故宮博物院藏）。
6. 《宮中檔歷朝奏摺》（臺北：國立故宮博物院）。
7. 《道咸同光四朝奏議選輯》（臺北：臺灣銀行經濟研究室，1971）。
8. 《清宮諭旨檔臺灣史料》（臺北：故宮博物院，1996）。
9. 《清宮廷寄檔臺灣史料》（臺北：故宮博物院，1998）。
10. 《清宮月摺檔臺灣史料》（臺北：故宮博物院，1994～1995）。
11. 《清太祖朝老滿文原檔》（臺北：中華書局，1970）。
12. 《清朝通典》（臺北：新興書局，1963）。
13. 《清史稿》（臺北：臺灣商務印書館，1965 臺一版）。
14. 《清國史》（北京：中華書局，1993）。
15. 《清奏疏選彙》（臺北：臺灣省文獻委員會，1997）。
16. 《清代臺灣檔案史料全編》（北京：學苑出版社，1999）。
17. 《清代檔案史料叢編》（北京：中華書局，1979）。
18. 《欽定福建省外海戰船則例》（臺北：臺灣省文獻委員會，1997）。
19. 《明清公牘祕本》（北京：中國政法大學出版社，1999）。
20. 《雍正硃批奏摺選輯》（臺北：臺灣省文獻委員會，1997）。
21. 《淡新檔案選錄行政篇初集》（臺北：臺灣省文獻委員會，1997）。

22. 《淡新檔案選錄行政篇》（臺北：臺灣大學圖書館，2001）。

23. 《淡新檔案選錄行政篇微捲版》（臺北：臺灣大學圖書館藏）。

24. 《岸裡大社文書》（臺北：臺灣大學圖書館，1998）。

25. 《臺灣兵備手抄》（臺北：臺灣省文獻委員會，1997）。

26. 《臺灣番事物產與商務》（臺北：臺灣銀行經濟研究室，1994）。

27. （周）左丘明，（晉）杜預注，《春秋左傳注疏》，臺北：臺灣商務印書館，1986，景印文淵閣四庫全書本第 144 冊。

28. （周）墨翟，《墨子》，臺北：臺灣商務印書館，1986，景印文淵閣四庫全書本第 848 冊。

29. （周）孟子、（漢）趙岐注，《孟子注疏》，臺北：臺灣商務印書館，1986，景印文淵閣四庫全書本第 195 冊。

30. （秦）呂不韋修、（漢）高誘注，《呂氏春秋》，臺北：臺灣商務印書館，1986，景印文淵閣四庫全書本第 848 冊。

31. （漢）鄭玄，《禮記注疏》，臺北：臺灣商務印書館，1986，景印文淵閣四庫全書本第 115、116 冊。

32. （宋）徐夢莘，《三朝北盟會編》，臺北：臺灣商務印書館，1983。收於《景印四庫全書》，第 350～352 冊。

33. （明）午榮、章嚴，《新鐫工師雕斲正式魯班木經匠家鏡》，上海：古籍出版社，1995，續修四庫全書本第 879 冊。

34. （明）陳侃，《使琉球錄》，收錄於《百部叢書》，臺北：藝文印書館，1966。

35. （清）伊桑阿，《大清會典事例‧康熙朝》（臺北：文海出版社，1992～1993）。

36. （清）允祿，《大清會典事例‧雍正朝》（臺北：文海出版社，1994～1995）。

37. （清）托津，《大清會典事例‧嘉慶朝》（臺北：文海出版社，1991）。

38. （清）崑崗，《欽定大清會典事例‧光緒朝》（北京：中華書局，1991）。

39. （清）鄂爾泰，《八旗通志》（臺北：學生書局，1968）。

40. （清）左宗棠《左文襄公奏牘》（臺北：臺灣省文獻委員會，1997）。

41. （清）王先謙，《十二朝東華錄》（臺北：文海出版社，1963）。

42. （清）仁和琴居士編輯，《皇清奏議》（臺北：文海出版社，1967）。

43. （清）文孚，《欽定六部處分則例》（臺北：文海出版社）。

44. （清）明亮、納蘇泰，《欽定中樞政考》，共 76 卷（上海：上海古籍出版社，1997）。收於《續修四庫全書》第 854～855 冊。

45. （清）劉錦藻撰，《清朝續文獻通考》（浙江：古籍出版社，2000）。

46. （清）劉銘傳，《劉壯肅公奏議》（南投：臺灣省文獻委員會，1997）。

47. （清）文煜，《欽定工部則例》（臺北：成文出版社，1966）。

48. （清）文慶，《籌辦夷務始末（道光朝）》（北京：中華書局，1964）。

49. 王元樨，《甲戌公牘鈔存》（臺北：臺灣銀行經濟研究室，1959）。

50. 中央研究院歷史語言研究所編，《明清史料》（臺北：中央研究院，1994）。

51. 中央研究院近代史研究所編，《海防檔》，九冊（臺北：中央研究院近代史研究所，1957）。

52. 中國第一歷史檔案館編，《雍正朝起居注冊》（北京：中華書局，1993）。

53. 中國第一歷史檔案館編，《康熙朝漢文硃批奏摺》（北京：檔案出版社，1984）。

54. 中國第一歷史檔案館編，《雍正朝漢文硃批奏摺》（北京：檔案出版社，1986）。

55. 中國第一歷史檔案館編，《光緒朝硃批奏摺》（北京：中華書局，1995）。

56. 中國第一歷史檔案館編，《乾隆朝上諭檔》（北京：檔案出版社，1991）。

57. 臺灣銀行經濟研究室編，《福建省例》，（南投：臺灣省文獻委員會，1997）。

二、地方志

1. （清）蔣毓英，《臺灣府志》（臺北：臺灣省文獻委員會，1993）。

2. （清）高拱乾，《臺灣府志》（臺北：臺灣省文獻委員會，1993）。

3. （清）周元文，《重修臺灣府志》（臺北：臺灣省文獻委員會，1993）。

4. （清）劉良璧，《重修福建臺灣府志》（臺北：臺灣省文獻委員會，1993）。

5. （清）六十七、范咸，《重修臺灣府志》（臺北：臺灣省文獻委員會，1993）。

6. （清）余文儀，《續修臺灣府志》（臺北：臺灣省文獻委員會，1993）。

7. （清）陳壽祺《福建通志》（臺北：華文書局，1968），同治十年重刊本。

8. （清）陳文達，《鳳山縣志》（臺北：臺灣省文獻委員會，1993）。

9. （清）王瑛曾，《重修鳳山縣志》（臺北：臺灣省文獻委員會，1993）。

10. （清）陳文達，《臺灣縣志》（臺北：臺灣省文獻委員會，1993）。

11. （清）周鍾瑄，《諸羅縣志》（臺北：臺灣省文獻委員會，1993）。

12. （清）王必昌，《重修臺灣縣志》（臺北：臺灣省文獻委員會，1993）。

13. （清）謝金鑾，《續修臺灣縣志》（臺北：臺灣省文獻委員會，1993）。

14. （清）柯培元，《噶瑪蘭志略》（臺北：臺灣省文獻委員會，1993）。

15. （清）陳淑均，《噶瑪蘭廳志》（臺北：臺灣省文獻委員會，1993）。

16. （清）屠繼善，《恒春縣志》（臺北：臺灣省文獻委員會，1993）。

17. （清）林百川，《樹杞林志》（臺北：臺灣省文獻委員會，1993）。

18. （清）陳培桂，《淡水廳志》（臺北：臺灣省文獻委員會，1993）。

19. （清）鄭用錫，《淡水廳志稿》（臺北：臺灣省文獻委員會，1998）。

20. （清）周璽，《彰化縣志》（臺北：臺灣省文獻委員會，1993）。

21. （清）鄭鵬雲、曾逢辰，《新竹縣志初稿》（臺北：臺灣省文獻委員會，1993）。

22. （清）周凱，《廈門志》（臺北：臺灣省文獻委員會，1993）。

23. （清）沈茂陰，《苗栗縣志》（臺北：臺灣省文獻委員會，1993）。

24. （清）盧德嘉，《鳳山縣采訪冊》（臺北：臺灣省文獻委員會，1993）。

25. （清）倪贊元，《雲林縣采訪冊》（臺北：臺灣省文獻委員會，1993）。

26. （清）胡傳，《臺東州采訪冊》（臺北：臺灣省文獻委員會，1993）。

27. （清）林豪，《澎湖廳志稿》（臺北：臺灣省文獻委員會，1998）。

28. （清）薛凝度修、吳文林撰，《雲霄廳志》（臺北：成文出版社，1976）。

29. （清）徐景熹，《乾隆福州府志》（臺北，成文出版社，1962）。

30. （清）魏源，《海國圖志》（臺北：成文出版社，1970）。

31. （清）彭光藻，《長樂縣志三十卷》（同治八年刊本）。

32. （清）懷蔭布，《泉州府志七十六卷》（乾隆二十八年線裝本）。

33. （清）李維鈺，《漳州府志四十六卷》（嘉慶十一年刊本）。

34. （清）沈定均，《漳州府志五十卷》（光緒三年刊本）。

35. （清）吳宜燮，《龍溪縣志二十卷》（乾隆二十七年刊本）。

36. 《新竹縣采訪冊》（臺北：臺灣省文獻委員會，1993）。

37. 《福建鹽法志》（臺北：中央研究院傅斯年圖書館藏，清道光間刊本16冊）。

38. 《臺灣通志》（臺北：臺灣省文獻委員會，1993）。

39. 《重修臺灣省通志》（臺北：臺灣省文獻委員會）。

40. 《臺灣府輿圖纂要》（臺北：臺灣省文獻委員會，1996）。

41. 《臺灣采訪冊》（臺北：臺灣省文獻委員會，1993）。

42. 陳衍，《臺灣通紀》（臺北：臺灣省文獻委員會，1993）。

43. 漳州市交通局編，《漳州交通志》（北京：東方出版社，1993）。

44. 林朝成、鄭水萍，《安平區志》（臺南：天格龍印刷公司，1988）。

三、碑碣與契據

1. 《臺灣中部碑文集成》（臺北：臺灣省文獻委員會，1994）。

2. 《臺灣南部碑文集成》（臺北：臺灣省文獻委員會，1994）。

3. 《北部地區古文書專輯》（臺北：臺灣省文獻委員會，2000）。

4. 《清代臺灣大租調查書》（臺北：臺灣省文獻委員會，1994）。

5. 劉澤民，《大肚社古文書》（臺北：臺灣省文獻委員會，2000）。

6. 江蘇歷史博物館編，《明清蘇州工商業碑刻集》（江蘇：人民出版社，1981）。

四、文集、筆記、雜著

1. （明）張燮，《東西洋考》（臺北：臺灣商務印書館，1965）。

2. （明）宋應星，《天工開物》（上海：商務印書館，1993）。

3. （清）徐珂編撰，《清稗類鈔》（北京：中華書局，1984）。

4. （清）六十七，《使署閒情》（臺北：臺灣省文獻委員會，1994）。

5. （清）李元春，《臺灣志略》（臺北：臺灣省文獻委員會，1996）。

6. （清）丁曰健，《治臺必告錄》（臺北：臺灣省文獻委員會，1997）。

7. （清）朱士玠，《小琉球漫誌》（臺北：臺灣銀行經濟研究室，1957）。

8. （清）吳子光，《臺灣紀事》（臺北：臺灣省文獻委員會，1959）。

9. （清）姚瑩，《東槎紀略》（臺北：臺灣省文獻委員會，1986）。

10. （清）姚瑩，《中復堂選集》（臺北：臺灣省文獻委員會，1986）。

11. （清）姚瑩，《東溟奏稿》（臺北：臺灣省文獻委員會，1997）。

12. （清）郁永河，《裨海紀遊》（臺北：臺灣省文獻委員會，1996）。

13. （清）徐宗幹，《斯未信齋文編》（臺北：臺灣銀行經濟研究室，1960）。

14. （清）唐贊袞，《臺陽見聞錄》（臺北：臺灣省文獻委員會，1996）。

15. （清）陳盛韶，《問俗錄》（南投：臺灣省文獻委員會，1997）。

16. （清）黃叔璥，《臺海使槎錄》（臺北：臺灣省文獻委員會，1986）。

17. （清）劉璈，《巡臺退思錄》（臺北：臺灣省文獻委員會，1997）。

18. （清）羅大春，《臺灣海防並開山日記》（臺北：臺灣省文獻委員會，1997）。

19. （清）胡傳，《臺灣日記與稟啓》（臺北：臺灣省文獻委員會，1997）。

20. （清）陳璸，《陳清端公文選》（臺北：臺灣銀行經濟研究室，1961）。

21. 《考工記譯注》（上海：古籍出版社，1993）。

22. 不著撰人，《安平縣雜記》（臺北：臺灣銀行經濟研究室，1959）。

23. 伊能嘉矩著，溫吉編譯《臺灣番政志》（臺北：臺灣文獻委員會，1957）。

24. 伊能嘉矩著《臺灣文化志》中譯本（臺中：臺灣文獻委員會，1991）。

五、專書

1. 方豪，《六十至六十自選待定稿》（臺北：作者自印，1974）。

2. 王世慶，《清代臺灣社會經濟》（臺北：聯經出版社，1994）。

3. 王家儉，《中國近代海軍史論集》（臺北：文史哲出版社，1994）。

4. 王爾敏，《清季兵工業的興起》（臺北：中央研究院，1978）。

5. 王爾敏，《清季軍事史論集》（臺北：聯經出版社，1980）。

6. 王國瑞，《臺灣林業史》第一輯（臺北：金氏圖書有限公司，1981）。

7. 王業鍵，《清代經濟史論文集》（臺北：稻鄉出版社，2003）。

8. 尹章義，《臺灣開發史研究》（臺北：聯經出版社，1999）。

9. 中國人民大學清史研究所編，《清史編年》（北京：中國人民大學出版社，2000）。

10. 中國海洋發展史論文集編輯委員會主編，《中國海洋發展史論文集（二）》（臺北：中央研究院三民主義研究所，1986）。

11. 古鴻廷，《清代官制研究》（臺北：五南圖書出版公司，1999）。

12. 仇德哉，《臺灣之寺廟與神明》（臺北：臺灣省文獻委員會，1983）。

13. 包遵彭，《中國海軍史》（臺北：臺灣書局，1970）。

14. 呂實強，《中國早期的輪船經營》（臺北：中央研究院，1972）。

15. 李洵等著，《清代全史》（瀋陽：遼寧人民出版社，1991）。

16. 李劍農，《中國近百年政治史》（臺北：臺灣商務印書館，1965）。

17. 余光弘、董森永，《臺灣原住民史雅美族史篇》（臺北：臺灣省文獻委員會，1998）。

18. 宋龍生，《臺灣原住民史卑南族史篇》（臺北：臺灣省文獻委員會，1998）。

19. 宋增璋，《臺灣撫墾志》（臺北：臺灣省文獻委員會，1980）。

20. 林滿紅，《茶、糖、樟腦業與臺灣之社會經濟變遷 1860～1895》（臺北：臺灣經濟研究室，1978）。

21. 林慶元，《福建船政局史稿》（福建：人民出版社，1999）。

22. 林衡道，《臺灣寺廟概覽》（臺北：臺灣省文獻委員會，1978）。

23. 林修澈，《臺灣原住民史賽夏族史篇》（臺北：臺灣省文獻委員會，2000）。

24. 周宗賢，《臺閩地區古蹟價值之研究》（臺北：內政部印行，1998）。

25. 卓克華，《清代臺灣行郊研究》（福州：福州人民出版社，2006）。

26. 金兆豐，《清史大綱》（臺北：學海出版社，1970）。

27. 孟森，《清代史》（臺北：正中書局，1962）。

28. 洪敏麟編著，《臺南市市區史蹟調查報告書》（臺中：臺灣省文獻委員會，1979）。

29. 洪麗完，《臺灣中部平埔族——沙轆社與岸裡大社之研究》（臺北：稻鄉出版社，1997）。

30. 陳秋坤，《清代臺灣土地著權》（臺北：中央研究院近代史研究所，1994）。

31. 陳孔立，《清代臺灣移民研究》（廈門：廈門大學出版社，1990）。

32. 陳道章，《馬尾史話》（福建：馬尾區文化局，1991）。

33. 陳國棟，《臺灣的山海經驗》（臺北：遠流出版社，2005）。

34. 陳國棟，《東亞海域一千年》（臺北：遠流出版社，2005）。

35. 茅海建，《天朝的崩潰——鴉片戰爭再研究》（北京：三聯書局，2005）。

36. 陳炎正，《臺中縣岸裡社開發史》（臺中：臺中縣立文化中心，1986）。

37. 莊吉發，《故宮檔案述要》（臺北：國立故宮博物院，1983）。

38. 莊吉發，《清史論集》（五）（臺北：文史哲出版社，1990）。

39. 莊吉發，《清史論集》（八）（臺北：文史哲出版社，1990）。

40. 許雪姬，《清代臺灣的綠營》（臺北：中央研究院近代史研究所，1987）。

41. 曹煥旭，《中國古代工匠》（臺北：臺灣商務印書館，1999）。

42. 焦國模，《中國林業史》（臺北：渤海堂文化事業有限公司，1999）。

43. 黃鳴奮，《廈門海防文化》（廈門：鷺江出版社，1996）。

44. 黃嘉謨，《美國與臺灣》（臺北：中央研究院近代史研究所，1979）。

45. 連橫，《臺灣通史》（南投：臺灣省文獻委員會，1992）。

46. 曹永和，《臺灣早期歷史研究》（臺北：聯經出版社，1997）。

47. 溫振華，《臺中縣大甲溪流域開發史》（臺中：臺中縣立文化中心，1984）。

48. 溫振華，《清代東勢地區的土地開墾》（臺北：日知堂事業文化中心，1992）。

49. 溫振華，《大茅埔開發史》（臺中：臺中縣立文化中心，1999）

50. 劉石吉，《明清政治史論》（臺北：臺灣學生書局，1991）。

51. 劉業經、呂福原、歐辰雄著，《臺灣樹木誌》（臺中：國立中興大學農學院出版委員會，1988）。

52. 葉振輝，《臺灣開發史》（臺北：臺原出版社，1995）。

53. 張勝彥，《清代臺灣縣廳制度之研究》（臺北：華世出版社，1993）。

54. 張靜芬，《中國古代造船與航海》（臺北：臺灣商務印書館，1995）。

55. 張菼，《清代臺灣民變史研究》（臺北：臺灣銀行經濟研究室，1970）。

56. 楊熙，《清代臺灣政策與社會變遷》（臺北：天工書局，1983）。

57. 廖風德，《清代之噶瑪蘭》（臺北：正中書局，1990）。

58. 鄧相揚、許木柱，《臺灣原住民史邵族史篇》（臺北：臺灣省文獻委員會，2000）。

59. 潘大和，《臺灣開拓史上的功臣——平埔巴宰族滄桑史》（臺北：南天書局，1998）。

60. 潘義雄，《誰是真正開墾臺中盆地的功德主》（臺中：臺灣巴宰族群協會出

版）。

61. 潘英海、詹素娟編《平埔研究論文集》（臺北：中央研究院臺灣史研究所籌備處，1995）。

62. 衛惠林《埔里巴宰七社志》（臺北：中研院民族學研究所，1981）。

63. 蕭一山，《清代通史》（臺北：商務印書館，1962）。

64. 戴逸，《清史》（北京：人民出版社，1989）。

65. 戴炎輝，《清代臺灣之鄉治》（臺北：聯經出版社，1979）。

66. 戴寶村，《近代臺灣海運發展:戎克船到長榮巨舶》（臺北：玉山出版社，2000）。

67. 鍾華操，《臺灣地區神明的由來》（臺北：臺灣省文獻委員會，1987）。

68. 簡炯仁，《屏東平原的開發與族群關係》（屏東：屏東縣立文化中心，1999）。

69. 魏淑貞編，《臺灣廟宇文化大系》（二）天上聖母卷（臺北：自立晚報社文化出版部，1994）。

70. 駐閩海軍軍事編纂室，《福建海防史》（福建：廈門大學出版社，1990）。

71. 《媽祖信仰國際學術研討會論文集》（臺北：臺灣省文獻委員會，1987 再版）。

72. 《臺灣之樟腦》（臺北：臺灣經濟研究室，1952）。

六、期刊與論文

1. 王一剛，〈清代臺灣的度量衡〉《臺北文物》，第五卷第四期（臺北：臺灣文獻委員會，1957）。

2. 王世慶，〈民間信仰在不同祖籍移民的鄉村之歷史〉，《臺灣文獻》（臺北：臺灣文獻委員會，1972），第二十三卷，第三期。

3. 王家儉，〈清季海防論〉，《師大學報》第 12 期（臺北，臺灣師範大學，1967）。

4. 王崧興，〈八堡圳與臺灣中部的開發〉《臺灣文獻》，第二十六卷第四期、第二十七卷第一期（臺北：臺灣文獻委員會，1976）。

5. 石萬壽，〈臺灣府城的城防〉《臺灣文獻》，第三十卷第四期（臺北：臺灣文獻委員會，1979）。

6. 石萬壽，〈明清以前媽祖信仰的演變〉《臺灣文獻》，第四十卷，第二期（臺北：臺灣文獻委員會，1989）。

7. 石萬壽，〈康熙以前臺澎媽祖的建置〉《臺灣文獻》，第四十卷，第三期（臺北：臺灣文獻委員會，1989）。

8. 石萬壽，〈清代媽祖的封諡 ～ 媽祖研究之三〉《臺灣文獻》，第四十一卷第一期（臺北：臺灣文獻委員會，1990）。

9. 石萬壽，〈媽祖身世傳說的演變〉《臺灣文獻》，第四十四卷，第二期、第

四十四第三期（臺北：臺灣文獻委員會，1993）。

10. 李汝和，〈清代駐臺班兵防戍考〉《臺灣文獻》，第二十一卷，第三期（臺北：臺灣文獻委員會，1970）。

11. 李其霖，〈清代臺灣的戰船〉收於劉石志、王儀君、林慶勳，《海洋文化論集》（高雄：國立中山大學人文社會科學中心，2010）。

12. 李國榮，〈論雍正時期對臺灣的開發〉《歷史檔案》，1992 第四期。

13. 宋增璋，〈清代臺灣撫墾措施之成效及其影響〉《臺灣文獻》，第三十卷，第一期（臺北：臺灣文獻委員會，1979）。

14. 林文龍，〈臺灣中部古碑續拾〉《臺灣風物》，第四十卷，第四期（臺北：臺灣風物雜誌社，1990）。

15. 林衡道，〈臺南市寺廟調查〉《臺灣文獻》，第十三卷，第三期（臺北：臺灣文獻委員會，1962）。

16. 范勝雄，〈談臺灣府城垣〉《臺灣文獻》，第二十八卷，第三期（臺北：臺灣文獻委員會，1977）。

17. 范勝雄，〈談臺灣府城形勢〉《臺灣文獻》，第二十九卷，第四期（臺北：臺灣文獻委員會，1978）。

18. 范勝雄，〈臺南市都市計劃志（上）〉《臺灣文獻》，第三十卷，第二期（臺北：臺灣文獻委員會，1979）。

19. 范勝雄，〈臺南市都市計劃志（下）〉《臺灣文獻》，第三十卷，第三期（臺北：臺灣文獻委員會，1979）。

20. 范勝雄，〈臺南市區里變革探討〉《臺灣文獻》，第三十四卷，第三期（臺北：臺灣文獻委員會，1983）。

21. 范勝雄，〈府城西城故事〉《臺灣文獻》，第四十三卷，第四期（臺北：臺灣文獻委員會，1992）。

22. 周宗賢，〈清代臺灣的地緣組織〉《臺灣文獻》，第三十四卷，第二期（臺北：臺灣文獻委員會，1983）。

23. 施添福，〈清代臺灣竹塹地區的土牛溝和區域發展：一個歷史地理學的研究〉《臺灣風物》，第三十九卷，第二期（臺北：臺灣風物雜誌社，1990）。

24. 陳衍德，〈閩南粵東媽祖信仰與經濟文化的互助：歷史和現狀的考察〉，《中國社會經濟史研究》，第二期，（北京：中國社會經濟史研究編輯部，1996）。

25. 陳秋坤，〈平埔族岸裡社潘姓經營地主的崛起 1699~1770〉《近代史研究所集刊》，第二十期（臺北：中央研究院近代史研究所，1991）。

26. 陳捷先，〈清雍正臺灣之理番政策及撫番諸役〉《臺灣史研討會》（臺北：臺灣大學，1988）。

27. 陳夢痕，〈臺灣樟腦案件始末〉《臺北文物》，第八卷，第三期（臺北：臺

灣文獻委員會，1959）。

28. 許丙丁，〈臺南市史遺零拾（三）〉《臺南文化》，第二卷，第二期（臺南：臺南市文獻委員會，1952）。

29. 許雪姬，〈興泉永道與臺灣的關係〉，《中國歷史學會史學集刊》（臺北：中國歷史學會，1981）。

30. 黃衡五，〈臺灣軍工道廠與府廠（上）〉《臺南文化》，第五卷，第二期（臺南：臺南市文獻委員會，1956）。

31. 黃衡五，〈臺灣軍工道廠與府廠（下）〉《臺南文化》，第五卷，第三期（臺南：臺南市文獻委員會，1956）。

32. 黃秋月，〈府城史蹟建築〉《臺南文化》，新十七期（臺南：臺南市文獻委員會，1984）。

33. 張炎，〈清代初期治臺政策的檢討〉《臺灣文獻》，第二十一卷，第一期（臺北：臺灣文獻委員會，1970）。

34. 張世賢，〈清代臺灣海防地位〉《臺灣文獻》，第二十七卷第二期（臺北：臺灣文獻委員會，1976）。

35. 張玉法，〈福州船廠之開創及其初期發展〉，《中國近代現代史論集》第九編（臺北，臺灣商務印書館，1985）。

36. 程士毅，〈軍工匠人與臺灣中部的開發問題〉《臺灣風物》，第四十四卷，第三期，1994。

37. 焦國模，〈造船與熱腦〉，《臺灣林業》，第三十四卷，第五期（臺北：行政院農業委員會林務局，2008）。

38. 詹德隆，〈臺灣知府蔣元樞政績述略〉《臺灣文獻》，第四十二卷，第二期（臺北：臺灣文獻委員會，1991）。

39. 詹素娟，〈清代臺灣平埔族與漢人關係之探討〉《近代中國區域史研討會論文集》，（臺北：中央研究院近史所，1986）。

40. 溫振華，〈清代中部平埔族遷移埔里分析〉《臺灣文獻》，第五十一卷第二期（臺北：臺灣文獻委員會，2000）。

41. 溫振華，〈清代東勢角仙師廟的建立及其發展〉《中縣開拓史學術研討會論文集》，（臺中：臺中縣立文化中心，1994）。

42. 劉枝萬，〈南投縣軍功寮遺址調查報告書〉《臺灣文獻》，第十一卷第三期（臺北：臺灣文獻委員會，1960）。

43. 劉枝萬，〈清代臺灣方志職官年表〉《臺灣文獻》，第四十二卷第三、四期（臺北：臺灣文獻委員會，1957）。

44. 趙建群，〈清代前中期福建造船業概述〉，《中國社會經濟史研究》（北京：中國社會經濟史研究編輯部，1993年第四期，1993）。

45. 趙建群，〈明代福州造船業考略〉，《中國史研究》，第三期（北京：中國社會科學出版社，1987）。

46. 廖漢臣，〈岸理大社調查報告書〉《臺灣文獻》，第八卷，第二期（臺北：臺灣文獻委員會，1957）。

47. 廖漢臣，〈樟腦糾紛事件的真相〉《臺灣文獻》，第十七卷，第三期（臺北：臺灣文獻委員會，1966）。

48. 潘義雄，〈誰是真正開墾臺灣盆地的功德主〉，《臺灣巴宰族史系列（三）》（苗栗：巴宰族史編輯委員會出版）。

49. 潘英，〈談臺灣平埔族的遷徙〉《臺灣文獻》，第四十三卷第四期（臺北：臺灣文獻委員會，1992）。

50. 蘇省行，〈艋舺舊街名考源〉《臺北文物》，第二卷，第一期（臺北：臺灣文獻委員會，1953）。

51. 鞠清遠，〈元代係官匠戶研究〉《食貨半月刊》第一卷，第九期，1935。

52. 戴炎輝，〈清代臺灣番社的組織及運用〉《臺灣文獻》，第二十六卷，第四期、第二十七卷第一期（臺北：臺灣文獻委員會，1976）。

53. 〈臺灣中部地方文獻史料（一）〉《臺灣文獻》，第三十四卷第一期（臺北：臺灣文獻委員會，1983）。

54. 〈臺灣中部地方文獻史料（二）〉《臺灣文獻》，第三十四卷第二期（臺北：臺灣文獻委員會，1983）。

55. 〈臺灣中部地方文獻史料（三）〉《臺灣文獻》，第三十四卷第三期（臺北：臺灣文獻委員會，1983）。

56. 〈臺灣中部地方文獻史料（四）〉《臺灣文獻》，第三十四卷第四期（臺北：臺灣文獻委員會，1983）。

57. 〈臺灣中部地方文獻史料（五）〉《臺灣文獻》，第三十五卷第一期（臺北：臺灣文獻委員會，1983）。

58. 王御風，〈清代前期福建綠營水師研究〉，東海大學歷史研究所碩士論文，1995。

59. 何懿玲，〈日據前漢人在蘭陽地區的開發〉，臺灣大學歷史研究所碩士論文，1980。

60. 林宜德，蔣元樞《重修臺郡各建築圖說》的時代意義與建築理念之研究，中國文化大學建築及都市計畫研究所碩士論文，1998。

61. 吳學明，〈金廣福墾隘與新竹東南山區的開發 1834~1895〉，臺灣師範大學歷史研究所碩士論文，1986。

62. 卓淑娟，〈清代臺灣中部漢番關係之研究〉，東海大學歷史研究所碩士論文，1988。

63. 洪麗完，〈清代臺中開發之研究（1683～1874）〉，東海大學歷史研究所碩士論文，1985。

64. 陳德智，〈羈縻與條約：以臺灣樟腦糾紛為例（1867～1870）〉（臺北：臺灣師範大學歷史系碩士論文，2007）。

65. 許毓良，〈清代臺灣的海防〉，政治大學歷史研究所碩士論文，1999 年 5 月。

66. 程士毅，〈北路理番分府的成立與岸裡社的衰微〉，清華大學歷史研究所碩士論文，1994。

67. 黃智偉，〈統治之道——清代臺灣的縱貫線〉，國立臺灣大學歷史學研究所碩士論文，1999。

68. 詹素娟，〈清代臺灣平埔族與漢人關係之研究〉，國立臺灣師範大學歷史研究所碩士論文，1986。

69. 葉振輝，〈清季臺灣開埠之研究〉，國立臺灣大學東亞研究所博士論文，1984。

70. 謝仲修，〈清代臺灣屯丁制度的研究〉，政治大學歷史研究所碩士論文，1998。

七、地名、輿圖

1. （清）傅以禮，《福建全省地輿圖說》，清光緒二十一（1895）年石印本。

2. （清）蔣元樞，《重修臺郡各建築圖說》（臺北：國立中央圖書館，1983）。

3. （清）夏獻綸，《臺灣輿圖》（臺北：臺灣省文獻委員會，1996）。

4. 洪敏麟、陳漢光、廖漢臣，《臺灣堡圖集》（臺北：臺灣省文獻委員會，1959）。

5. 洪敏麟，《臺灣舊地名之沿革》（臺北：臺灣省文獻委員會，1997）。

6. 陳正祥，《臺灣地名辭典》（臺北：南天書局，1993）。

7. 陳正祥，《臺灣地名手冊》（臺北：臺灣省文獻委員會，1959）。

8. 唐嘉弘，《中國古代典章制度大辭典》（鄭州市：中州古籍出版社，1998）。

9. 黃雯娟，《臺灣地名辭書》卷一、宜蘭縣（臺北：臺灣省文獻委員會，2000）。

10. 夏黎明，《臺灣地名辭書》卷三、臺東縣（臺北：臺灣省文獻委員會，2000）。

11. 吳進喜，《臺灣地名辭書》卷五、高雄縣（臺北：臺灣省文獻委員會，2000）。

12. 許淑娟，《臺灣地名辭書》卷二十一、臺南市（臺北：臺灣省文獻委員會，1999）。

13. 洪英聖，《臺灣地名探索》（臺北：時報文化公司，1995）。

14. 洪英聖，《話說乾隆臺灣輿圖》（臺北：宏國印刷公司，1999）。

15. 戴逸羅明主編，《中國歷史大辭典》清史卷（上）（上海：辭書出版社，1992）。

16. 戴逸羅明主編，《中國歷史大辭典》清史卷（下）（上海：辭書出版社，1992）。

17. 《臺灣地名辭書》卷十七、基隆縣（臺北：臺灣省文獻委員會，1996）。

18. 《臺灣地名辭書》卷十八、新竹縣（臺北：臺灣省文獻委員會，1996）。

19. 《臺灣地名辭書》卷二十、嘉義市（臺北：臺灣省文獻委員會，1996）。

20. 《臺灣府輿圖纂要》（臺北：臺灣省文獻委員會，1966）。

21. 《臺灣地輿全圖》（臺北：臺灣省文獻委員會，1996）。

22. 《淡新鳳三縣簡明總括圖冊》（臺北：臺灣銀行經濟研究室，1964）。

23. 《臺灣堡圖》，1904 年，臺灣總督府臨時臺灣土地調查局製（臺北：遠流出版公司，1996）。

24. 《重修臺郡各建築圖說》，國立中央圖書館編印。

八、外文部分

1. 國分直一，〈軍功廠の遺跡について〉《臺灣建築會誌》，第十五輯第五、六號（1943）。

2. 臺灣守備混成第一旅團司令部編，《臺灣史料》，（臺北：成文出版社，1985）。

3. 增田福太郎，《臺灣の宗教》（臺北：南天出版社，1996）。

4. James W. Davidson, *The island of Formosa past and present,* Southern Materials Center, Inc, 1988.蔡啟恒譯，《臺灣之過去與現在》，（臺北：臺灣銀行經濟研究室編，1972）。

5. Imbauel-Huart C 著 ；黎烈文譯，《臺灣島之歷史與地誌》，（臺北：臺灣銀行經濟研究室編，1958）。